TRAM ATLAS

Südosteuropa Southeastern Europe

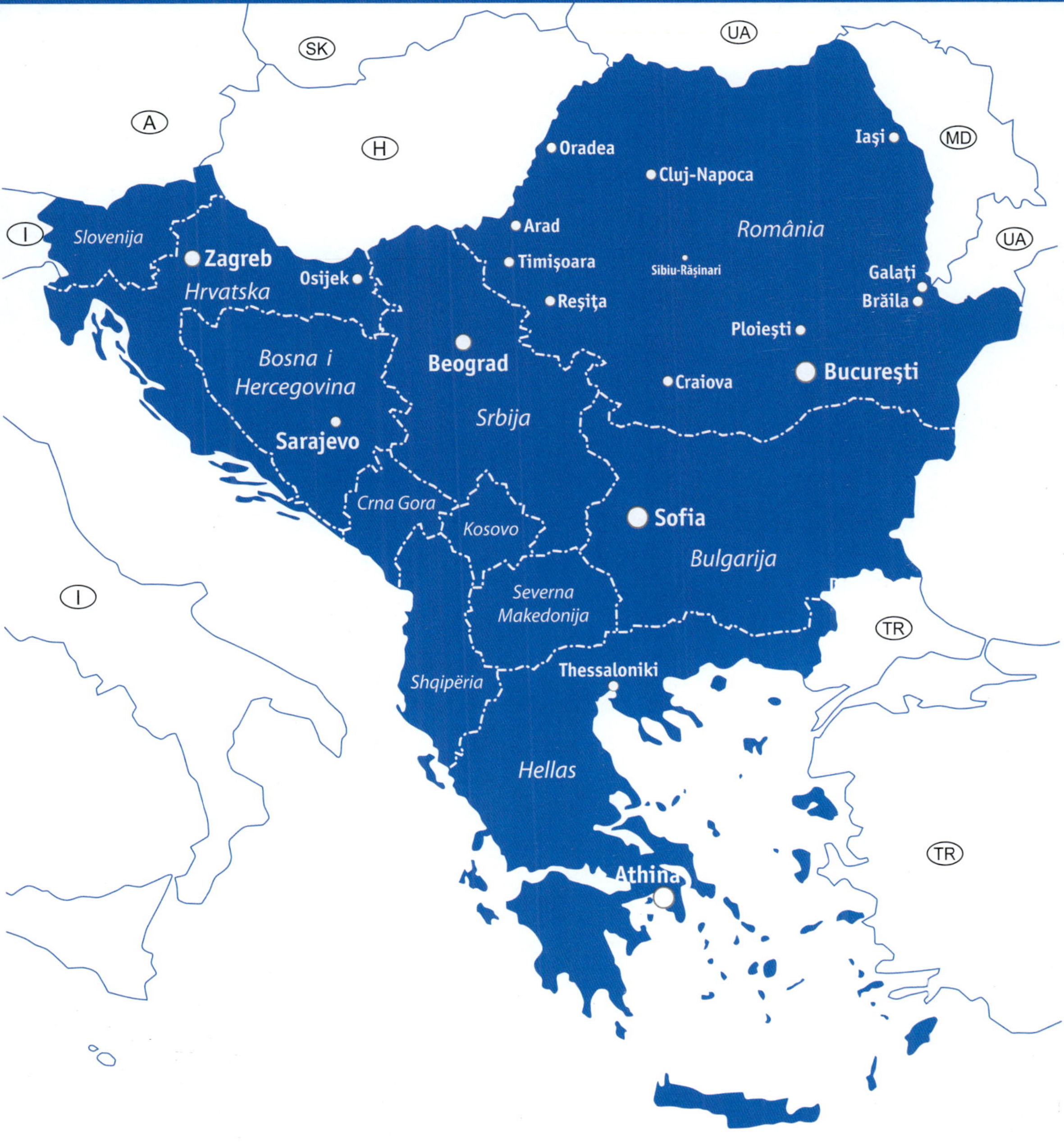

SK
UA
A
H
MD
I
Oradea
Cluj-Napoca
Iaşi
Slovenija
Arad
România
Zagreb
Hrvatska
Osijek
Timişoara
Sibiu-Răşinari
Galaţi
Brăila
Reşiţa
Ploieşti
Bosna i Hercegovina
Beograd
Craiova
Bucureşti
Srbija
Sarajevo
Crna Gora
Kosovo
Sofia
Bulgarija
Severna Makedonija
TR
Shqipëria
Thessaloniki
Hellas
Athina

2023

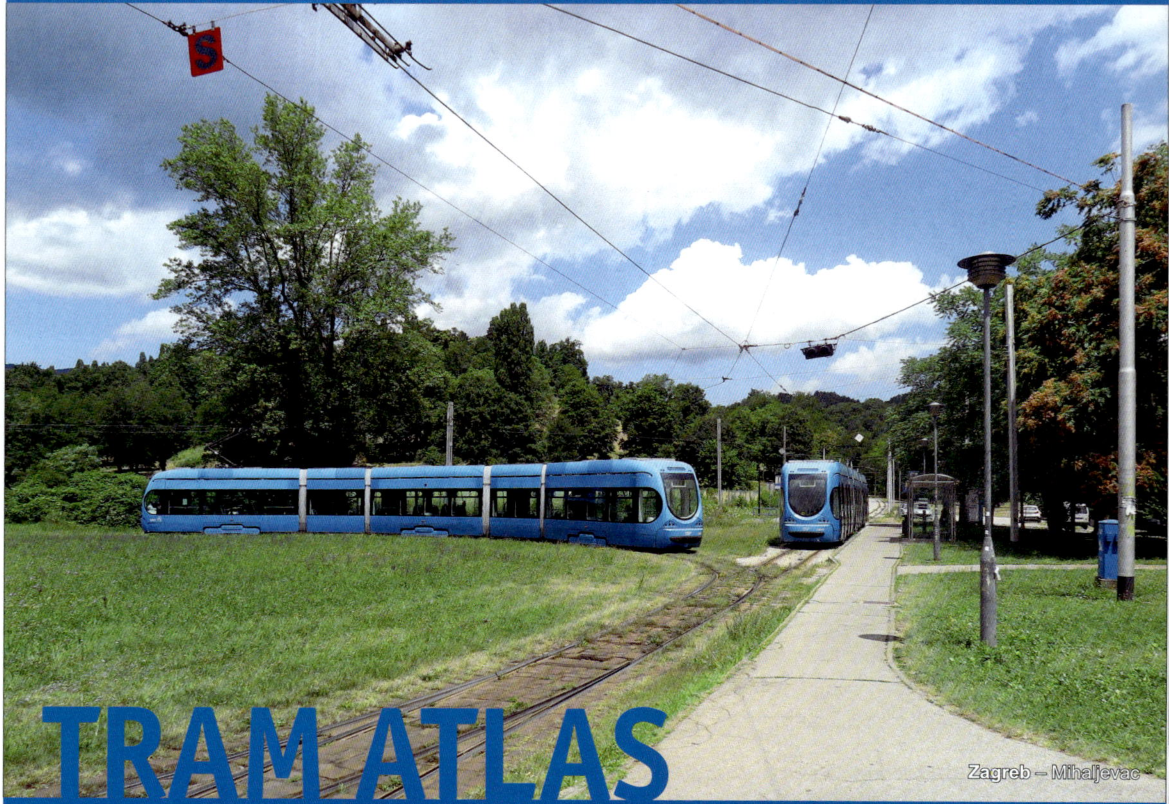

TRAM ATLAS

Zagreb – Mihaljevac

Südosteuropa Southeastern Europe

Robert Schwandl Verlag
Hektorstraße 3
D-10711 Berlin

Tel. 030 - 3759 1284 (0049 - 30 - 3759 1284)
Fax 030 - 3759 1285 (0049 - 30 - 3759 1285)

www.robert-schwandl.de
books@robert-schwandl.de

1. Auflage 2023

Deutsche Übersetzung von Robert Schwandl

Druck: PIEREG Druckcenter Berlin GmbH
ISBN 978-3-936573-69-5

Unser Dank für ihre Hilfe geht an Andrei Ivaneș, Anthony Robins, Brendan Fox, Felix Thoma, Filip Sirovica, Ivan Petranović, Jörg Häseler, Manos Thireos, Michael Russell, Siniša Veselinović, Toma Bačić und besonders an Bernhard Kußmagk – außerdem natürlich an alle, die fehlende Fotos beigesteuert haben!

Wir möchten Sie einladen, uns etwaige Fehler bzw. Veränderungen mitzuteilen, denn hoffentlich wird es in einigen Jahren eine neue, aktualisierte Ausgabe dieses Atlasses geben.
We'd like to encourage you to report any errors or updates, because hopefully in a few years, there will be a new, updated edition of this atlas.

Alle Angaben zu Fahrpreisen sind ohne Gewähr und nur zur Orientierung!
All fares quoted are for your information only and subject to change!

Oradea – Calea Aradului > Piața Ghioceilor

Sofia – bul. Vitosha > pl. Sveta Nedelya

• VORWORT

Nach den erfolgreichen Tram-Atlanten, die bereits große Teile von Europa abdeckten, haben wir uns 2018 entschlossen, diesen Band über Südosteuropa zu erstellen, der Kroatien, Bosnien-Herzegowina, Serbien, Bulgarien, Rumänien und Griechenland umfasst. Leider mussten nach dem Besuch in Bosnien im Jahr 2019 geplante Besuche in allen anderen Ländern wegen Corona auf 2022/23 verschoben werden, wodurch sich auch die Veröffentlichung dieses Buchs um mehrere Jahre verzögerte. Dies wiederum ermöglichte es uns, neue Straßenbahnfahrzeuge, die inzwischen an mehrere Städte ausgeliefert wurden, und auch die neuesten Strecken der U-Bahnen in Athen, Bukarest und Sofia mit aufzunehmen.

Wie immer haben wir alle im Buch enthaltenen Städte mit in Betrieb befindlichen Straßenbahnen und U-Bahnen besucht, aber im Gegensatz zu früheren Bänden dieser Reihe werden Obusse nur noch in Straßenbahnstädten berücksichtigt (andere Städte mit Obusbetrieben werden an entsprechender Stelle erwähnt). Wir hoffen, dass unsere Leser, die gespannt auf das Erscheinen dieses Buchs gewartet haben, darin einen nützlichen Reisebegleiter finden. Wenn Sie einen Fehler entdecken, teilen Sie uns diesen gern mit!

London/Berlin, im Mai 2023

Andrew Phipps & Robert Schwandl

• FOREWORD

Having previously published Tram Atlases covering much of Europe, we decided in 2018 to prepare this volume on Southeastern Europe, covering Croatia, Bosnia-Herzegovina, Serbia, Bulgaria, Romania and Greece. Unfortunately, after visiting Bosnia in 2019, planned visits to all the other countries had to be postponed until 2022/23 due to Covid travel restrictions, delaying publication by around two years. However, a benefit of the delay is that we have been able to include details of new trams that have been delivered to several systems in the intervening period and to cover the opening of metro extensions in Athens, Bucharest and Sofia.

As usual, we have visited all operational tramways and metro systems covered in the book but in a change from previous Tram Atlases, we have only included trolleybus systems in those cities that also have trams. However, for reference, we have noted other cities that have trolleybus systems. We hope that readers who have been waiting patiently for this book to appear will find it a useful travel companion. As always, if you find any mistakes, please let us know.

London/Berlin, May 2023

Andrew Phipps & Robert Schwandl

INHALT | *CONTENT*

Sarajevo – Tehnička škola

Arad – Primăria

Südosteuropa

Die Straßenbahnen in den ehemals sozialistischen Ländern Bulgarien, Rumänien und Jugoslawien (heute Bosnien-Herzegowina, Kroatien und Serbien) erleben derzeit nach Jahren der Vernachlässigung sowohl vor als auch nach dem Fall ihrer kommunistischen Regime 1989-92 eine Art Wiedergeburt (Anm.: In Slowenien, Montenegro, Nordmazedonien, Kosovo sowie in Albanien gibt es keinen städtischen Schienenverkehr!). Die Auswirkungen der Balkankriege und der schwierige Übergang von der Plan- zur Marktwirtschaft führten dazu, dass viele Unternehmen mit einer heruntergekommenen Infrastruktur zu kämpfen hatten und die meisten von ihnen in den 1990er und frühen 2000er Jahren auf importierte Gebrauchtfahrzeuge angewiesen waren, um den Betrieb aufrechtzuerhalten. Einige Betriebe verschwanden völlig, doch die meisten werden nun saniert und veraltete Hochflurwagen werden durch neue Niederflurbahnen ersetzt, häufig mit Hilfe von EU-Geldern.

So haben Besucher derzeit die Gelegenheit, diese Straßenbahnen im Umbruch zu erleben, da modernisierte und ältere Infrastruktur und Fahrzeuge oft nebeneinander zu sehen sind. In Sofia und Bukarest sind beispielsweise noch ältere Straßenbahnen aus heimischer Produktion im Regelbetrieb und in mehreren Städten noch gebrauchte Straßenbahnen aus Österreich, Deutschland, den Niederlanden und der Schweiz, die jedoch nach und nach durch eine Vielzahl neuer Niederflur-Fahrzeuge ersetzt werden, etwa von Astra, Crotram, Durmazlar, Pesa oder Bozankaya. Die U-Bahn-Betriebe in Bukarest und Sofia haben ebenfalls von EU-Mitteln profitiert, so dass in den letzten Jahren in beiden Städten neue Linien eröffnet werden konnten.

Auch in Griechenland wurden erhebliche Investitionen in den öffentlichen Nahverkehr getätigt. Sowohl die Athener Straßenbahn als auch die U-Bahn wurden in den letzten zwei Jahren bis nach Piräus verlängert, während in Thessaloniki eine neue U-Bahn im Bau ist.

In vielen Städten ist das Bezahlen mit Smartcards oder Handy bereits möglich, auch wenn traditionelle Papiertickets vom Fahrer, von Kiosken oder von Automaten weiterhin angeboten werden. Es ist jedoch erfreulich, dass alle Städte in diesem Buch (mit Ausnahme von Brăila und Galați) immer noch Tages- bzw. Mehrtageskarten anbieten, die normalerweise für Straßenbahnfreunde am bequemsten sind.

Southeastern Europe

Tramways in the former socialist countries of Bulgaria, Romania and Yugoslavia (now Bosnia-Herzegovina, Croatia and Serbia) are currently undergoing something of a revival after years of underinvestment both before and after the fall of their communist regimes in 1989-92 (N.B. there are no urban rail systems in Slovenia, Montenegro, North Macedonia, Kosovo or Albania!). The impact of the Balkan wars and the difficult transition from command to market economies meant that many systems struggled with deteriorating infrastructure and most had to rely on imported second-hand vehicles to maintain their operations during the 1990s and early 2000s. A few systems closed down completely but most survived and are now in the process of upgrading infrastructure and replacing ageing high-floor cars with new low-floor models, usually with the assistance of EU funding.

Thus, visitors have the opportunity to see these tramways in a state of transition, with examples of modernised and older infrastructure and vehicles often side by side. For example, in Sofia and Bucharest, older domestically manufactured trams are still in regular operation and second-hand trams from Austria, Germany, the Netherlands and Switzerland are still running in several cities, though these are gradually being superseded by a variety of new low-floor articulated cars, with examples from Astra, Crotram, Durmazlar, Pesa and Bozankaya in service or on order. The metro systems in Bucharest and Sofia have also benefitted from EU funding with new lines opening in both cities in recent years.

In Greece, there has also been significant investment in public transport. The Athens tramway and metro have both been extended to Piraeus in the last two years and a new metro is under construction in Thessaloniki.

Fare collection systems are also changing with many operators now adopting smart card and mobile payment methods so that the traditional methods of buying paper tickets from drivers, kiosks or machines are no longer the only options. However, it is pleasing to note that all cities in this book (except Brăila and Galați) still offer one-day and longer period tickets/passes which are usually the most convenient for visiting enthusiasts.

Athina – Trocadero

Cluj-Napoca – Podul Horea (George Bariţiu > Horea)

Benutzerhinweise | *User Instructions*

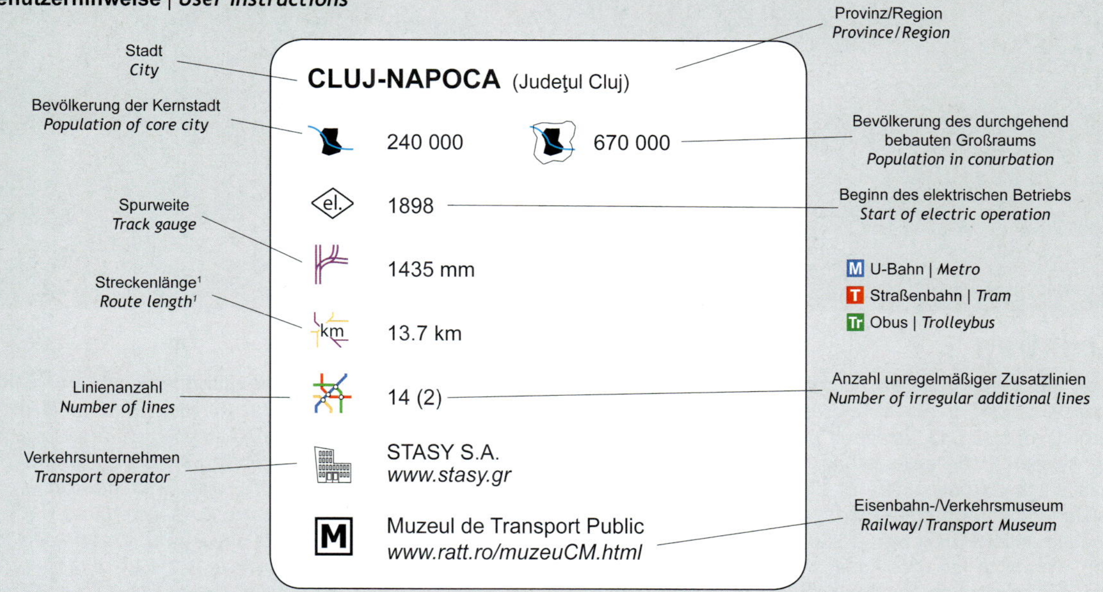

1) Berücksichtigt sind alle im Linienverkehr befahrenen Abschnitte, jedoch keine Betriebsstrecken und nachgeschaltete Kehranlagen. Diese Zahl kann daher erheblich von offiziellen Angaben abweichen. Richtungsweise unterschiedlich geführte Abschnitte werden nur einfach gezählt.

1) The route length includes all sections served in regular passenger service, but excludes sidings, depot access tracks or other non-revenue tracks. This figure may therefore differ significantly from official numbers. Sections with single-track parallel routes going in opposite directions are only counted once.

Anmerkungen | *Special Notes*

(7-8') Die in den Linientabellen ersichtlichen Taktzeiten beziehen sich stets nur auf die Intervalle wochentags tagsüber außerhalb der Hauptverkehrszeiten!
Headways indicated in the list of tram/trolleybus lines only apply on workdays during off-peak daytime hours!

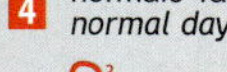
4 normale Tageslinie *normal daytime line*

4 zeitweise in Betrieb *limited service*

[14] nur einzelne Fahrten *only a few scheduled journeys*

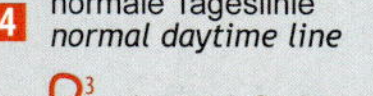
Anzahl Gleise in Wendeschleife
Number of tracks in turning loop

Straßenbahn-Betriebshof
Tram depot & workshops

Die Fahrzeugtabellen enthalten alle einsatzfähigen und vorübergehend abgestellten Wagen, nicht jedoch Arbeits- und Museumswagen sowie endgültig abgestellte Fahrzeuge.
Fleet lists include all trams thought to be in regular operation including those temporarily out-of-service, but excluding works, museum and withdrawn vehicles.

! In Bildtexten bedeutet das Zeichen **>** (z.B. Tehnička škola > Željeznička stanica) stets die **Blickrichtung** und nicht die Fahrtrichtung des abgebildeten Fahrzeugs!
*In captions, the sign **>** (e.g. Tehnička škola > Željeznička stanica) indicates the **viewing direction** and not the travelling direction of the depicted vehicle!*

Zagreb Glavni kolodvor – HŽPP-Elektrotriebwagen der BR 6112 als Regionalzug | *HŽPP series 6112 regional EMU*

Kroatien

Nach dem Zerfall des Habsburgerreichs im Jahr 1918 wurde Kroatien (Hrvatska) Teil des „Königreichs der Serben, Kroaten und Slowenen" (ab 1929 „Königreich Jugoslawien"). 1941 gründeten die Achsenmächte den Vasallenstaat Kroatien, der bis 1945 bestand, als Kroatien Teil der kommunistischen Republik Jugoslawien wurde. Kroatien erklärte 1991 seine Unabhängigkeit von Jugoslawien, woraufhin Teile des Landes (Krajina und Ostslawonien) von serbischen Truppen besetzt wurden (1991-95). Kroatien erlangte schließlich 1998 die Kontrolle über sein gesamtes Gebiet zurück und hat heute eine Bevölkerung von etwa 4 Millionen auf einer Fläche von 56.594 km^2. Es trat 2013 der Europäischen Union und am 1. Januar 2023 dem Schengen-Raum bei, gleichzeitig führte es den Euro als Währung ein.

Früher verkehrten auch in Dubrovnik, Pula, Opatija und Rijeka elektrische Straßenbahnen, Obusse gab es in Rijeka und Split. Heute findet man nur noch in der Hauptstadt Zagreb sowie in Osijek, der viertgrößten Stadt des Landes, Straßenbahnen, Obusse gibt es hingegen keine mehr.

Internationale Züge verbinden Zagreb mit Ljubljana, München, Wien oder Budapest, doch seit 2016 gibt es keine Verbindung mehr nach Sarajevo und seit Beginn der Covid-Pandemie auch nicht mehr nach Belgrad. Alternativ stehen Fernbusse zur Verfügung.

Die direkte Zugverbindung zwischen Zagreb und Osijek dauert etwa 5,5 Stunden über Virovitica, etwas schneller geht es über Slavonski Brod mit Umsteigen in Strizivojna-Vrpolje. Fernbusse benötigen im Vergleich dazu etwa vier Stunden. Es gibt auch eine Busverbindung zwischen Osijek und Belgrad.

Croatia

Following the collapse of the Habsburg Empire, Croatia (Hrvatska) became part of the Kingdom of Serbs, Croats and Slovenes in 1918 (renamed Kingdom of Yugoslavia in 1929). In 1941, occupying Axis powers created the puppet Independent State of Croatia which lasted until 1945 when Croatia was reincorporated into the communist-ruled Republic of Yugoslavia. Croatia declared its independence from Yugoslavia in 1991 and during the ensuing war (1991-95) parts of the country (Krajina and eastern Slavonia) were occupied by Serb forces. However, Croatia regained control of all its territory by 1998 and today has a population of approximately 4 million in an area of 56,594 km^2. It joined the European Union in 2013 and the Schengen Area on 1st January 2023, when it also adopted the euro as its currency.

Electric trams formerly operated in Dubrovnik, Pula, Opatija and Rijeka and trolleybuses used to run in Rijeka and Split. However, today, only Zagreb, the capital, and Osijek, the fourth largest city, have tramways and there are no surviving trolleybus systems in Croatia.

International rail services link Zagreb with a range of destinations including Ljubljana, Munich, Vienna and Budapest but there has been no service to Sarajevo since 2016 and the Belgrade service has not operated since the onset of the Covid pandemic. Long-distance buses are, however, available as an alternative.

The direct train service between Zagreb and Osijek takes around 5.5 hours via Virovitica but it can be somewhat quicker to travel via Slavonski Brod, changing trains at Strizivojna-Vrpolje. Buses, by comparison, take around 4 hours. There is also a bus service between Osijek and Belgrade.

Zagreb - Gračansko Dolje (im Hintergrund die Seilbahn auf den Sljeme | *with the Sljeme cable car in the background*)

Osijek - #0608 and #0713 @ Krbavska ulica (Ausweiche im Linksverkehr | *passing loop with left-hand operation*)

#0610 @ Zeleno polje

OSIJEK

Osijek ist eine kleine Stadt mit schöner Architektur am Unterlauf der Drau. Es gehört zur Region Slawonien im Osten Kroatiens, 213 km von Zagreb und nur 16 km von der serbischen Grenze entfernt.

Zwischen 1712 und 1715 errichteten die Habsburger am Südufer der Drau eine befestigte Siedlung (Tvrđa), die 1786 mit Gornji Grad [Oberstadt], dem heutigen Stadtzentrum, und Donji Grad [Unterstadt] zur Stadt Osijek vereint wurde. In der Habsburgerzeit entstanden einige Gebäude im Barockstil, kulturelle Einrichtungen und Fabriken, außerdem wurde eine Pferdebahn in Betrieb genommen.

Während des Kroatischen Krieges (1991-95) war Osijek Ziel serbischer Bombenangriffe, so dass viele Opfer und Sachschäden beklagt werden mussten, doch die Stadt blieb unter kroatischer Kontrolle. Der Bevölkerungsrückgang hat sich seit dem Krieg fortgesetzt, die Stadt selbst hat sich hingegen gut erholt.

Straßenbahnen und Busse in der Stadt werden vom kommunalen Unternehmen GPP betrieben. Eine 60 Minuten gültige Einzelfahrkarte für Straßenbahnen und Stadtbusse kostet 1,06 € bzw. 1,46 € beim Fahrer. Eine Tageskarte ist für 4.65 € erhältlich.

Die kroatische Staatsbahn (HŽPP) betreibt Fern- und Regionalzüge von/nach Osijek. Im Stadtgebiet liegen zwar acht Haltestellen, an denen jedoch höchstens einmal pro Stunde ein Zug hält.

Osijek is a modest-sized city with some attractive architecture and a pleasant riverside location. It is situated in the Slavonia region in the east of Croatia, 213 km from Zagreb and 16 km from the Serbian border.

Between 1712 and 1715 the Habsburgs established a fortified settlement (Tvrđa) on the south bank of the Drava and in 1786 this was merged with Gornji Grad [Upper Town], today's city centre, and Donji Grad [Lower Town] to create the municipality of Osijek. The Habsburg era was a boom period which saw the construction of some elegant Baroque-style buildings, the opening of cultural institutions and factories and the establishment of a horse tramway.

During the Croatian War (1991-95) Osijek was the target of Serb shelling resulting in serious loss of life and damage to property, but it remained under Croatian control. Although population decline has continued since the war, the city has made a good physical recovery.

Tram and bus services in the city are provided by municipal operator GPP. A single ticket valid for 60 minutes on trams and buses within the city costs €1.06 or €1.46 if bought from the driver. A one-day ticket costs €4.65.

Croatian Railways (HŽPP) operates long-distance and local/regional services to/from Osijek; there are eight suburban stations/halts within the city, but services are infrequent (less than hourly).

#9528 (ex-Mannheim) @ Depot
(Foto B. Kußmagk, 2004)

OSIJEK
(Osječko-baranjska županija)

88 000

T 1926

1000 mm

T 17 km

T 2

GPP (Gradski prijevoz putnika d.o.o. Osijek)
www.web.gpp-osijek.com

#0605 @ Bolnica
(ohne Werbung | *without advertising*)

STRASSENBAHN

Ab 1884 verband eine 4,5 km lange Ost-West-Pferdestraßenbahn die damals drei getrennten Teile von Osijek (Gornji Grad, Tvrđa und Donji Grad) und 1889 wurde eine Linie zwischen dem Stadtzentrum und dem Bahnhof in Gornji Grad eröffnet. Elektrifizierungspläne wurden wegen des Ersten Weltkriegs auf Eis gelegt, so dass die Pferdestraßenbahn bis 1926 überlebte.

Das anfängliche elektrische Straßenbahnnetz bestand ähnlich wie das der Pferdestraßenbahn aus einer 5,6 km langen Linie von Podgrađe nach Zeleno polje sowie einer 2,4 km langen Ringlinie über den Bahnhof.

Die Ost-West-Strecke wurde 1950 zweigleisig ausgebaut und von Podgrađe schrittweise nach Westen verlängert, bis sie 1970 den Stadtrand (Zapadna obilaznica - westliche Umgehungsstraße) erreichte. Eine weitere 1,2 km lange Verlängerung nach Westen bis Višnjevac kam erst 2014 hinzu.

Die Bahnhofsschleife ist bis heute eingleisig; sie wurde bis 1970 in beiden Richtungen befahren, seither nur gegen den Uhrzeigersinn. 1990 begannen die Bauarbeiten zur Verlängerung der Linie in die Wohn- und Industriegebiete südlich der Eisenbahn, doch die Fertigstellung verzögerte sich wegen des Jugoslawienkonflikts bis 2006 (Mačkamama) bzw. 2009 (Bikara).

Der Knotenpunkt des Netzes ist der verkehrsberuhigte Hauptplatz, Trg Ante Starčevića. Die Linie 1 ist durchgehend zweigleisig, wobei die Gleise meist abgetrennt jeweils an den Straßenrändern liegen, in der zentralen Fußgängerzone fährt die Tram jedoch straßenbündig.

Die Linie 2 ist abwechslungsreicher. Die alte eingleisige Schleife vom Trg Ante Starčevića über den Bahnhof ist größtenteils straßenbündig (d.h. auf der rechten Fahrspur), zwischen Đakovština und Autobusni kolodvor [Busbahnhof] liegt das Gleis jedoch auf eigenem Gleiskörper am Straßenrand. Aufgrund des Einrichtungsbetriebs auf dem Ring werden Bahnhof und Busbahnhof nur in Richtung Stadtzentrum bedient.

Die Verlängerung nach Bikara ist zwischen Đakovština

TRAMWAY

A 4.5 km east-west horse tramway opened in 1884 linking the then three separate parts of Osijek (Gornji Grad, Tvrđa and Donji Grad), and in 1889 a line opened between the city centre and the railway station in Gornji Grad. Plans to introduce electric traction were put on hold because of WW1 and horse trams survived until as late as 1926.

The initial electric tramway comprised a 5.6 km line from Podgrađe to Zeleno polje plus a 2.4 km loop line serving the railway station, largely replicating the horse tram routes.

The east-west line was converted to double track in 1950 and was extended westwards from Podgrađe in stages, reaching the edge of the city (Zapadna obilaznica - western ring road) in 1970. A further 1.2 km westwards extension to Višnjevac opened in 2014.

The station loop line remains single-track; it was operated in both directions until converted to anti-clockwise operation in 1970. Works to extend the line to serve residential and industrial districts south of the railway commenced in 1990 but completion through to Mačkamama (2006) and Bikara (2009) was interrupted by the 1992-95 war.

The hub of the network is the main pedestrianised square, Trg Ante Starčevića, which is served by both routes. Route 1 is double-track throughout, mostly on reservation on either side of the road but with on-street running on the approaches to the central pedestrian zone.

Route 2 is more varied. The original single-track loop from Trg Ante Starčevića via the railway station is mostly on-street gutter-running (i.e. along the right-hand lane) but with roadside track between Đakovština and Autobusni kolodvor. Owing to the one-way loop operation, the railway and bus stations are only served by in-bound trams to the city centre.

The extension to Bikara is double-track (on-street gutter-running) between Đakovština and Mačkamama and single-track beyond there to Bikara, partly on roadside

OSIJEK > Fahrzeuge | *Rolling Stock* (600 V DC)

Nummer *Number*	Anzahl *Quantity*	Hersteller *Manufacturer*	Typ *Class*	Länge *Length*	Breite *Width*	Ausgeliefert *Delivered*
0601-0611, 0712-0717	17	Pragoimex	T3PV.O	14.0 m	2.5 m	2006-2007*
1237, 1239	2	Duewag	GT6	19.1 m	2.2 m	1971**

* umgebaute Tatra T3YU (1968-82 | *rebuilt Tatra T3YU (1968-82)*
** ex-Mannheim (via Zagreb)

#0715 @ Autobusni kolodvor (Bus station)

und Mačkamama zweigleisig (jeweils auf der äußeren Fahrspur verlaufend), danach bis Bikara eingleisig, teils auf eigenem Gleiskörper am Straßenrand, teils auf der Straße in Fahrbahnmitte. An sechs der neun Zwischenhaltestellen zwischen Mačkamama und Bikara findet man Ausweichen mit Mittelbahnsteigen, die im Linksverkehr angefahren werden, da die Fahrzeuge nur Türen auf einer Seite haben.

Mit EU-Geldern werden derzeit die Gleise auf der Linie 2

reservation and partly on-street in the centre of the carriageway. Six of the nine intermediate stops between Mačkamama and Bikara have passing loops around island platforms. As the trams only have doors on one side, platforms are approached the 'wrong way', running against the normal right-hand rule of the road.

As of May 2023, route 2 is suspended for track replacement as part of an EU-funded modernisation programme.

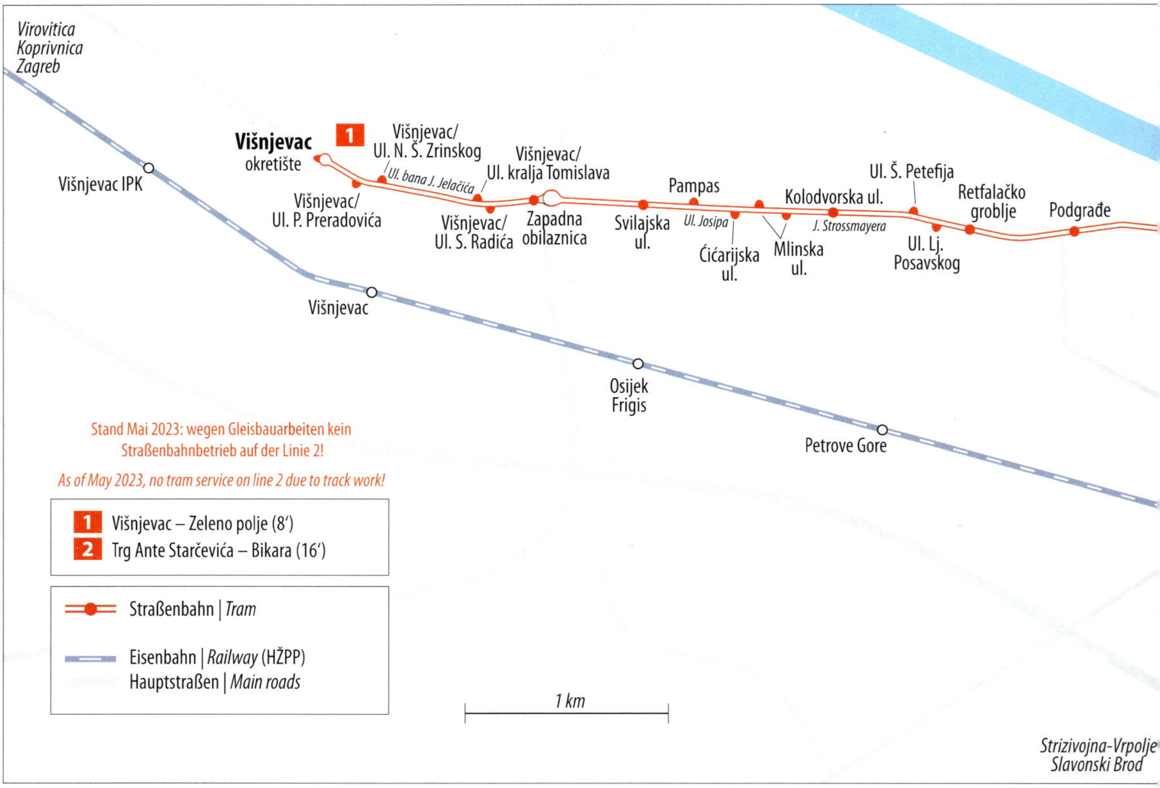

#0603 @ Tram Depot

erneuert. Später sollen 20-25 neue Niederflurbahnen beschafft und die Strecke nach Bikara um 1,5 km bis Zeleno polje verlängert werden, da östlich von Zeleno polje ein neuer Betriebshof entstehen soll.

Der Wagenpark wurde zwischen 1968 und 1982 mit 26 neuen Drehgestellwagen vom Typ Tatra T3YU + 4 Beiwagen erneuert. Einige davon wurden im Kroatienkrieg zerstört, weshalb 1995 fünf Duewag GT6 aus Mannheim als Ersatz beschafft wurden (weitere acht kamen 2009/12 über Zagreb). 17 Tatra-Wagen wurden 2006/07 von *Pragoimex* modernisiert, sie sind jedoch weiterhin rein hochflurig (die meisten Pragoimex-Umbauten haben sonst ein Niederflur-Mittelteil). Diese bilden nun das Rückgrat des Wagenparks, ergänzt durch zwei der Mannheimer GT6. Ein 2-achsiger Škoda-Triebwagen von 1926 und ein Tatra T3YU von 1982 sind als Museumswagen erhalten.

Proposed later phases include the procurement of 20-25 new low-floor trams and the construction of a 1.5 km extension from Bikara to Zeleno polje together with a replacement depot to the east of Zeleno polje.

The tram fleet was re-equipped with 26 new Tatra T3YU bogie cars plus 4 trailers between 1968 and 1982. Some of these were destroyed in the Croatian War and five Duewag GT6s were acquired from Mannheim in 1995 as replacements (a further eight Mannheim GT6s came via Zagreb in 2009/12). 17 of the Tatras were modernised by Pragoimex in 2006/7 but remain high-floor throughout (most Pragoimex conversions have a low-floor centre section). These are now the mainstay of the fleet, supplemented by two remaining GT6s. A 1926 2-axle Škoda and a 1982 Tatra T3YU are kept as museum cars.

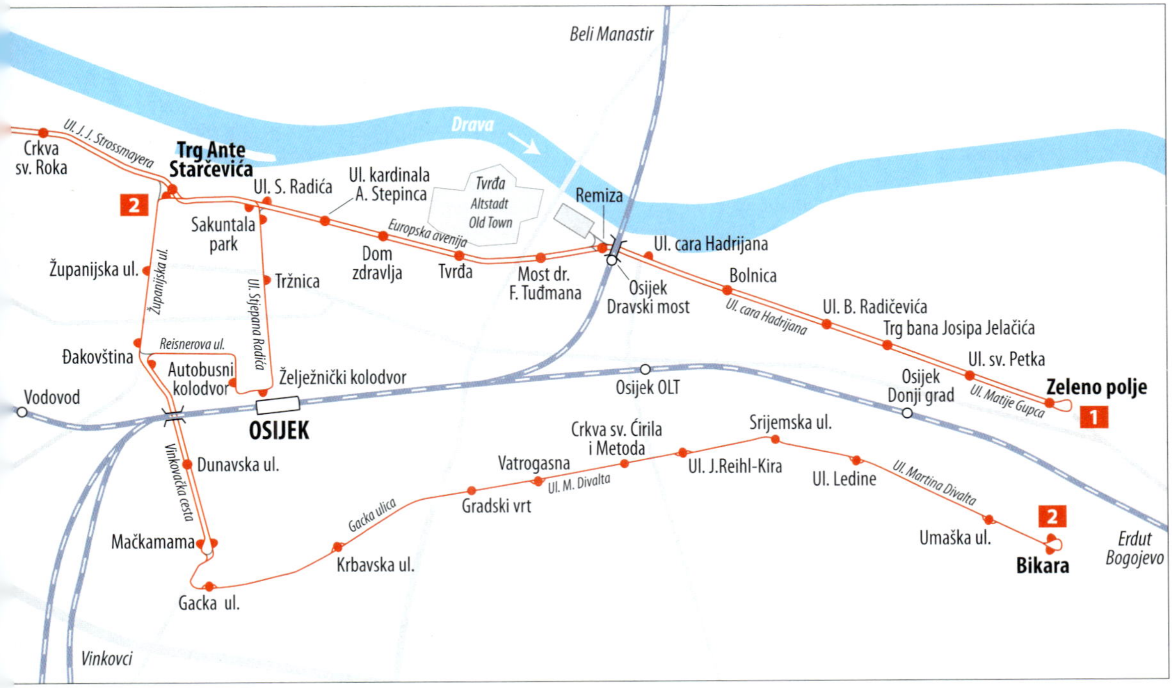

#2221 @ Trg bana Josipa Jelačića (Hauptplatz von Zagreb | *Zagreb's main square*)

ZAGREB

Nur 25 km von der slowenischen Grenze entfernt liegt Zagreb, die Hauptstadt und größte Stadt Kroatiens, am Fuße des Berges Medvednica (1033 m) an der Save, die durch die südlichen Stadtteile fließt. Die historische Oberstadt (Gornji Grad) liegt nördlich des Trg bana Josipa Jelačića, dem Hauptplatz und Mittelpunkt des modernen Stadtzentrums. Während des späten 19. und frühen 20. Jahrhunderts dehnte sich die Stadt über flaches Land nach Süden in Richtung der Ost-West-Eisenbahnachse aus. In dieser Unterstadt (Donji Grad) sind die Straßen annähernd rasterförmig angelegt, dazwischen findet man Parkanlagen und Gebäude aus der Habsburgerzeit wie Museen, Galerien und Theater. Eine Standseilbahn wurde 1890 zwischen der Unter- und der Oberstadt errichtet, Pferdestraßenbahnen wurden 1891 in Betrieb genommen und elektrische Straßenbahnen 1910. Während der sozialistischen Ära nach dem 2. Weltkrieg wuchs die Stadt stark an, insbesondere in Novi Zagreb [Neu-Zagreb] südlich der Save.

Das städtische Unternehmen *Zagrebački električni tramvaj* (ZET) ist für ein großes Straßenbahn- und Busnetz sowie für eine Standseilbahn und eine Luftseilbahn verantwortlich. Die kroatische Staatsbahn (HŽPP) betreibt Regional- und Fernverkehr ab dem Hauptbahnhof – Zagreb Glavni Kolodvor (GK).

Das ZET-Netz hat zwei Tarifzonen – das Straßenbahnnetz liegt vollständig innerhalb der Zone 1: Fahrscheine für 30/60/90 Minuten kosten 0,53/0,93/1,33 € bzw. 0,80/1,33/1,99 € beim Fahrer; eine Tageskarte 3,98 €; auch Mehrtageskarten sind erhältlich.

Just 25 km from the Slovenian border, Zagreb, the capital and largest city of Croatia, is situated at the foot of Mt Medvednica (1033 m) on the Sava River, which flows through the southern suburbs. The city's historic Upper Town (Gornji Grad) is situated to the north of Trg bana Josipa Jelačića, the main square and focal point of the modern city centre. During the late 19th and early 20th centuries the city expanded southwards over flat land towards the main east-west railway line; this Lower Town (Donji Grad) district has a planned street pattern, formal gardens and various Habsburg-era institutions including museums, galleries and theatres. A funicular was introduced between the Lower and Upper Towns in 1890, horse trams started running in 1891 and electric trams in 1910. Major suburban expansion took place during the socialist era after WW2 with the construction of extensive high-rise residential districts, notably Novi Zagreb [New Zagreb] situated to the south of the Sava.

Municipal company Zagrebački električni tramvaj (ZET) operates a comprehensive network of tram and bus services together with the funicular and an aerial cable car. Croatian Railways (HŽPP) operates suburban and long-distance services to/from Zagreb's main station, Zagreb Glavni Kolodvor (GK).

ZET has two fare zones – the tram network is entirely within zone 1. Single zone 1 fares (validity 30/60/90 minutes) cost €0.53/0.93/1.33 or €0.80/1.33/1.99 if purchased from drivers. A day pass is €3.98; multi-day passes are also available.

#325 @ Ljubljanica

STRASSENBAHN

Ein Pferdestraßenbahnnetz (ca. 8 km) mit einer Spurweite von 760 mm wurde 1891 in Betrieb genommen, mit einer Ost-West-Linie von Mandaličina nach Maksimir über die Haupteinkaufsstraße Ilica und mit einem kurzen Abzweig zum Zapadni kolodvor [Westbahnhof] sowie einem längeren zur Savski most [Save-Brücke]. Ein Ast zum Hauptbahnhof folgte 1892. 1910/11 wurde die Pferdebahn auf diesen Strecken durch eine elektrische meterspurige Straßenbahn ersetzt und das Netz geringfügig erweitert.

TRAMWAY

Horse trams started operating in 1891 on a 760 mm gauge network of approximately 8 km, comprising an east-west line from Mandaličina to Maksimir via Ilica, the city's main shopping street, with a short branch to Zagreb Zapadni [western] railway station and a longer branch to Savski most. A branch to Zagreb GK railway station opened in 1892. In 1910/11 the horse trams were replaced by 1000 mm gauge electric trams operating over the same routes albeit with some minor extensions.

ZAGREB

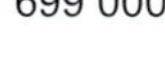 699 000

 1 200 000

 T 1910

 1000 mm

 T 58 km

 T 15 (4 nachts | *at night*)

 ZET (Zagrebački električni tramvaj)
www.zet.hr

 Tehnički Muzej Nikola Tesla
www.tmnt.hr

Museumswagen | *Preserved cars* #11 + #559 @ Tehnički Muzej (Rundfahrt an Sonntagen | *Sunday tourist service*)

ZAGREB

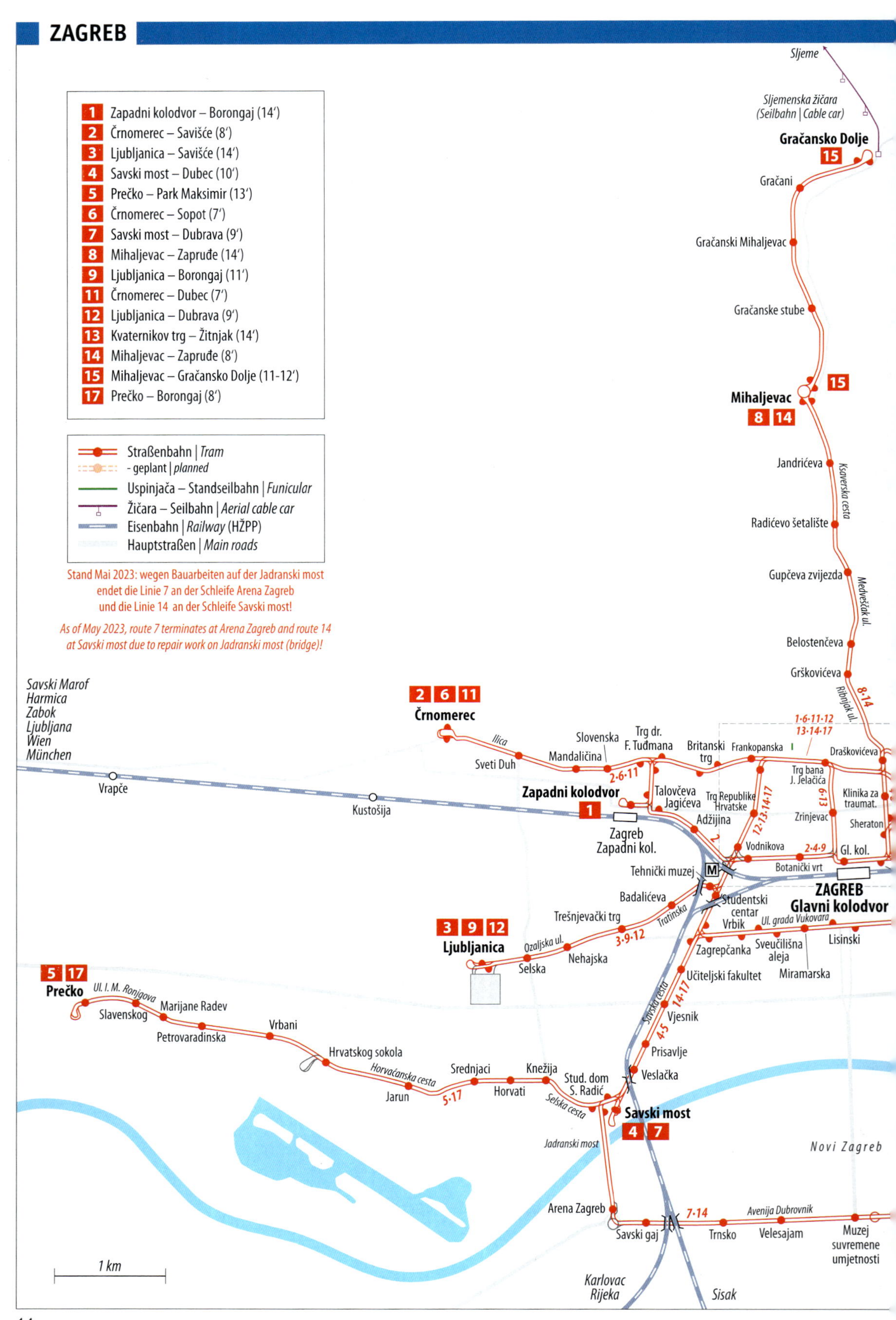

1 Zapadni kolodvor – Borongaj (14′)
2 Črnomerec – Savišće (8′)
3 Ljubljanica – Savišće (14′)
4 Savski most – Dubec (10′)
5 Prečko – Park Maksimir (13′)
6 Črnomerec – Sopot (7′)
7 Savski most – Dubrava (9′)
8 Mihaljevac – Zapruđe (14′)
9 Ljubljanica – Borongaj (11′)
11 Črnomerec – Dubec (7′)
12 Ljubljanica – Dubrava (9′)
13 Kvaternikov trg – Žitnjak (14′)
14 Mihaljevac – Zapruđe (8′)
15 Mihaljevac – Gračansko Dolje (11-12′)
17 Prečko – Borongaj (8′)
Straßenbahn | Tram
- geplant | planned
Uspinjača – Standseilbahn | Funicular
Žičara – Seilbahn | Aerial cable car
Eisenbahn | Railway (HŽPP)
Hauptstraßen | Main roads
Stand Mai 2023: wegen Bauarbeiten auf der Jadranski most endet die Linie 7 an der Schleife Arena Zagreb und die Linie 14 an der Schleife Savski most!
As of May 2023, route 7 terminates at Arena Zagreb and route 14 at Savski most due to repair work on Jadranski most (bridge)!
Sljeme
Sljemenska žičara (Seilbahn | Cable car)
Gračansko Dolje
Gračani
Gračanski Mihaljevac
Gračanske stube
Mihaljevac
Jandrićeva
Ksaverska cesta
Radićevo šetalište
Gupčeva zvijezda
Medveščak ul.
Belostenčeva
Grškovićeva
Ribnjak ul.
Savski Marof
Harmica
Zabok
Ljubljana
Wien
München
Vrapče
Kustošija
Črnomerec
Ilica
Sveti Duh
Mandaličina
Slovenska
Trg dr. F. Tuđmana
Britanski trg
Frankopanska
Draškovićeva
Trg bana J. Jelačića
Zapadni kolodvor
Talovčeva
Jagićeva
Trg Republike Hrvatske
Adžijina
Zagreb Zapadni kol.
Klinika za traumat.
Zrinjevac
Sheraton
Vodnikova
Gl. kol.
Botanički vrt
Tehnički muzej
ZAGREB Glavni kolodvor
Badalićeva
Studentski centar
Trešnjevački trg
Tratinska
Vrbik
Ul. grada Vukovara
Ljubljanica
Ozaljska ul.
Nehajska
Selska
Zagrepčanka
Savska cesta
Sveučilišna aleja
Lisinski
Učiteljski fakultet
Miramarska
Prečko
Ul. I. M. Ronjgova
Marijane Radev
Slavenskog
Petrovaradinska
Vrbani
Vjesnik
Prisavlje
Hrvatskog sokola
Horvaćanska cesta
Srednjaci
Knežija
Jarun
Horvati
Stud. dom S. Radić
Veslačka
Selska cesta
Savski most
Jadranski most
Novi Zagreb
Arena Zagreb
Avenija Dubrovnik
Savski gaj
Trnsko
Velesajam
Muzej suvremene umjetnosti
1 km
Karlovac
Rijeka
Sisak

Gornji Grad · Oberstadt · Upper Town
Frankopanska
Ilica
Trg bana Josipa Jelačića
Britanski trg
1·6·11·12·13·14·17
Jurišićeva ul.
Draškovićeva
Vlaška ul.
Vončinina
4·11·12
Petrova
Kvaternikov trg
13
Tržnica Kvatrić
Heinzelova
Tuškanova
Šubićeva
Zvonimira
Ul. kralja
Trg hrvatskih velikana
Trg žrtava fašizma
Klinika za traumatologiju
Zrinjevac
Trg Republike Hrvatske
Frankopanska ul.
12·13·14·17
Sheraton
Trg Petra Krešimira IV
Branimirova tržnica
Branimirova
Vodnikova
Botanički vrt
Glavni kolodvor
Trg kralja Tomislava
Ul. V. Vodnika
2·4·9
Ul. A. Mihanovića
Ul. Kneza
2·6·8
Branimira
Tehnički muzej
Savska
Studentski centar
3·4·13·14·17
500 m
ZAGREB Glavni kolodvor
Autobusni kolodvor
Avenija Marina Držića
2·5·6·7·8
Držićeva
Dubec
4
11
Dubrava
7
12
Park Maksimir
5
Borongaj
1
9
17
Svetice
Harambašićeva
Šulekova
Maksimir
Trnava
Čulinec
Dugo Selo
Koprivnica
Budapest
Osijek
Slavonksi Brod
Ravnice
Hondlova
Jordanovac
Mašićeva
Maksimirska cesta
Ljubijska
Kapucinska
Grižanska
Dankovečka
Čulinečka
Aleja javora
Poljanice IV
Ivanićgradska
Ferenščica
Getaldićeva
Čavićeva
Žitnjak
Elka
Munja
Zagrebački transporti
Savišće
2
3
Donje Svetice
Radnička
Olipska
Strojarska
Ul. grada Vukovara
Ul. grada Gospića
Koledovčina ul.
Heinzelova ul.
proj.
Slavonska
Folnegovićevo naselje
Borovje
Most mladosti
Sava
Zapruđe
8
14
Središće
Utrina
6·7·14
Sarajevska cesta
Ranžirni kolodvor
Radnička cesta
ZAG
Velika Kosnica

#2290, #2266 & #2232 @ Dubrava

Das Netz wuchs in den nächsten Jahrzehnten zwar schrittweise weiter, blieb jedoch abgesehen von der Nordstrecke nach Gračansko Dolje auf das Stadtzentrum und die inneren Vorstädte beschränkt, bis 1979 eine neue Strecke nach Novi Zagreb südlich der Save eröffnet wurde. Es folgten weitere Verlängerungen in die südlichen, östlichen und westlichen Stadtteile, zuletzt im Jahr 2000 von Dubrava bis Dubec und von Hrvatskog sokola nach Prečko. Das Busnetz ist auf die Straßenbahn ausgerichtet, ausgewählte Haltestellen dienen als Umsteigepunkte. Nur wenige Busse fahren bis in den zentralen Bereich.

Das gesamte Straßenbahnnetz ist zweigleisig, wobei etwa die Hälfte straßenbündig ist (vorwiegend entlang der äußeren Fahrspuren; etwa zur Hälfte abmarkiert), während die andere Hälfte auf eigenem Gleiskörper liegt. Der Hauptplatz, Trg bana Josipa Jelačića, und dessen Zufahrtsstraßen sind Fußgängerzone und der Straßenbahn vorbehalten. Fast alle nach dem Zweiten Weltkrieg gebauten Strecken verfügen über einen eigenen Gleiskörper, meist auf dem Mittelstreifen von mehrspurigen

The network then expanded gradually but, apart from the northern route to Gračansko Dolje, remained largely confined to the city centre and inner suburbs until a new line opened to serve Novi Zagreb, to the south of the River Sava, in 1979. Further suburban extensions to the south, east and west of the city followed, the most recent section opening in 2000 (Dubrava – Dubec and Hrvatskog sokola – Prečko). The tram network is integrated with feeder buses which run to/from interchanges at selected suburban tram stops; few buses penetrate the central area.

The entire network is double-track, with approximately half on-street (mainly gutter-running) and half on reservation. Around half of the on-street tracks are protected by yellow lines but the remainder are shared with general traffic. The main square, Trg bana Josipa Jelačića, and its approaches are pedestrianised with tram-only access. Nearly all lines built since WW2 have segregated tracks, mostly on the median strip of dual-carriageway roads, the only exception being the on-street extension from Dubrava to Dubec. Most of the network

#221 @ Glavni kolodvor (Foto B. Kußmagk, 2008)

#2112 @ Stud. dom S. Radić

#454/857 @ Dubrava

Straßen, lediglich die Verlängerung von Dubrava nach Dubec wurde straßenbündig gebaut. Während der größte Teil des Netzes im flachem Gelände liegt, steigt die Linie 15 nach Gračansko Dolje auf einer Trasse abseits der Straße malerisch bis zum Fuß des Bergs Medvednica an.

In Zagreb wurde zwar früh in neue Niederflurbahnen investiert, der Modernisierung der Infrastruktur wurde hingegen weniger Aufmerksamkeit geschenkt; schließlich stellen das gestiegene Gewicht und die Größe neuerer Fahrzeuge höhere Anforderungen an Gleise und Stromversorgung. Mit Hilfe von EU-Geldern begann schließlich 2019 die Erneuerung der Gleise und die Modernisierung von Gleichrichterwerken.

Seit Mitte der 1970er Jahre gab es verschiedene Vorschläge für eine U-Bahn bzw. eine Stadtbahn, jedoch sind diesbezüglich keine wirklichen Fortschritte gemacht worden. Der aktuelle Stadtentwicklungsplan sieht einige Erweiterungen der bestehenden Straßenbahnlinien und den Bau einer Art Stadtbahn vor, d.h. unterirdische Ost-West- und Nord-Süd-Strecken unter dem Stadtzentrum, die mit bestehenden Straßenbahnlinien verknüpft würden. So würde die Nord-Süd-Linie von Gračansko Dolje bei Grškovićeva in einen 2,5 km langen Tunnel einfahren und

is on flat terrain apart from northern shuttle route 15 to Gračansko Dolje which makes a scenic climb into the semi-rural foothills of Mt Medvednica on reserved track away from the roadside.

While there has been investment in new low-floor tramcars, less attention has been paid to the modernisation of infrastructure, with the increased weight and size of newer rolling stock placing higher demand on the tracks and power supply. However, agreement was reached in 2019 on the first phase of a mostly EU-funded programme of track renewal and the modernisation of rectifier stations.

Since the mid-1970s various proposals have been put forward for a Zagreb metro/light rail system but no real progress has been made. The current General Urban Plan proposes some extensions to the existing tram routes and the construction of a 'light city railway' featuring east-west and north-south underground lines beneath the city centre which would link up with some existing tram lines. For example, the north-south tram line from Gračansko Dolje would enter a 2.5 km tunnel at Grškovićeva and surface to the south of Zagreb GK railway station, from where it would continue on a new surface

ZAGREB > Fahrzeuge | *Rolling Stock* (600 V DC)

Nummer *Number*	Anzahl *Quantity*	Hersteller *Manufacturer*	Typ *Class*	Länge *Length*	Breite *Width*	Ausgeliefert *Delivered*
205...229	9	Đuro Đaković	TMK 201	14.0 m	2.20 m	1974
301-351	51	ČKD Tatra	KT4YU	18.1 m	2.20 m	1985-1987
401...494	53	ČKD Tatra	T4YU	14.0 m	2.20 m	1976-1983
701...731	16	Đuro Đaković	TP 701 (Beiwagen | *trailer*)	12.6 m	2.20 m	1973-1974
802...884	49	ČKD Tatra	B4YU	14.0 m	2.20 m	1976-1979
2101-2116	16	Končar	TMK 2100	27.3 m	2.20 m	1994-2003
2201-22140	140	Crotram	TMK 2200	32.0 m	2.30 m	2005-2009
2301-2302	2	Crotram	TMK 2300	20.7 m	2.30 m	2009

#22135 @ Trg Republike Hvratske
(Muzej za umjetnost i obrt: Museum für Kunst und Gewerbe | *Museum of Arts and Crafts*)

südlich des Hauptbahnhofs wieder auftauchen und auf einer neuen oberirdischen Trasse nach Novi Zagreb weiterfahren. Diese Pläne sind jedoch sehr langfristig zu verstehen.

2020 begannen Planungen für eine Straßenbahn nach Velika Kosnica und zum Flughafen Franjo Tuđman, 10 km südöstlich des Stadtzentrums. Auf dem größten Teil der Strecke entlang der Heinzelova ulica und der Radnička cesta mitsamt der 840 m langen Domovinski most [Heimatbrücke] über die Save ist bereits ein breiter Mittelstreifen für etwaige Straßenbahngleise vorhanden. Das Projekt wurde jedoch 2022 von einem neuen Bürgermeister zugunsten einer Schnellbahn zurückgestellt. Seither wurden allerdings neue Tramstrecken sowohl auf der Radnička cesta (bis Savišće) als auch von Zapruđe auf der Sarajevska cesta nach Süden bis zum Ranžirni kolodvor angekündigt.

Zwischen 1951 und 1974 setzte ZET bei der Anschaffung von Straßenbahnwagen auf den jugoslawischen Hersteller *Đuro Đaković*, bis heute sind die neueren Wagen im Einsatz. Diese verkehrten früher häufig als Dreiwagenzüge mit einem Triebwagen (zwei- oder vierachsig) und zwei vierachsigen Beiwagen, heute nur mit einem Beiwagen. ZET erhielt zwischen 1976 und 1983 Tatra T4YU-Wagen und B4YU-Beiwagen aus der Tschechoslowakei, gefolgt von zweiteiligen Gelenkwagen vom Typ KT4YU in den Jahren 1985/86. Als Ersatz für einige der Đuro Đaković-Wagen wurden 1995/96 40 Mannheimer Duewag GT6

alignment to Novi Zagreb. However, these plans remain aspirational.

In 2020, a planning contract was awarded for the first phase of a new tram line to Velika Kosnica, intended eventually to extend to Franjo Tuđman Airport, located 10 km to the southeast of the city centre. Most of the route along Heinzelova ulica and Radnička cesta, including the 840 m long Domovinski most [Homeland Bridge] over the River Sava, has a purpose-built highway median strip suitable for tram tracks. However, the project was dropped in 2022 by a new mayor who favours a high-speed rail link to the airport. The new mayor has, though, since announced plans to construct a tramway part-way along Radnička cesta (as far as Savišće) and for a southern extension from Zapruđe via Sarajevska cesta to Ranžirni kolodvor.

Between 1951 and 1974 ZET relied upon Yugoslav supplier Đuro Đaković for its tramcars, the most recent of which remain in service today. These were often operated in three-car formation with a motor car (either two or four-axle type) plus two four-axle trailers, but two-car formation is now standard. The company then switched to deliveries from Czechoslovakia, receiving Tatra T4YU tramcars and B4YU trailers between 1976 and 1983, followed by KT4YU two-section articulated cars in 1985/86. To replace some of the Đuro Đaković cars, 40

#22101 @ Draškovićeva

bernommen, die bis 2009 im Fahrgasteinsatz waren. Die agreber Firma *Končar* lieferte zwischen 1994 und 2003 6 dreiteilige TMK 2100-Hochflur-Gelenkwagen, zwischen 005 und 2009 folgten 140 fünfteilige und 2 dreiteilige MK-Niederflurwagen von *Crotram*, einem Konsortium aus ončar und *TŽV Gredelj*. Im Januar 2023 wurde mit EU-nterstützung die Finanzierung für den Kauf von 20 neuen iederflurbahnen gesichert.

Das „Tehnički muzej Nikola Tesla" führt sonntags mit inem restaurierten Triebwagen vom Typ ZET M-24 mit eiwagen (Baujahr 1924/1911) kostenlose Rundfahrten urch, die um 9.30 Uhr am Dražen-Petrović-Platz in er Nähe des Museums starten. Im Museum sind eine agreber Pferdebahn aus dem Jahr 1891 und eine ubrovniker Straßenbahn mit Beiwagen aus dem Jahr 912 zu sehen.

ex-Mannheim Duewag GT6s were acquired in 1995/96 and these remained in regular service until 2009. Končar of Zagreb supplied 16 three-section TMK 2100 high-floor articulated cars between 1994 and 2003, which were followed by 140 five-section and 2 three-section TMK low-floor cars from Crotram (a consortium of Končar and TŽV Gredelj) between 2005 and 2009. In January 2023, an EU-supported funding arrangement was agreed for the purchase of 20 new low-floor trams.

The 'Nikola Tesla Technical Museum' operates a restored ZET M-24 motor car and trailer (built 1924/1911) on a free tourist service around the city centre, departing at 09.30 on Sundays from Dražen Petrović Square, near the museum. On static display within the museum are a replica 1891 Zagreb horse tram and a Dubrovnik tram and trailer set dating from 1912.

Nachbau des Pferdebahnwagens Nr. 1 im Technikmuseum
Replica Zagreb horse tram #1 at the Technical Museum

Tw. 7 mit Beiwagen aus Dubrovnik im Technikmuseum
Dubrovnik #7 and trailer at the Technical Museum

STANDSEILBAHN

Die „Zagrebačka uspinjača“ verbindet Donji Grad [Unterstadt] und Gornji Grad [Oberstadt]. Mit einer Streckenlänge von nur 66 m, einem Höhenunterschied von 30,5 m und einer Steigung von 52 % ist sie eine der kürzesten und steilsten Standseilbahnen der Welt. Sie wurde 1890 eröffnet, ging 1929 in kommunales Eigentum über und wurde 1934 von Dampf- auf Elektroantrieb umgestellt. Zwischen 1969 und 1974 wurde sie geschlossen und renoviert, wobei ihr ursprüngliches Aussehen und die meisten ihrer technischen Merkmale erhalten blieben. Heute steht sie unter Denkmalschutz.

Die beiden Wagen fahren auf Gleisen mit einer Spurweite von 1200 mm. Sie können jeweils 28 Fahrgäste befördern und verkehren alle 10 Minuten mit einer Fahrtdauer von 64 Sekunden. Eine einfache Fahrt kostet 0,66 €, sofortige „Notfahrten“ zwischen den planmäßigen Abfahrtszeiten sind für 3,32 € plus 0,66 € pro Person möglich.

VORORTVERKEHR

Die kroatische Staatsbahn (HŽPP) betreibt auf der 25-kV-Ost-West-Hauptstrecke Vorortzüge zwischen Savski Marof und Dugo Selo (43 km, 16 Stationen), wobei einige Züge weiter fahren (z.B. bis Harmica oder Novoselec). Auf dem Kernabschnitt verkehren 2-5 Züge pro Stunde ohne festen Takt, wobei die meisten Züge an allen Stationen halten, einige beginnen/enden am Hauptbahnhof, andere werden durchgebunden. Auf den Südstrecken Richtung Karlovac und Sisak sowie nach Zabok im Norden verkehren unregelmäßig Regionalzüge. Einige 3-teilige Elektrotriebwagen der BR 6111 (Ganz, 1976-79) waren 2022 noch im Vorortverkehr im Einsatz, die meisten wurden aber mittlerweile durch 4-teilige Niederflur-Elektrotriebzüge der BR 6112 ersetzt (Končar, 2011-22).

FUNICULAR

The ‘Zagrebačka uspinjača’ links Donji Grad [Lower Town] and Gornji Grad [Upper Town]. It is one of the world’s shortest and steepest funiculars with a track length of just 66 m, a height difference of 30.5 m and a gradient of 52%. It opened in 1890, was transferred to municipal ownership in 1929, and was converted from steam to electric power in 1934. It was closed and renovated between 1969 and 1974, keeping its original appearance and most of its technical properties, and is now protected as a cultural monument.

The funicular’s two cars run on 1200 mm gauge tracks. They can each carry 28 passengers and operate every 10 minutes with a ride duration of 64 seconds. A one-way ticket costs €0.66 and immediate ‘emergency’ rides can be requested between the scheduled departure times for €3.32 plus €0.66 per person.

SUBURBAN RAIL

Croatian Railways (HŽPP) operates suburban services on the 25 kV east-west main line between Savski Marof and Dugo Selo (43 km,16 stations), with some trains extending to destinations beyond these points (e.g Harmica and Novoselec). Service frequency on the core section ranges from 2-5 tph at irregular intervals with most trains calling at all stations, some starting/finishing at Zagreb GK but others providing a cross-city service. Less frequent trains serve suburban stations on three routes from Zagreb GK, south to Karlovac and Sisak and north to Zabok. Some ageing 3-car series 6111 EMUs (Ganz, 1976-79) were still operating on Zagreb suburban services in 2022 but most have since been displaced by 4-car series 6112 low-floor EMUs (Končar, 2011-22).

HŽPP series 6112 EMU @ Branimirova tržnica

LUFTSEILBAHN

Die heutige „Sljemenska žičara“ wurde 2022 eröffnet und ersetzte eine frühere Seilbahn, die von 1963 bis 2007 in Betrieb war; eine Reparatur erschien unwirtschaftlich. Die neue Doppelmayr-Bahn ist 5 km lang, überwindet einen Höhenunterschied von 754 m und umfasst 84 Kabinen für jeweils 10 Personen. Sie führt von der Straßenbahnhaltestelle Gračansko Dolje zum Gipfel des Bergs Medvednica und dient hauptsächlich dem Ausflugsverkehr und Skifahrern. Nördlich der Talstation gibt es ein Eckgebäude, wo die Bahn die Richtung ändert, und weiter oben eine Zwischenstation. Eine Fahrt dauert je nach Betriebsgeschwindigkeit 16-22 Minuten. Der reguläre Fahrpreis für Erwachsene beträgt 9,95 € (16,59 € Hin- und Rückfahrt), Senioren und Einwohner von Zagreb erhalten eine Ermäßigung.

AERIAL CABLE CAR

The current Sljeme cable car (Sljemenska žičara) opened in 2022 replacing an earlier version which operated from 1963 until 2007 when it was declared obsolete and uneconomic to repair. The new line is 5 km long with an elevation distance of 754 metres and is equipped with 84 Doppelmayr 10-seat cabins. It runs from Gračansko Dolje tram terminus to the top of Mt Medvednica, catering mainly for skiers, hikers and tourists. There is a corner building just north of the lower station where the line changes direction and there is one intermediate station. A single trip takes 16-22 minutes depending upon the speed of operation. The regular adult fare is €9.95 (€16.59 return), with discounts for seniors and Zagreb residents.

Gračansko Dolje
(rechts die Schleife der Straßenbahn | *tram loop on right*)

Zwischenstation | *intermediate station* Brestovac

Sarajevo - #516 @ Alipašin Most

Bosnien und Herzegowina

Bosnien-Herzegowina ist ein überwiegend gebirgiges Land auf dem Westbalkan, das an Kroatien, Serbien und Montenegro grenzt. Die rund 3,2 Millionen Einwohner setzen sich aus drei ethnischen Hauptgruppen zusammen – Bosniaken (bosnische Muslime), Serben und Kroaten.

Das Land war etwa 400 Jahre lang Teil des Osmanischen Reiches, bevor es von 1878 bis zum Ende des Ersten Weltkriegs unter österreichisch-ungarische Herrschaft kam. In der Zwischenkriegszeit (1918-1941) war es Teil des „Königreichs Jugoslawien“ und erlangte nach dem Zweiten Weltkrieg den vollen Status einer Republik innerhalb der „Sozialistischen Föderativen Republik Jugoslawien“. 1992 erklärte Bosnien-Herzegowina seine Unabhängigkeit von Jugoslawien, was den Bosnienkrieg auslöste, der zur Teilung des Landes nach ethnischen Gesichtspunkten führte, wobei die „Föderation Bosnien und Herzegowina“ überwiegend bosniakische und kroatische Gebiete und die „Republika Srpska“ überwiegend serbische Gebiete umfasst.

Bosnien-Herzegowina verfügte einst über ein ausgedehntes Eisenbahnnetz von rund 1500 km mit einer Spurweite von 760 mm, doch die letzte Schmalspurstrecke wurde 1979 geschlossen, nachdem die Hauptstrecken auf Normalspur umgebaut worden waren. Zwischen den wichtigsten bosnischen Städten verkehren nur selten Personenzüge (z.B. Sarajevo – Mostar, zweimal täglich) und derzeit gibt es keine internationalen Bahnverbindungen. Fernbusse können zeitaufwändig sein (z. B. Sarajevo – Zagreb 404 km, ca. 8 Stunden; Sarajevo – Belgrad 294 km, ca. 7 Stunden). Sarajevo ist die einzige Stadt des Landes mit Straßenbahnen und Obussen.

Bosnien-Herzegowina ist EU-Beitrittskandidat. Seine Währung ist die Konvertible Mark (KM) [2023: 10 KM = 5,11 €; 4,47 £; 5,54 US$].

Bosnia and Herzegovina

Bosnia-Herzegovina is a mostly mountainous country in the western Balkans bordered by Croatia, Serbia and Montenegro. It has a population of around 3.2 million and is home to three main ethnic groups - Bosniaks (Bosnian Muslims), Serbs and Croats.

The country was part of the Ottoman Empire for around four centuries until formally annexed by Austria-Hungary in 1908, having been occupied and administered by Austria-Hungary since 1878. During the inter-war period (1918-1941) it was part of the Kingdom of Yugoslavia and after WW2 it gained full republic status within the Socialist Federal Republic of Yugoslavia. In 1992, Bosnia-Herzegovina declared its independence from Yugoslavia, precipitating the Bosnian War which led to the segregation of the country along ethnic lines, with the Federation of Bosnia and Herzegovina covering predominantly Bosniak and Croat areas and Republika Srpska covering predominantly Serb areas.

Bosnia-Herzegovina formerly had an extensive 760 mm gauge railway network of around 1,500 km but the last narrow-gauge line closed in 1979, the principal routes having been converted to standard gauge. Infrequent passenger trains run between key Bosnian cities (e.g., Sarajevo — Mostar, twice a day) but at the time of writing there are no international rail services. Long-distance buses are an alternative but can be time-consuming (e.g., Sarajevo — Zagreb 404 km, around 8 hours; Sarajevo — Belgrade 294 km, around 7 hours). Buses are the predominant form of local transport in Bosnia-Herzegovina, Sarajevo being the only city with trams and trolleybuses.

Bosnia-Herzegovina is a candidate country for future EU membership. Its currency is the Convertible Mark (KM) [2023: 10 KM = £4.47, US$5.54, €5.11].

#548 @ Vijećnica (Rathaus | *Town Hall*)

SARAJEVO

Sarajevo, die größte Stadt des Landes, liegt im engen Tal des Flusses Miljacka, umgeben von den Dinarischen Alpen. Es ist sowohl Hauptstadt des Staates als auch der „Föderation Bosnien und Herzegowina“. Die angrenzende Stadt Istočno Sarajevo [Ost-Sarajevo], die städtische und ländliche Gebiete umfasst, die früher zu Sarajevo gehörten, ist die offizielle Hauptstadt der „Republika Srpska“, auch wenn die meisten Einrichtungen dieses Landesteils in Banja Luka im Nordwesten ihren Sitz haben.

Sarajevos osmanisches Erbe ist immer noch deutlich sichtbar, vor allem Teile der historischen Altstadt (Stari Grad) bewahren einen ausgeprägten orientalischen Charakter, insbesondere das Viertel Baščaršija [Basar]. In der Habsburgerzeit (1878-1918) wurde die Stadt nach Westen erweitert und modernisiert, es entstanden Bürgerhäuser im europäischen Stil sowie breitere Straßen und eine Straßenbahn. Eine weitere Expansion nach Westen erfolgte nach dem 2. Weltkrieg mit dem Bau von großen Gewerbegebieten und den typischen sozialistischen Plattenbausiedlungen Novo Sarajevo [Neu-Sarajevo] und Novi Grad [Neustadt].

1984 war Sarajevo erfolgreicher Gastgeber der Olympischen Winterspiele, doch während der Belagerung von Sarajevo (1992-95) hatte die Stadt unzählige Opfer und Zerstörung zu beklagen. Auch wenn die meisten Kriegsschäden beseitigt wurden, ist die Bevölkerung nicht mehr so gemischt wie früher, denn viele Bosniaken zogen aus anderen Teilen des Landes in die Stadt, während viele

Sarajevo, the largest city of Bosnia-Herzegovina, is situated in the narrow valley of the Miljacka River, surrounded by the Dinaric Alps. It is the national capital and the capital of the Federation of Bosnia and Herzegovina. The adjoining city of Istočno Sarajevo [East Sarajevo], which comprises some suburban and rural districts formerly within Sarajevo, is the official capital of Republika Srpska, although most of that entity's government institutions are based at Banja Luka in the northwest of the country.

Sarajevo's Ottoman heritage is still much in evidence with parts of the historic Stari Grad [Old Town] retaining a distinct oriental character, particularly the Baščaršija (bazaar) district. The subsequent period of Austro-Hungarian rule (1878-1918) saw the westward expansion and modernisation of the city with the construction of European-style civic buildings, wider roads and a tramway. Further westward expansion took place after WW2 with the construction of large-scale commercial and residential neighbourhoods, Novo Sarajevo [New Sarajevo] and Novi Grad [New Town], which feature many socialist-era high-rise blocks.

In 1984, Sarajevo successfully hosted the Winter Olympics, but the city then suffered terrible loss of life and physical destruction during the Siege of Sarajevo (1992-95). Although most war damage has been repaired, Sarajevo's previous multi-ethnic make-up has been eroded as many Bosniaks have moved into the city from other

#575 (ex-Konya/Köln) @ Vijećnica (Rathaus | *Town Hall*)

ehemalige serbische Einwohner in die Republika Srpska übersiedelt sind.

Für den öffentlichen Nahverkehr in Sarajevo ist hauptsächlich *KJKP GRAS Sarajevo*, ein öffentliches Unternehmen des Kantons Sarajevo, zuständig. Infrastruktur und Fahrzeuge wurden bei der Belagerung von Sarajevo stark beschädigt oder zerstört, und auch wenn der Betrieb mit internationaler Hilfe und gespendeten Fahrzeugen schrittweise wiederaufgenommen werden konnte, kämpfte das Unternehmen jahrelang mit schlecht gewarteten Gleisanlagen und einem Mangel an einsatzfähigen Fahrzeugen. Seit 2020 stehen nun europäische Kredite für den Kauf neuer Straßenbahnen und Trolleybusse, für die Modernisierung und Erweiterung der Straßenbahn sowie für die Wiederinbetriebnahme einer ehemaligen Trolleybuslinie zur Verfügung.

STRASSENBAHN

Eine Pferdebahn wurde 1885 auf einer 3 km langen eingleisigen Strecke von der Endstation der schmalspurigen *Bosna-Bahn* (in der Nähe der heutigen Haltestelle Socijalno) ins Stadtzentrum (in der Nähe von Banka) in Betrieb genommen. Die Strecke hatte die gleiche Spurweite von 760 mm wie die Eisenbahn (sog. Bosnaspur) und wurde von Güterzügen mitgenutzt; diese wurden zunächst von Pferden und später von E-Loks gezogen. 1895 wurde die Straßenbahn elektrifiziert und eine neue Strecke von Marijin Dvor nach Latinska ćuprija entlang des Nordufers der Miljacka eröffnet. Ab 1897 ging es weiter bis Vijećnica [Rathaus]. 1908 wurde die ursprüngliche (nördliche) Strecke bis Katedrala verlängert und 1923 weiter bis Vijećnica, so dass eine Innenstadtschleife entstand.

In den 1950er Jahren erreichte die schmalspurige Straßenbahn im Westen Dolac Malta und mit einem Ast den neuen Normalspurbahnhof. Etwa die Hälfte des Netzes

parts of the country and many former Serb residents have moved to Republika Srpska.

The main provider of public transport services in Sarajevo is 'KJKP GRAS Sarajevo', a public-sector company fully owned by Sarajevo Canton. Much of the company's infrastructure and many of its vehicles were damaged or destroyed in the Siege of Sarajevo and, although services were gradually reinstated with the help of international aid and donated vehicles, the company struggled for many years with poorly maintained infrastructure and a lack of serviceable vehicles. However, since 2020, European loans have been secured for the purchase of new trams and trolleybuses, the modernisation and extension of the tramway, and the reinstatement of a former trolleybus route.

TRAMWAY

Horse trams commenced operation in Sarajevo in 1885 on a 3 km single-track line from the terminus of the narrow-gauge Bosna-Bahn steam railway, situated near present-day Socijalno tram stop, to the city centre (near Banka). The line used the same 760 mm gauge as the railway and was shared by freight trains; these were initially hauled by horses and later by electric locomotives. In 1895 the tramway was electrified, and a new southern line was opened from Marijin Dvor to Latinska ćuprija along the north bank of the Miljacka River. This line was extended to Vijećnica [Town Hall] in 1897. In 1908, the original (northern) line was extended to Katedrala and in 1923 it was further extended to Vijećnica creating a city centre loop.

By the 1950s, the narrow-gauge tramway was extended west to Dolac Malta with a branch to the new standard-gauge railway station and around half of the system had been double-tracked, including the northern side of the

#524 @ Željeznička stanica (Bahnhof | *Railway station*)

war inzwischen zweigleisig, einschließlich der Nordseite der Innenstadtschleife. Als Sarajevo begann, sich nach Westen auszudehnen, wurden Pläne für eine normalspurige Schnellstraßenbahn von der Endstation Dolac Malta bis zum Kurort Ilidža ausgearbeitet. Später wurde beschlossen, die bestehende Straßenbahn umzuspuren, um einen durchgehenden Betrieb zu ermöglichen. Das Schmalspurnetz wurde im Oktober 1960 geschlossen und der Normalspurbetrieb bis Čengić Vila und zum Bahnhof konnte im Dezember desselben Jahres aufgenommen werden, bevor Ilidža im Jahr 1961 erreicht wurde. Die Innenstadtschleife ist seither eingleisig (Gleis am rechten Fahrbahnrand) und wird gegen den Uhrzeigersinn befahren. Westlich von Marijin Dvor liegt die Schnellstraßenbahn im Mittelstreifen der Ost-West-Hauptachse von Sarajevo.

1965 entstand die Gleisverbindung mit der Haltestelle Skenderija und 1975 wurde der Abzweig zum Bahnhof von Marijin Dvor zur Tehnička škola verlegt. In den frühen 1990er Jahren wurden bei Nedžarići (Avaz) Gleisbögen für einen geplanten Ast nach Dobrinja eingebaut, das Projekt wurde dann aber nicht weiter verfolgt.

Während der Belagerung kam der Straßenbahnverkehr von Mai 1992 bis März 1994 völlig zum Erliegen. Er wurde

city centre loop. As Sarajevo began to expand westwards, plans were drawn up for a standard-gauge express tramway from the narrow-gauge tram terminus at Dolac Malta to Ilidža, a spa town and recreational destination. However, it was subsequently decided to re-gauge the existing tramway to permit through running. The narrow-gauge system closed in October 1960 and standard-gauge services commenced to Čengić Vila and the railway station in December of the same year, with services to Ilidža following in 1961. The city centre loop was converted to single track (gutter running) throughout with operation in an anti-clockwise direction. To the west of Marijin Dvor the express tramway was constructed along the central reservation of Sarajevo's main east-west spine road.

In 1965 a new turning loop was built at Skenderija and in 1975 the spur to the railway station was rerouted to run from Tehnička škola rather than Marijin Dvor. In the early 1990s curves were constructed at Nedžarići (Avaz) for a planned branch line to Dobrinja but no further work was undertaken on this project.

During the Siege of Sarajevo, tram operation was completely suspended from May 1992 until March 1994, followed by intermittent suspensions until services were

SARAJEVO (Kanton Sarajevo)

 275 500

 700 000

 T 1895 Tr 1984

 1435 mm

 T 12 km  Tr 14.5 km

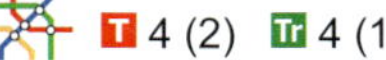 T 4 (2) Tr 4 (1)

 KJKP GRAS Sarajevo (Kantonalno Javno Komunalno Preduzeće "Gradski saobraćai" d.o.o Sarajevo) *www.gras.ba*

#542 @ Baščaršija

erst im Oktober 1996 wieder vollkommen hergestellt, auch wenn der Gleiszustand aufgrund mangelnder Investitionen heruntergekommen war, was wiederum die Fahrgeschwindigkeit drosselte. Die Gleise auf der Innenstadtschleife wurden schließlich um 2012 erneuert und mit Hilfe europäischer Darlehen konnte auch der Abschnitt Ilidža – Čengić Vila 2021/22 vollständig saniert werden, der Abschnitt Čengić Vila – Marijin Dvor soll 2023 fertiggestellt werden.

Europäische Unterstützung konnte auch für den Bau einer seit langem geplanten 6,4 km langen zweigleisigen Strecke von Ilidža nach Hrasnica gesichert werden, die Aufträge wurden im September 2022 an zwei türkische Firmen vergeben. Mittelfristig soll in Ilidža ein neues Straßenbahndepot errichtet werden, um dann den heutigen Betriebshof sanieren zu können, außerdem könnte der Ast nach Dobrinja wieder aktuell werden sowie eine Verlängerung vom Bahnhof nach Norden entstehen.

Für den Betrieb der normalspurigen Straßenbahn wurden rund 70 PCC-Wagen (Bj. 1941-44) aus Washington DC angeschafft, von denen einige später zu zweiteiligen Gelenkwagen umgebaut wurden. Die Flottenerneuerung begann mit der Lieferung von 20 neuen Tatra T3YU-Wagen (1967-69), gefolgt von 90 Gelenkwagen des Typs K2YU (1973-83), was zur schrittweisen Ausmusterung aller PCC-Wagen führte (Tw. 71 blieb als Museumswagen erhalten). Der Krieg von 1992-95 führte zur Zerstörung von 30 von 91 Fahrzeugen, wobei auch der Rest schwer beschädigt wurde. Seitdem ist eine schwindende Anzahl von K2YU-Wagen und Gebrauchtwagen aus Košice, Wien, Amsterdam sowie zuletzt aus Konya (ex-Köln) im Einsatz. Einige K2YU-Wagen wurden als SATRA II- (2-teilige) oder SATRA-III-Wagen (mit einem zusätzlichen Niederflur-Mittelteil) modernisiert. 2021 wurden bei Stadler 15 dreiteilige Niederflurbahnen zur Lieferung 2023/24 bestellt, 2022 wurde die Anzahl auf 20 erhöht.

fully restored in October 1996, but a lack of investment in subsequent years meant the system became very run down with poorly maintained tracks and low running speeds. However, tracks on the city centre loop were renewed around 2012 and, with aid of European loans, the Ilidža – Čengić Vila section was fully rebuilt in 2021/22 with Čengić Vila – Marijin Dvor due for completion in 2023.

European funding has also been secured for the construction of a long-planned 6.4 km double-track extension from Ilidža to Hrasnica, with two Turkish contractors appointed in September 2022. Possible future developments include the relocation of the tram depot to Ilidža to allow redevelopment of the current site, the revival of the proposed Dobrinja tramway extension and a potential northern extension from the railway station.

Around 70 ex-Washington DC PCC cars dating from 1941-44 were acquired to operate the standard-gauge tramway, some of which were later rebuilt as two-section articulated cars. Fleet renewal commenced with the delivery of 20 new Tatra T3YU cars (1967-69) followed by 90 type K2YU articulated cars (1973-83), resulting in the gradual withdrawal of all the PCC cars (apart from #71 retained as a museum car). The 1992-95 war resulted in the destruction of 30 out of 91 operational trams with most remaining cars suffering heavy damage. Since then, services have been maintained by a dwindling number of K2YU cars and second-hand cars from Košice, Vienna, Amsterdam and most recently Konya in Turkey (ex-Köln). Some K2YU cars have been modernised as SATRA II (2-section) or SATRA III cars (with an added low floor centre section) but lack of funds has curtailed plans to convert more of the fleet. In 2021, an order was placed with Stadler for 15 three-section low-floor trams for delivery in 2023/24 with a further 5 trams added to the order in 2022.

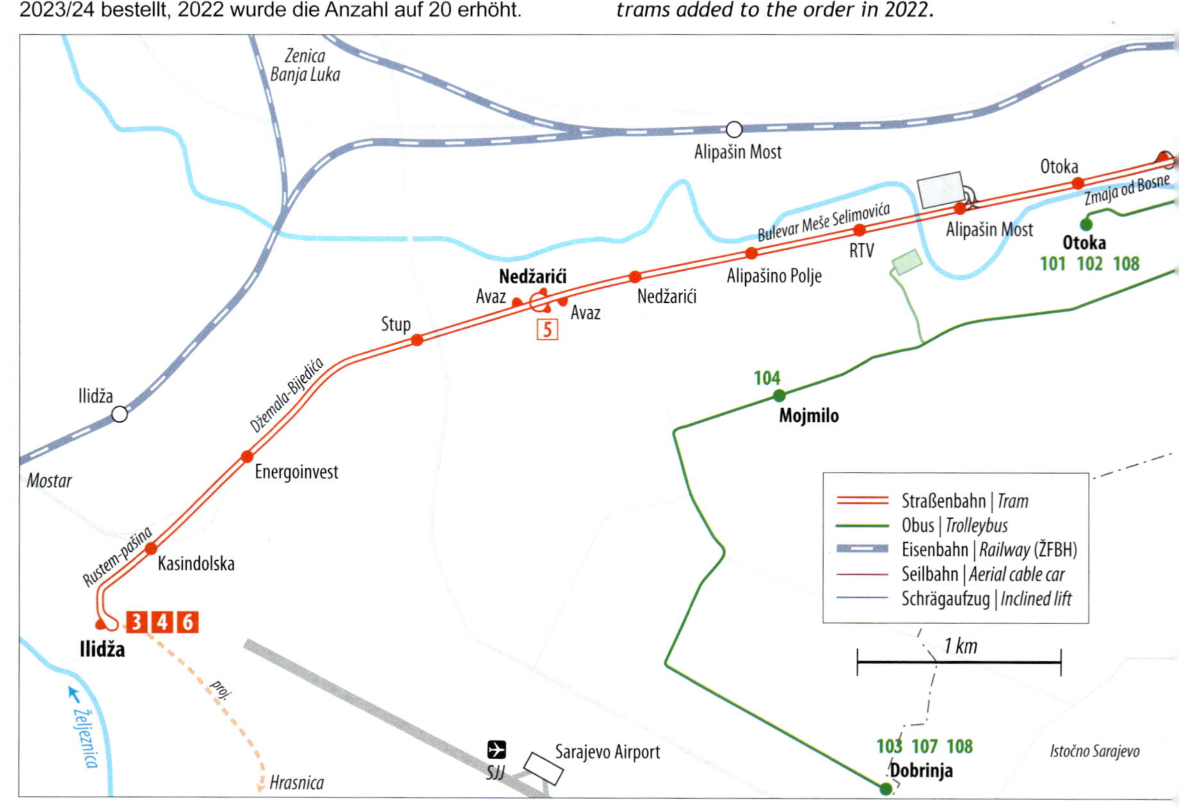

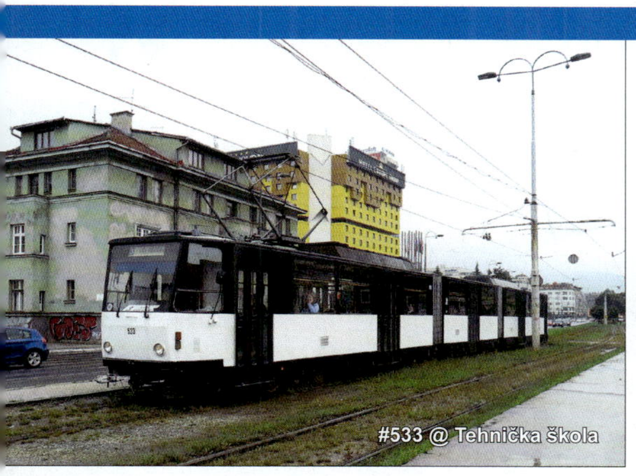

#533 @ Tehnička škola

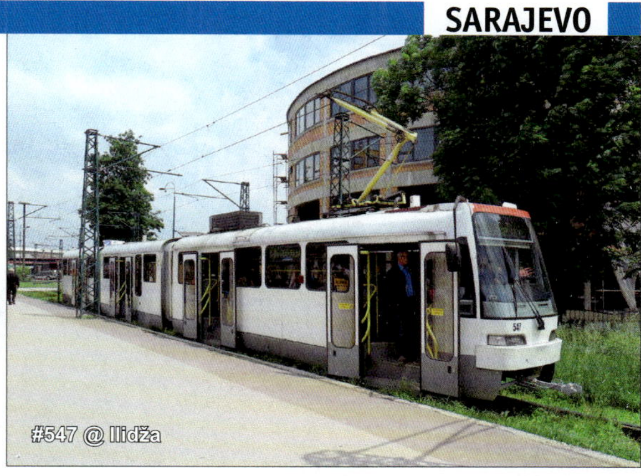

#547 @ Ilidža

Eine Einzelfahrt kostet 1,60 KM (1,80 KM beim Fahrer), Tageskarten für Straßenbahnen, Trolleybusse und Busse gibt es für 5,30 KM. Um dem Schwarzfahren entgegenzuwirken, verfügt die Haltestelle Ilidža über einen Drehkreuzzugang, Ähnliches ist an allen Haltestellen geplant. An den Haltestellen findet man Unterstände und Namensschilder, aber keine Netz- oder Fahrpläne.

The flat fare is 1.60 KM or 1.80 KM from the driver. One-day passes covering trams, trolleybuses and buses cost 5.30 KM. To counter fare evasion, Ilidža tram stop has turnstile access and plans exist to convert all stops to a similar arrangement. Stops have shelters and signs with stop names, but route maps and timetables are distinctly lacking.

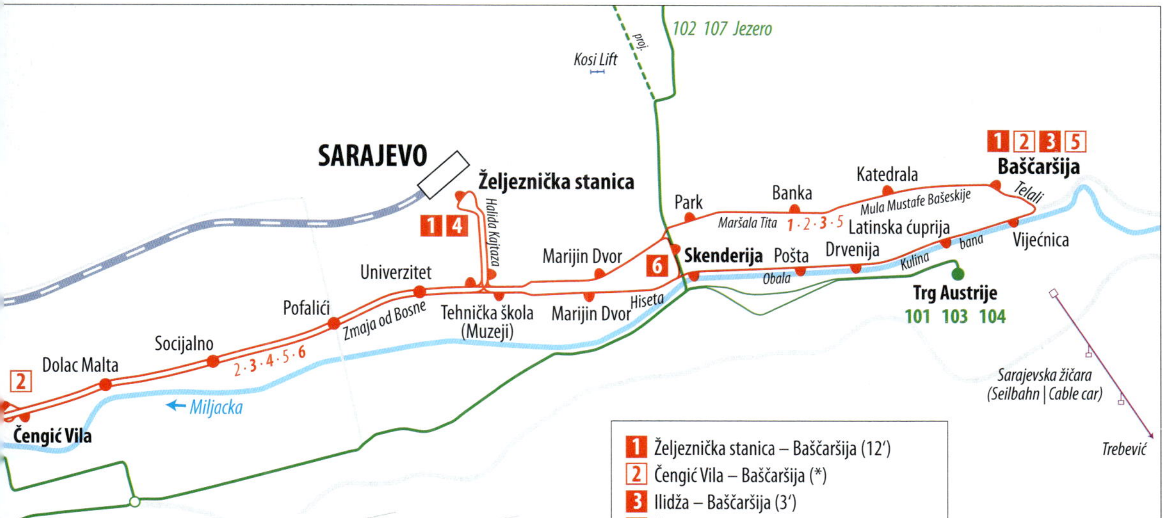
SARAJEVO
Željeznička stanica
Halida Kajtaza
Univerzitet
Pofalići
Socijalno
Dolac Malta
Čengić Vila
Zmaja od Bosne
2·3·4·5·6
Miljacka
Tehnička škola (Muzeji)
Marijin Dvor
Marijin Dvor
Hiseta
Park
Skenderija
Banka
Maršala Tita
1·2·3·5
Katedrala
Mula Mustafe Bašeskije
Baščaršija
Telali
Latinska ćuprija
Pošta
Obala
Drvenija
Kulina bana
Vijećnica
Trg Austrije
101 103 104
102 107 Jezero
Kosi Lift
proj.
Sarajevska žičara (Seilbahn | Cable car)
Trebević
1 Željeznička stanica – Baščaršija (12′)
2 Čengić Vila – Baščaršija (*)
3 Ilidža – Baščaršija (3′)
4 Željeznička stanica – Ilidža (25′)***
5 Nedžarići – Baščaršija (**)
6 Ilidža – Skenderija (10′)***
* nur Morgen-HVZ | only morning peak
** einzelne Fahrten Mo-Fr morgens und nachmittags limited service morning and afternoon peak only
*** nur Mo-Fr | Mon-Fri only

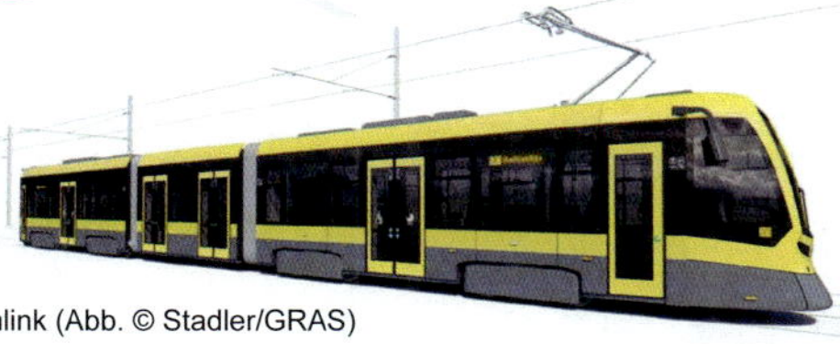
Tramlink (Abb. © Stadler/GRAS)

SARAJEVO > Fahrzeuge | *Rolling Stock* (600 V DC)

Nummer *Number*	Anzahl *Quantity*	Hersteller *Manufacturer*	Typ *Class*	Länge *Length*	Breite *Width*	Ausgeliefert *Delivered*	Anmerkungen *Notes*
510...567	20	ČKD Tatra	K2YU	20.4 m	2.50 m	1973-1983	
528	1	ČKD Tatra	K2	20.3 m	2.50 m	1974	ex-Bratislava 1996
530, 535	2	GRAS, PARS, Siemens	SATRA II	20.4 m	2.50 m	1973/1975 1)	ex-Brno 1998/2003 (Tatra K2)
532-534	3	ČKD Tatra	KT8D5	30.3 m	2.48 m	1989-1990	532-534 ex-Košice 1998/2001
536-545	10	GRAS, PARS, Siemens	SATRA II	20.4 m	2.50 m	1975/1983 2)	ex-Tatra K2YU
546-549	4	GRAS, PARS, Siemens	SATRA III	28.3 m	2.50 m	1973-1983 3)	546 ex-Brno 2003 (Tatra K2) 547-549 Tatra K2YU
550-552	3	Lohner	E	20.3 m	2.20 m	1962-1964	ex-Wien 2001/2007
553...576	16	Duewag	GT8	27.3 m	2.35 m	1963-1966	ex-Konya 2015-2016 (ex-Köln)
	20	*Stadler*	*Tramlink*			*2023-*	

Umgebaut | *Rebuilt* 1) 1998/2003 2) 2005-2009 3) 2003-2009

BKM 43300D trolleybus #61 @ Safeta Hadžića/Prnjavorska (Foto Alen Cosic)

OBUS

Das Trolleybusnetz von Sarajevo wurde 1984, dem Jahr der Olympischen Winterspiele, eröffnet. Es wurde während des Bosnienkrieges schwer beschädigt und war zwischen 1992 und 1997 außer Betrieb. Die Strecke nach Vogošća, etwa 10 km nördlich von Sarajevo, wurde nach dem Krieg nicht wiedereröffnet und die Strecke nach Dobrinja wurde um etwa 400 m verkürzt, so dass Obusse heute nicht mehr bis Istočno Sarajevo (in der Republika Srpska) fahren. Die Vorkriegsflotte umfasste etwa 100 Škoda-Obusse, von denen nur etwa 12 den Krieg überstanden. Seit 1997 setzt GRAS überwiegend gebrauchte Trolleybusse, etwa aus Solingen, St. Gallen, Genf oder Bern, ein. Die Auslieferung von 25 Batterie-Gelenk-Trolleybussen des weißrussischen Herstellers BKM begann 2022, finanziert durch europäische Kredite. Für die geplante Wiederinbetriebnahme der Vogošća-Strecke sind weitere 10 Fahrzeuge nötig.

TROLLEYBUS

Sarajevo's trolleybus system opened in 1984, the year of the Winter Olympics. It was heavily damaged during the Bosnian War and ceased operation between 1992 and 1997. The route to Vogošća, about 10 km north of Sarajevo, was not reintroduced after the war and the Dobrinja route was shortened by about 400 m so that it no longer enters Istočno Sarajevo (in Republika Srpska). The pre-war fleet comprised around 100 Škoda trolleybuses of which only around 12 survived for further service. Since 1997, GRAS has mostly operated second-hand trolleybuses, including vehicles from Solingen, St. Gallen, Geneva and Bern. Delivery of 25 articulated battery trolleybuses from Belarusian manufacturer BKM commenced in 2022, funded by European loans. The proposed reinstatement of the Vogošća route will require a further 10 vehicles.

#631 (ex-Geneva) @ Trg Austrije

#625 (ex-St. Gallen) @ Trg Austrije

Kosi Lift - original (Foto Daniel Möschke, 2010)

Kosi Lift (Foto © Općina Centar Sarajevo)
Einzelwagen heute | *current single car*

KOSI LIFT

Der 1990 eröffnete Kosi-Lift befindet sich im Ciglane-Viertel, einer Wohnblocksiedlung aus der sozialistischen Ära, die am steilen Hang eines ehemaligen Steinbruchs errichtet wurde. Ursprünglich verbanden vier parallele Schrägaufzüge die untere, mittlere und obere Ebene der Bebauung. GRAS stellte den Betrieb 2017 ein, da eine Wartung nicht mehr möglich war. Co-finanziert vom Stadtbezirk Centar und vom Kanton Sarajevo wurde der Lift jedoch 2019 mit einer einzigen Kabine auf neuer Führungsbahn wiedereröffnet. Auf einer Länge von 71,6 m wird ein Höhenunterschied von 41,75 m überwunden. Der aktuelle Fahrpreis beträgt 0,50 KM.

SARAJEVSKA ŽIČARA

Diese Luftseilbahn verbindet den Stadtteil Bistrik mit dem Aussichtspunkt Vidikovac (1164 m) auf dem Berg Trebević. Sie wurde 2018 als Ersatz für die im Krieg zerstörte Trebević-Seilbahn eröffnet. Diese 1959 eröffnete Bahn gehörte GRAS und führte zu einigen Austragungsorten der Olympischen Winterspiele von 1984, bis 1989 der Betrieb aufgrund von Wartungsmängeln eingestellt werden musste. Die neue Bahn, nun Eigentum der Stadt Sarajevo, stammt von *Leitner Ropeways*, ist 2158 m lang und überwindet einen Höhenunterschied von 579 m. Es gibt 33 Gondeln für je 10 Personen, mit einer Gesamtkapazität von 1200 Personen pro Stunde. Die Talstation befindet sich etwa 450 m südlich der Straßenbahnhaltestelle Vijećnica. Die Fahrt dauert 7 Minuten und kostet für Ausländer 15 KM (einfach) bzw. 20 KM (hin und zurück), für Einheimische nur 4 KM bzw. 6 KM.

KOSI LIFT

The Kosi Lift, which opened in 1990, is situated within the Ciglane district, a socialist-era development of apartment blocks constructed on the steep face of a former quarry. As originally constructed, four parallel inclined lift cars connected the lower, middle and upper terraces of the development. GRAS operated the Kosi Lift until 2017 when it became unserviceable. However, with funding from the Centar local authority and Sarajevo Canton, it reopened in 2019 with a new guideway and a single lift car in place of the previous four. The Lift has a length of 71.6 m and covers a vertical distance of 41.75 m. The current fare is 0.50 KM.

SARAJEVSKA ŽIČARA

This aerial cable car links the Bistrik district of Sarajevo with Vidikovac, a vantage point (1,164 m) on Mt Trebević, overlooking the city. It opened in 2018, as a replacement for the Trebević Cable Car which was destroyed during the 1992-95 war. The original system, which was owned by GRAS, opened in 1959 and provided access to some of the 1984 Winter Olympic venues but ceased regular operation in 1989 due to maintenance defects. The new line, owned by the City of Sarajevo, has a cable length of 2,158 m and a vertical interval of 579 m. There are 33 ten-passenger gondolas built by Leitner Ropeways with a total capacity of 1,200 per hour. A single trip takes 7 minutes. The base station is approximately 450 m south of Vijećnica tram stop. Fares are 15 KM (single) or 20 KM (return) for foreigners but only 4 KM/6 KM for Bosnians.

Bergstation | *Upper station*

Blick auf | *View towards*
Vijećnica (Rathaus | *Town Hall*)

Beograd Centar –
- BG:Voz-Vorortzug nach Ovča (links), Srbija Voz-Regionalzug nach Novi Sad (rechts)
- *BG:Voz suburban service to Ovča (left), Srbija Voz regional service to Novi Sad (right)*

Serbien

Im 19. Jahrhundert erlangte Serbien seine Unabhängigkeit vom Osmanischen Reich, zunächst als Fürstentum (1815-1882) und dann als völlig unabhängiges Königreich (1882-1918). Nach dem Ersten Weltkrieg wurde Serbien Teil des „Königreichs der Serben, Kroaten und Slowenen" (ab 1929 „Königreich Jugoslawien"). Serbien wurde während des Zweiten Weltkriegs von den Achsenmächten besetzt und ein Teil seines Territoriums zwischen 1941 und 1945 in den „Unabhängigen Staat Kroatien" eingegliedert. Es war dann bis zu seiner Auflösung im Jahr 1992 eine Republik innerhalb des sozialistischen Jugoslawiens. Serbien und Montenegro bildeten danach eine Föderation, bevor daraus 2006 unabhängige Staaten wurden.

Internationale Sanktionen als Reaktion auf Serbiens Rolle im Bosnien-Krieg (1992-95) und im Kosovo-Krieg (1998-99) trafen die serbische Wirtschaft schwer. Erhebliche Schäden an der Infrastruktur entstanden durch NATO-Bombenangriffe während des Kosovo-Krieges. Seitdem hat sich die Wirtschaft verbessert, das BIP ist aber im europäischen Vergleich immer noch relativ niedrig. Serbien führt seit 2014 Beitrittsverhandlungen mit der EU.

Straßenbahnen verkehrten früher auch in Novi Sad, Subotica und Niš, heute nur in Belgrad, wo es auch die einzigen Obusse und Nahverkehrszüge des Landes gibt. Seit dem Ende der internationalen Sanktionen in den frühen 2000er Jahren stehen mehr Mittel für Infrastrukturprojekte zur Verfügung, was die schrittweise Modernisierung des Schienennetzes des Landes und des Belgrader Straßenbahn- und Trolleybusnetzes ermöglicht.

Serbiens Währung ist der Dinar (RSD) [2023: 100 RSD = 0,85 €, 0,75 £, 0,92 US$]. Die serbische Sprache wird offiziell in kyrillischer Schrift geschrieben, aber auch das lateinische Alphabet ist weit verbreitet.

Serbia

During the 19th century Serbia gained its independence from the Ottoman Empire, initially as the Principality of Serbia (1815-1882) and then as the fully independent Kingdom of Serbia (1882-1918). Following WW1, Serbia became part of the Kingdom of Serbs, Croats and Slovenes (renamed Kingdom of Yugoslavia in 1929). Serbia was occupied by the Axis Powers during WW2 and part of its territory was incorporated into the Independent State of Croatia between 1941 and 1945. It then became a republic within Socialist Yugoslavia until its break-up in 1992. Serbia and Montenegro remained in a federation until 2006 when they became independent states.

The Serbian economy was badly affected by international sanctions imposed in response to Serbia's actions in the Bosnian War (1992-95) and the Kosovo War (1998-99). There was also significant infrastructure damage resulting from NATO bombing during the Kosovo War. Since then, the economy has improved but GDP per capita is still relatively low by European standards. Serbia has been in accession negotiations to join the EU since 2014.

Trams formerly operated in Novi Sad, Subotica and Niš but the only remaining system is in Belgrade, which also has the country's only trolleybuses and commuter rail services. Since the ending of international sanctions in the early 2000s, increased funding has been made available for infrastructure projects allowing the gradual modernisation of the country's rail network and Belgrade's tramway and trolleybus systems.

Serbia's currency is the Dinar (RSD) [2023: 100 RSD = £0.75, $0.92, €0.85]. The Serbian language is officially written in Cyrillic script, but the Latin alphabet is also widely used.

#1526 @ Savski trg

BEOGRAD

Belgrad, die Hauptstadt Serbiens, nimmt eine strategische Position am Zusammenfluss von Donau und Save ein. Historischer Mittelpunkt ist die Belgrader Festung auf einem Felsvorsprung über den beiden Flüssen, umgeben vom Kalemegdan-Park. Südlich und östlich davon liegt Stari Grad [Altstadt], die im 19. Jahrhundert rasterförmig umgebaut wurde, so dass kaum etwas an die frühere osmanische Zeit erinnert. Die Haupteinkaufsstraße Kneza Mihaila durchquert Stari Grad und führt zum Terazije, dem Hauptplatz der Stadt. Auf dem ebenfalls im 19. Jahrhundert angelegten Gebiet südlich davon befinden sich die serbische Nationalversammlung, weitere Regierungs-/Kulturgebäude und mehrere Parks. Der alte Hauptbahnhof *Beograd Glavna* aus den Jahren 1882-1885 wurde 2018 geschlossen, um das Projekt „Belgrade Waterfront" mit Bürotürmen, Luxusapartments, Hotels und einem Einkaufszentrum voranzutreiben. Der Bau des neuen Bahnhofs *Beograd Centar* begann zwar 1977, er ist aber bis heute unvollendet, auch wenn er 2016 offiziell eröffnet wurde.

Bis 1918 bildeten die Flüsse Donau und Save die Grenze zwischen Serbien und Österreich-Ungarn, so dass Belgrad auf das hügelige rechte Ufer der Save beschränkt war. In den 1920er Jahren wurden Pläne vorgelegt, die Stadt auf das flache linke Ufer auszudehnen, doch vor dem Zweiten Weltkrieg gab es nur eine geringe Entwicklung. 1948 begann die neue kommunistische Regierung Jugoslawiens schließlich mit dem Bau von Novi Beograd [Neu-Belgrad], einer geplanten sozialistischen Siedlung mit Wohntürmen aus Beton sowie Regierungs- und Geschäftsgebäuden, eingeteilt in 72 Blöcke mit breiten Straßen und Grünflächen. Heute geht Novi Beograd in die einst eigenständige Stadt Zemun über und hat 214.000 Einwohner. Es ist ein wichtiges Geschäftsviertel, in dem zahlreiche

Belgrade, the capital city of Serbia, occupies a strategic position at the confluence of the Danube and Sava rivers. The historical core of the city is the Belgrade Fortress built on a rocky outcrop overlooking both rivers, surrounded by Kalemegdan Park. To the south and east lies Stari Grad [Old City] which was comprehensively rebuilt with a grid street pattern in the 19th century, eradicating almost all evidence of its former Ottoman heritage. Stari Grad is bisected by the city's main pedestrianised shopping street, Kneza Mihaila, which leads to Terazije, the main square and designated centre of the city. The area south of here, also laid out in the 19th century, contains the Serbian National Assembly, other government/cultural buildings and various parks. The main railway station, Beograd Glavna, dating from 1882-85, was closed in 2018 to facilitate the construction of the Belgrade Waterfront project, a large-scale complex of offices, luxury apartments, hotels and a shopping mall. Construction of the replacement station, Beograd Centar, commenced in 1977 but the project has been beset by delays and, although officially opened in 2016, the station remains unfinished to this day.

Until 1918, the Danube and Sava rivers formed the boundary between Serbia and the Austro-Hungarian Empire, with Belgrade confined to the hilly right bank of the Sava. Plans to expand the city onto the low-lying left bank were put forward in the 1920s but there was only limited development prior to WW2. However, in 1948, Yugoslavia's new communist government commenced the construction of Novi Beograd [New Belgrade], a planned socialist settlement of monumental concrete residential towers and government/commercial buildings spread across 72 blocks separated by a grid of wide roads and

#2267
– auf der Ringlinie 2 von Pristanište hinauf zum Kalemegdan
– *climbing up from Pristanište to Kalemegdan on circular route 2*

internationale Firmen, Hotels, ein Konferenzzentrum, eine Arena und Einkaufszentren zu finden sind.

Die städtische *GSP Beograd* betreibt ein Netz von Straßenbahnen, Trolleybussen und Bussen sowie die S-Bahn BG:Voz, die alle im 4-Zonen-Verkehrsverbund „Bus Plus" integriert sind. Alle Straßenbahn- und Obuslinien liegen in der Zone 1: ein 90-Minuten-Ticket kostet 89 Dinar mit einer „Bus Plus"-Wertkarte (plus 250 Dinar für die Karte). Beim Fahrer gibt es Tickets für 150 RSD (ohne Umsteigen). 1-, 3- und 5-Tageskarten sind für 250/700/1000 RSD (plus 40 RSD für eine Papierkarte) erhältlich.

STRASSENBAHN

Belgrads erste Pferdestraßenbahn wurde 1892 zwischen Kalemegdan, Terazije und Slavija (2,3 km) eröffnet. Noch im selben Jahr folgte eine zweite Linie zwischen Slavija und Pristanište [Schiffsanlegestelle] über den Hauptbahnhof und eine dritte zwischen Terazije und Novo groblje [Neuer Friedhof]. Ab 1894 verkehrten elektrische Straßenbahnen zwischen Terazije und Topčider, einem bewaldeten Erholungsgebiet, doch erst 1905 waren alle Pferdebahnlinien elektrifiziert.

Das ursprünglich französische Unternehmen wurde 1903 von einem belgischen Konzern übernommen, der das Netz bis zum Ende des Ersten Weltkriegs auf 19,2 km erweiterte. Die Straßenbahn war jedoch immer noch größtenteils eingleisig und in einem sehr schlechten Zustand, weshalb sie 1919 unter städtische Kontrolle kam. In den 1920er und 30er Jahren wurde das Netz modernisiert und in die Außenbezirke ausgedehnt, so dass die Streckenlänge 1933 42 km betrug, wovon zwei Drittel zweigleisig waren. 1935 verkehrten Straßenbahnen von Terazije über die Save

green spaces. Today, Novi Beograd forms a continuously built-up area linking with the formerly separate town of Zemun. It is home to 214,000 residents and an important business district housing the regional headquarters of many international companies, hotels, a conference centre, arena and shopping malls.

City-owned GSP Beograd operates a network of tram, trolleybus, bus and BG:Voz rail services, all of which are included in an integrated 4-zone 'Bus Plus' fare system. All tram and trolleybus routes fall within zone 1, for which a 90-minute ticket costs 89 RSD by stored value Bus Plus plastic card (plus 250 RSD for the card). Tickets bought from drivers cost 150 RSD for a single trip (no transfers). 1-, 3-, and 5-day passes cost 250/700/1000 RSD (plus 40 RSD for a paper card).

TRAMWAY

Belgrade's first horse tram line opened in 1892 between Kalemegdan, Terazije and Slavija, a distance of 2.3 km. Later the same year a second line opened between Slavija and Pristanište [Pier] via the main railway station together with a third between Terazije and Novo groblje [New Cemetery]. In 1894 electric trams commenced operation between Terazije and Topčider, the location of a popular forest park, but it was not until 1905 that all the original horse tram lines were electrified.

The original French-owned company was taken over by a Belgian concern in 1903, which expanded the network to 19.2 km by the end of WW1. However, the tramway was still mostly single-track and in very poor condition, leading the municipality to take control in 1919. The 1920s and 30s saw the modernisation of the system and

ıach Zemun (6,2 km) über die im Vorjahr eröffnete König-\lexander-Brücke, aber der Betrieb war nur von kurzer)auer, da die Brücke im Zweiten Weltkrieg zerstört wurde. ›enseits des Flusses bestand bis 1947 ein Pendelverkehr.

Als Belgrad am Ende des Zweiten Weltkriegs befreit vurde, war die Straßenbahn fast vollständig außer Betrieb.)ie meisten Strecken wurden zwar wieder in Betrieb ›enommen, doch die Zukunft sah man in Trolleybussen, velche 1947 die Straßenbahn auf dem wichtigen Korridor <alemegdan – Terazije – Slavija durch das Stadtzentrum ›rsetzten. Weitere Stilllegungen folgten, so dass in den 970er Jahren nur noch eine Ringlinie am Rand des 3tadtzentrums und vier Vorortlinien existierten: nach 'oždovac, Radio Industrija (heute Koste Trifkovića), 3akovica und Novo groblje. Das Netz blieb dann bis in die 980er Jahre weitgehend unverändert, als Pläne für eine J-Bahn verworfen und Mittel für den Ausbau der Straßen-›ahn bereitgestellt wurden. Unter dem Projektnamen Straßenbahn ins 21. Jahrhundert“ entstanden schließlich /erlängerungen der bestehenden Strecken (zum Omladin-ki Stadion und nach Kneževac 1984; bis Ustanička 1985 ınd Banjica 1986) sowie zwei neue Strecken, nämlich 1984 ıber die Save nach Novi Beograd (Blok 45) und 1986 nach 3anovo brdo im Süden.

Infolge der Wirtschaftssanktionen konnten in den 1990er ›ahren nur minimale Investitionen in die Straßenbahnin-rastruktur und -wartung getätigt werden. Im Jahr 2005 ›egann jedoch ein Gleiserneuerungsprogramm und viele \bschnitte sind seitdem saniert worden. Auf einigen älteren \bschnitten wie Vukov spomenik – Omladinski stadion ınd insbesondere auf einigen Abschnitten aus den 1980er ahren, wie Kneza Višeslava – Banovo brdo, liegen die 3leise noch auf der jeweils rechten Fahrspur. In anderen =ällen, wie dem 3 km langen Abschnitt zwischen Zvečanska ınd Voždovac, wurden die Gleise jedoch von der Seite in lie Mitte der Straße verlegt.

its expansion into suburban districts so that by 1933 the route length was 42 km, of which two-thirds was double-track. In 1935 trams started operating from Terazije across the River Sava to Zemun (6.2 km) via the King Alexander Bridge which had opened the previous year, but the service was short-lived as the bridge was destroyed during WW2. A shuttle service continued to operate on the Zemun side of the river but was withdrawn in 1947.

By the time Belgrade was liberated at the end of WW2 the tramway was almost entirely out of action. Services were reinstated on most routes, but trolleybuses were seen as the future and in 1947 they replaced trams on the key Kalemegdan – Terazije – Slavija corridor across the city centre. Other tram closures followed, and by the 1970s the network had been reduced to a circular line around the periphery of the city centre and four suburban lines: to Voždovac, Radio Industrija (now Koste Trifkovića), Rakovica and Novo groblje. The network then remained largely unchanged until the 1980s, when plans for a metro system were dropped and funds were diverted to expand the tram system. The resulting 'Trams into the 21st Century' project delivered extensions to all four existing suburban lines (to Omladinski stadion and Kneževac, 1984; Ustanička, 1985; and Banjica, 1986) and two new lines, across the River Sava to Novi Beograd (Blok 45) in 1984 and to Banovo brdo in 1986.

The economic sanctions imposed on Serbia in response to the Bosnian and Kosovo wars meant there was minimal expenditure on tramway infrastructure and maintenance during the 1990s. However, a programme of track renewal commenced in 2005 and many sections have been completely reconstructed since then. Gutter-running tracks are still in evidence on some older sections such as Vukov spomenik – Omladinski stadion and, notably, on certain sections built during the 1980s such as Kneza Višeslava – Banovo brdo. However, in other cases, such as the 3 km section between Zvečanska and Voždovac, the

BEOGRAD

1 274 500

1 700 000

el. T 1894 Tr 1947

1000 mm

T 47 km Tr 24 km

T 11 Tr 7

Sekretarijat za javni prevoz
www.bgprevoz.rs

GSP Beograd (Gradsko saobraćajno preduzeće)
www.gsp.rs

JKP Beogradski metro i voz *(Urban Rail Projects)*
www.bgmetro.rs

M Železnički muzej
(Eisenbahnmuseum | *Railway Museum*)
www.zeleznicesrbije.com/zeleznicki-muzej

#2704 (ex-Basel/BLT) @ Blok 45

BEOGRAD

2 Pristanište – Vukov spomenik – Pristanište (9-11')
3 Omladinski stadion – Kneževac (*)
5 Kalemegdan/Donji grad – Ustanička (9-13')
6 Tašmajdan – Ustanička (21-22')
7 Blok 45 – Ustanička (7-10')
9 Blok 45 – Banjica (7-10')
10 Kalemegdan/Donji grad – Banjica (12-15')
11 Blok 45 – Kalemegdan/Donji grad (23')
12 Omladinski stadion – Banovo brdo (10-13')
13 Blok 45 – Banovo brdo (11')
14 Ustanička – Banjica (18-19')
* derzeit außer Betrieb | currently out-of-service
Straßenbahn | Tram
- derzeit außer Betrieb | currently out of service
Obus | Trolleybus
Eisenbahn | Railway (Srbija Voz / BG:Voz)
Hauptstraßen | Main roads
Metro - im Bau | under construction
- geplant | planned
BEG
Zemun · Batajnica
Novi Sad · Zagreb
Tošin Bunar
M2
proj.
(Arena)
Novi Beograd
Blok 21
Zemunski put
Milentija Popovića
Staro sajmište
7·9
Sava centar
Železnička stanica Novi Beograd
Milutina Milankovića
Bul. M. Milankovića
Blok 23
Đorđa Stanojevića
Omladinskih brigada
Blok 70
Jurija Gagarina
Agostina Neta
Naselje Belvil
Blok 42
Gandijeva
7·9·11·13
M3
proj.
Nehruova
OŠ Branko Radičević
Jurija Gagarina
Dr Ivana Ribara
Dr Ivana Ribara
Blok 45
7 9 11 13
11·13
Sava
Most na Adi
Sajam
(Sajam)
Bulevar vojvode Mišića
3·11·12
Ruska
Gospodarska mehana
Petlja Radnička
(Ada Ciganlija)
Hipodrom
Careva ćuprija
3
Bul. vojvode Mišića
Topčiderska pozornica
12·13
Požeška
Kneza Višeslava
Škola Josif Pančić
(Park Banovo brdo)
Topčiderski park
Dom zdravlja
Kijevska
(Požeška)
Železnička stanica Topčider
Topčiderska okretnica
Požeška
Trebevićka
Banovo brdo
12 13
(Trgovačka)
i.B.
u/c
(Bele Vode)
M1
(Žarkovo)
1 km
Košutnjak
Vareška
Rakovica
Miška Kranjca
Patrijarha Dimitrija
Ulica Oslobođenja
Slavka Rodića
Kneževac
3
Kneževac
Resnik · Valjevo · Mladenovac
Niš · Bar
M1
(Žarkovo)
(Makiš)
Metro Depot
(Železnik)
1 km

Ovča
Pančevo
Vršac
Dunav
Donau
Danube
5 10 11
Kalemegdan
Donji grad
Tadeuša Košćuška
Braće Baruh
Festung von Belgrad
Belgrade Fortress
T. Košćuška
2·11
Kralja
Petra
Cara Dušana
Dorćol
Kneginje Ljubice
Kalemegdan
Pariska
28 29 41
Studentski trg
Sava
Pristanište
2
(Dunav)
i.B.
u/c
Pančevački Most
Pijaca
Skadarlija
(Karaburma)
Bulevar despota Stefana
M1
proj.
3 12
Omladinski stadion
(Trg Republike)
28·41
Brankov most
Džordža Vašingtona
2·5·10
Terazije
29
Takovska
Mije Kovačevića
Vatrogasna komanda
28·40
27. marta
2·11
Stari savski most
7·9
Karađorđeva
40·41
Palilulska
pijaca
Tašmajdan
6
Ekonomski fakultet
3·12
Novo groblje
Mašinski
fakultet
Savski trg
7·12
10
Kraljice Marije
2·5
RK Beo-
građanka
Ruzveltova
2·3·7·9·12
M
Resavska
2·3·6·7·12·14
Dalmatinska
Palata pravde
Pravni
fakultet
2·3·10·14
Vukov
spomenik
Nemanjina
3·11·12
Trg Slavija
19 21 22
Savska
GO Zvezdara
5·6·7·14
Trg Slavija
Bulevar oslobođenja
(Mostar)
40·41
Mostar
(Makenzijeva)
Pijaca Đeram
9·10·14
Bulevar kralja Aleksandra
19·21·22·29
Pop Stojanova
Zvezdara
28 40
Karađorđev park
Bulevar oslobođenja
Lion
BEOGRAD
Centar
Batutova
Pijaca
Zvezdara
proj.
Karađorđev
park
Franše D'Eperea
Dr. Velizara Kosanovića
M2
22
Kruševačka
Mite Ružića
Koste Trifkovića
Zvečanska
21
Trg oslobođenja
Učiteljsko
naselje
Ustanička
Vojvode Stepe
Bože Jankovića
5 6 7 14
Kralja Vladimira
19
Konjarnik
Vitanovačka
Petrovačka
Medaković 3
Nikšićka
29
proj.
Visoka škola
elektrotehnike
Saobraćajni fakultet
Vojvode Stepe
Patrijarha Pavla
M3
Voždovac
9 10 14
Bebelova
Rasadnik
Banjica
Bebelova
Vračarska
Košutnjak
40 41 Banjica 2

#2654 (ex-Basel/BVB) @ Brankov most

Die meisten Gleise in Novi Beograd liegen auf dem Mittelstreifen oder neben breiten mehrspurigen Straßen, über die zweispurige Stari savski most [Alte Save-Brücke], die 1942 gebaut und 1984 für Straßenbahn umgebaut wurde, muss die Straßenbahn gemischt mit dem Individualverkehr fahren. Die Linie 3 nach Kneževac (derzeit wegen Sanierung geschlossen) ist größtenteils zweigleisig am Straßenrand und mit eigenem Gleiskörper durch den Topčider-Park. Auf der Steilstecke zwischen Pristanište und Kalemegdan der Ringlinie 2, die in beiden Richtungen um die Innenstadt herum führt, gibt es auch einen Abschnitt mit eigenem Gleiskörper.

Die einzige Erweiterung des Netzes in den letzten Jahren war 2019 die 2,7 km lange Verbindung über die Most na Adi [Ada-Brücke], die zweite Straßenbahnstrecke nach Novi Beograd. In Zukunft könnten Straßenbahnen anstelle von Trolleybussen wieder auf der einstigen Strecke Kalemegdan – Terazije – Slavija durch das Stadtzentrum zu sehen sein.

Zwischen 1949 und 1977 erwarb Belgrad eine Vielzahl neuer und gebrauchter Straßenbahnwagen von Herstellern wie Breda, La Brugeoise, Đuro Đaković, Tatra oder Duewag. 1979 wurden jedoch die ersten von 220 Tatra KT4YU-Fahrzeugen geliefert und bis 1998 alle anderen Typen aus dem Verkehr gezogen. Ab 2001 überließen Basel und Halle (Saale) der Belgrader Straßenbahn

tracks have been moved from the side to the centre of the street.

Most track in Novi Beograd is laid on the central reservation or at the side of wide multi-lane roads but trams run with general traffic across the two-lane Stari savski most [Old Sava Bridge] which was originally built in 1942 and converted for tram use in 1984. Route 3 to Kneževac (currently closed for reconstruction) is mostly roadside double-track with a reserved-track section through Topčider Park. There is also a reserved-track section on the steep climb between Pristanište and Kalemegdan on circular route 2 which operates in both directions around the periphery of the city centre.

The only recent addition to the network occurred in 2019 with the opening of a new 2.7 km section of track across the Most na Adi (Ada Bridge) providing a second tram crossing to Novi Beograd. However, plans have been announced for the possible reinstatement of trams in place of trolleybuses on the original Kalemegdan – Terazije – Slavija route across the city centre.

Between 1949 and 1977, Belgrade acquired a variety of new and second-hand tramcars with examples from manufacturers Breda, La Brugeoise, Đuro Đaković, Tatra and Duewag in the fleet. However, in 1979 the first of 220 Tatra KT4YU cars arrived and by 1998 all other types had been withdrawn. The KT4s remained the only type

BEOGRAD > Fahrzeuge | *Rolling Stock* (600 V DC)

Nummer *Number*	Anzahl *Quantity*	Hersteller *Manufacturer*	Typ *Class*	Länge *Length*	Breite *Width*	Ausgeliefert *Delivered*	Anmerkungen *Notes*
1501-1530	30	CAF	Urbos 3	33.0 m	2.3 m	2011-2013	
2201...2420	134	ČKD Tatra	KT4YU, KT4YU-M, KT4M-YUB	18.1 m	2.2 m	1980-1997	
2701-2713	13	SWS/BBC	100 Be 4/6	20.0 m	2.2 m	1971-1976	ex-Basel 2016
2123...2143, 2603...2658	39	Duewag	GT6 Be 4/6	19.7 m	2.2 m	1967-1972	ex-Basel 2001-2016
1401...1494	46	FFA/SWP, BVB/SLM	Beiwagen | *Trailers*		2.2 m	1947-1973	ex-Basel 2001-2020

#2344 @ Stari savski most (Alte Savebrücke | *Old Sava Bridge*)

Gebrauchtwagen als Spende, um den Wiederaufbau nach dem Kosovo-Krieg zu unterstützen. Die T4-Wagen aus Halle sind inzwischen abgestellt, doch die Schweizer Fahrzeuge sind weiterhin in BVB-Grün bzw. BLT-Gelb-Rot im Einsatz. Belgrad erhielt 2011-2013 seine ersten modernen Niederflurwagen von CAF. Etwa die Hälfte der Flotte besteht jedoch immer noch aus KT4-Wagen, die entweder einzeln verkehren oder auf stark befahrenen Linien auch in Doppeltraktion.

in service until 2001 when the Swiss city of Basel and the German city of Halle commenced the donation of second-hand cars to assist with reconstruction following the Kosovo war. The ex-Halle T4 cars have since been withdrawn but the Swiss cars remain in service, still in their original BVB green or BLT yellow/red liveries. Belgrade received its first modern low-floor cars from CAF in 2011-13. Although reduced in number, the KT4s still account for half the fleet; they operate either as single cars or coupled pairs on busy routes.

#1530 @ Savski trg

#2658 (ex-Basel/BLT) & #2396 @ Endstelle Kalemegdan Donji grad *terminus*

#1511 @ Škola Josif Pančić (Foto Ondřej Matěj Hrubeš)

#2282 @ Vukov spomenik – Univerzitet u Beogradu (rechts | *right*)

#2649 (ex-Basel/BVB) @ Petlja Radnička

#2284 @ Dorćol/Kneginje Ljubice

SEILBAHN

2018 vergab die Stadt einen Auftrag zum Bau einer Seilbahn mit 25 Kabinen an ein Konsortium unter Führung der italienischen Firma Leitner. Die 1 km lange Seilbahn, die hauptsächlich als Touristenattraktion gedacht war, sollte die Save überqueren und Novi Beograd am linken Ufer mit der Belgrader Festung am rechten Ufer verbinden. Nachdem bereits einige Bäume gefällt worden waren, wurde das Projekt 2019 vom serbischen Verwaltungsgericht gestoppt, bis eine Entscheidung darüber vorliegt, ob das Projekt gegen den Denkmalschutz in Bezug auf die Belgrader Festung verstößt.

AERIAL CABLE CAR

In 2018, Belgrade City Council awarded a contract for the construction of a cable car (gondola lift) with 25 cabins to a consortium led by the Italian company Leitner. The 1 km cable car line, primarily intended as a tourist attraction, would cross the River Sava, linking Novi Beograd on the left bank with the Belgrade Fortress on the right bank. Some preparatory tree felling was undertaken but the project was suspended in 2019 by Serbia's Administrative Court pending a decision on whether the project violates legal requirements for heritage protection in respect of the Belgrade Fortress.

BKM 32100C Trolleybus #2079 @ Trg Slavia

OBUS

Belgrads erste Trolleybuslinie wurde 1947 als Ersatz für die Straßenbahnlinie 1 entlang des stark befahrenen Korridors Kalemegdan – Terazije – Slavija eingeführt. Damals sollten Obusse eine wichtige Rolle einnehmen, weshalb weitere Strecken folgten, darunter drei Linien über die Save nach Zemun und Novi Beograd, auf denen Fahrzeuge von Fiat und Goša/Alfa Romeo eingesetzt wurden.

In den 1970er Jahren verdrängten Dieselbusse jedoch die meisten Obusse und nur die Obuslinie Kalemegdan – Kruševačka (heute Linie 22) blieb in Betrieb. Mit der Ölkrise kam ein erneuter Politikwechsel, Trolleybusse kehrten zurück, so dass in den 1980er Jahren das heutige Netz entstand, zunächst mit Trolza/ZiU-Fahrzeugen aus Russland.

Derzeit gibt es 7 Trolleybuslinien auf drei Strecken vom Stadtzentrum in die äußeren Vorstädte. Die Flotte umfasst etwa 85 Solo- und 11 Gelenkbusse von Belkommunmash

TROLLEYBUS

Belgrade's first trolleybus route was introduced in 1947 as a replacement for tram route 1 along the busy Kalemegdan – Terazije – Slavija corridor. At this time trolleybuses were seen as playing a major role in the city's transport system and further routes followed, including three routes across the River Sava to Zemun and Novi Beograd, operated by Fiat and Goša/Alfa Romeo vehicles.

However, by the 1970s diesel buses had replaced most trolleybuses and only the Kalemegdan – Kruševačka trolleybus route (current route 22) remained in operation. But, in a further reversal of policy following the oil shock, the city decided to reinstate trolleybuses and the current network of routes was introduced during the 1980s, initially with Russian-built Trolza/ZiU vehicles.

Today, there are 7 trolleybus routes serving three radial corridors linking the city centre and outer suburbs.

BKM #2016 @ Trg Slavia

Vukov spomenik – Ladestation für E-Busse | *Electric bus recharging point*

Novi Beograd
- BG:Voz Vorortzug nach Batajnica
- BG:Voz suburban service to Batajnica

2004-10), die in Dorćol neben dem Straßenbahndepot ɔeheimatet sind. Aktuell werden mangels betriebsfähiger Ɔbusse häufig auch Dieselbusse eingesetzt, außerdem ʌird überlegt, Trolleybusse durch Straßenbahnen oder Ξlektrobusse zu ersetzen (Belgrad hat bereits drei Linien, ɟie mit chinesischen Batteriebussen betrieben werden). Im Jahr 2022 wurde jedoch eine Ausschreibung für den Kauf ʌon 80 neuen Trolleybussen, die auch auf Abschnitten ohne Ɔberleitung fahren können, angekündigt.

S-BAHN

ɲ den 1970er Jahren begannen die Arbeiten am Projekt Belgrader Eisenbahnknoten", welches die Verknüpfung der ɔestehenden Linien aus dem Norden, Süden und Westen ınd die Einführung einer S-Bahn vorsah. Dazu gehörte der Bau einer rund 10 km langen Verbindungsbahn (6,5 km m Tunnel mit zwei unterirdischen Stationen) sowie der Ersatz des alten Belgrader Hauptbahnhofs (Beograd Glavna) durch einen neuen (Beograd Centar - Prokop) n ungünstiger Lage 1,75 km südlich des Stadtzentrums. Eine neue Eisenbahnbrücke über die Save wurde 1979 ertiggestellt, aber aufgrund finanzieller Schwierigkeiten

The fleet comprises around 85 rigid and 11 articulated Belkommunmash trolleybuses (2004-10) based at Dorćol, next to the tram depot. At the time of writing, a lack of serviceable vehicles has required some diesel bus substitution and there has been discussion about the possibility of replacing trolleybuses with trams or electric buses (Belgrade already has three routes operated with Chinese battery buses). However, in 2022 a tender was announced for the purchase of 80 new trolleybuses with off-wire capability.

SUBURBAN RAIL

In the 1970s work commenced on the Belgrade Railway Junction project, designed to link existing lines to the north, south and west of the city, and allow for the introduction of an S-Bahn style service. The project included the construction of around 10 km of new track (6.5 km in tunnel, with two underground stations) and the replacement of Belgrade's main station (Beograd Glavna) with a new facility (Beograd Centar - Prokop), inconveniently situated 1.75 km to the south of the city centre. A new railway bridge over the Sava was completed in 1979

Beograd Centar
- Srbije Voz-Regionalzug nach Novi Sad
- Srbije Voz regional service to Novi Sad

Vukov spomenik

wurden die Tunnel durch die Stadt erst 1992 vollendet, die unterirdischen Stationen Vukov spomenik und Karađorđev park sogar erst 1995 eröffnet.

Die serbische Staatsbahn (Železnice Srbije – ŽS) führte 1992 mit „Beovoz“ einen durchgehenden S-Bahn-Betrieb ein, der 2010 von *GSP Beograd* übernommen und nun als „BG:Voz“ bezeichnet wird – derzeit gibt es zwei Hauptlinien: Ovča – Batajnica (alle 30-60 Minuten) und Ovča – Resnik (alle 30 Minuten). Einige Züge verkehren über Resnik hinaus nach Lazarevac oder Mladenovac. Mit dem Betrieb wurde *Srbija Voz*, die nationale Betreibergesellschaft, beauftragt, die vierteilige Elektrotriebwagen der Baureihe 412/416 einsetzt, die in den 1980er Jahren von der lettischen Firma RVR gebaut wurden.

Vukov spomenik wurde als Vorzeigebahnhof im sowjetischen Stil mit 60 m langen Rolltreppen errichtet, die in eine Bahnsteighalle mit gewölbter Decke in 40 m Tiefe führen. Vukov spomenik und Beograd Centar sollten das Umsteigen zur geplanten U-Bahn ermöglichen, im aktuellen U-Bahn-Plan ist Vukov spomenik jedoch nicht enthalten und Beograd Centar soll gegebenenfalls durch die kürzlich vorgeschlagene dritte U-Bahn-Linie angeschlossen werden. Stattdessen soll zukünftig der Bahnhof Makenzijeva das Umsteigen zwischen S-Bahn und U-Bahn erlauben.

Im Jahr 2018 wurde *JKP Beogradski metro i voz* [Belgrader Metro- und Eisenbahn-Planungsgesellschaft] gegründet, um den Bau der ersten zwei U-Bahn-Linien voranzutreiben und das „BG:Voz“-Netz zu erweitern, u.a. mit einem Ast zum Flughafen Nikola Tesla.

but due to financial difficulties the cross-city tunnels were not completed until 1992, and the underground stations at Vukov spomenik and Karađorđev park only opened in 1995.

Serbian Railways (Železnice Srbije - ŽS) introduced cross-city 'Beovoz' services in 1992 which were taken over by GSP Beograd in 2010 and relaunched as 'BG:Voz'. Currently there are two main BG:Voz routes: Ovča – Batajnica (every 30-60 minutes) and Ovča – Resnik (every 30 minutes). A few trains operate beyond Resnik to Lazarevac or Mladenovac. Operation of the services is contracted out to Srbija Voz (Serbian Trains), the national passenger train operating company, which uses class 412/416 4-car EMUs built in the 1980s by Latvian company RVR.

Vukov spomenik station was constructed as the city's showpiece station in the Soviet style with 60 m long escalators leading to a vaulted concourse at platform level, 40 m below ground. At the planning stage, it was intended that Vukov spomenik and Beograd Centar would be interchange stations with the proposed metro system, but Vukov spomenik does not feature in the current metro plan and Beograd Centar, the city's main railway station, will only get a metro connection if the recently proposed third metro line is built. However, a new underground station may be added at Makenzijeva to provide interchange with the second metro line.

In 2018 the public-sector Belgrade Metro and Train Company (JKP Beogradski metro i voz) was formed to progress the implementation of two metro lines and to expand the BG:Voz network including a branch to Nikola Tesla Airport, though there is no confirmed start date for the airport line.

Abb. © Beogradski Metro i Voz - www.bgmetro.rs

U-BAHN

Belgrad ist heute die bevölkerungsreichste europäische Stadt ohne eine U-Bahn. Bereits seit 1923 waren verschiedene Vorschläge zum Bau einer Untergrundbahn vorgelegt worden, doch erst 1968 entstand ein ausgereiftes Projekt mit drei Linien. Daraus wurde jedoch nichts, bis 1976 ein ehrgeiziger Plan mit fünf U-Bahn- und vier S-Bahn-Linien folgte. Der Bau der U-Bahn sollte nach Abschluss des Projekts „Belgrader Eisenbahnknoten" starten.

1982 wurde das U-Bahn-Projekt jedoch zugunsten des Ausbaus des Straßenbahnnetzes aufgeschoben, nachdem die Arbeiten an der Verbindungsbahn aus Geldmangel auf Eis gelegt werden mussten. Eine U-Bahn wurde 1999 erneut vorgeschlagen, doch der Belgrader Masterplan von 2003 verwarf die Idee wieder, diesmal zugunsten einer Stadtbahn mit drei Linien und Tunneln unter dem Stadtzentrum, die mit bestehenden Straßenbahnlinien und neuen oberirdischen Strecken verknüpft werden sollten.

Nach verschiedenen Versuchen, die Vorschläge von 1976 wiederzubeleben, erschien 2017 ein neuer Plan für ein U-Bahn-Netz mit zwei Linien (40,5 km, 43 Stationen), das sich von früheren Vorschlägen insofern unterscheidet, dass sich die beiden ersten Linien nicht im Stadtzentrum, sondern auf dem Gelände des ehemaligen Bahnhofs am Savski trg kreuzen, um auch das neue Viertel am Flussufer zu erschließen. Im Jahr 2021 unterzeichnete die serbische Regierung eine Absichtserklärung mit französischen und chinesischen Unternehmen und im Jahr 2022 begannen vorbereitende Baumaßnahmen auf dem Depotgelände im Süden der Stadt. Der Beginn des Tunnelbaus ist für 2023 geplant. Die beiden ersten Linien sind:

Linie 1: Železnik – Mirijevo (21,3 km, 23 Stationen; 2,3 km oberirdisch entlang des Depots)

Linie 2: Zemun – Mirijevo (19,2 km, 20 Stationen)

Den Wettbewerb für die Gestaltung der U-Bahnhöfe gewann das Belgrader *Studija OBE*, wobei Backstein in allen Stationen ein charakteristisches Merkmal sein wird.

Erst kürzlich wurde dem Projekt eine dritte Linie hinzugefügt, die die Fernbahnhöfe Novi Beograd und Beograd Centar bedienen würde.

METRO

Belgrade remains the largest European city by population without a metro system. Although various underground railway schemes were proposed from 1923 onwards it was not until 1968 that the first comprehensive plan for a three-line metro network was put forward. This did not proceed but in 1976 an ambitious plan was drawn up for five metro lines and four regional metro lines. The intention was that metro construction would follow the completion of the Belgrade Railway Junction project.

However, by 1982, with work on the Railway Junction project on hold due to lack of funding, the metro project was shelved in favour of expanding the tram network. A metro was proposed again in 1999 but the 2003 Belgrade Master Plan once again rejected the idea, this time in favour of a three-line light rail system known as 'Belgrade Light Metro' with tunnels beneath the city centre linked to some existing tram lines and some new surface lines.

Following various attempts to revive the 1976 proposals, a new plan appeared in 2017 for a two-line metro network (40.5 km, 43 stations) which differs from previous proposals in that the two initial lines cross on the site of the former railway station (Savski trg) to serve the Belgrade Waterfront area rather than in the city centre. In 2021 the Serbian government signed a memorandum of understanding with French and Chinese companies to progress this scheme and site clearance commenced at the depot site in the south of the city in 2022. At the time of writing tunnelling was scheduled to start in 2023. The two proposed lines are:

Line 1 - Železnik – Mirijevo (21.3 km, 23 stations; 2.3 km above ground alongside the depot)

Line 2 - Zemun – Mirijevo (19.2 km, 20 stations)

The metro station design competition was won by local architects, Studija OBE, with all stations featuring a characteristic brick design.

More recently, a third line has been added to the project, which would serve Novi Beograd and Beograd Centar railway stations.

Abb. © Beogradski Metro i Voz - www.bgmetro.rs

Bucureşti – Imperio Metropolitan #3820 @ Parcul Drumul Taberei > Drumul Taberei (Biserica Sfânta Vineri)

Rumänien

Rumänien grenzt im Norden an die Ukraine und Moldawien, im Westen an Serbien und Ungarn, im Süden an Bulgarien und im Osten an das Schwarze Meer. Das Land hat heute eine Bevölkerung von 20 Millionen, das sind rund 4 Millionen weniger als im Jahr 1990.

Nachdem die kommunistische Partei 1947 die Macht übernahm, begann sie, das landwirtschaftlich geprägte Land umzugestalten, indem sie die Entwicklung der Schwerindustrie förderte. Viele Städte wurden nach sozialistischen Grundsätzen „systematisiert", d.h., es wurden große Industriegebiete und ausgedehnte Plattenbausiedlungen für die Arbeiterklasse errichtet, die meist durch Straßenbahnen an die teils umgestalteten Innenstädte angebunden wurden.

Die Ölkrise der 1970er Jahre hatte schwerwiegende Auswirkungen auf die energieintensiven Industrieanlagen des Landes, was Nicolae Ceauşescu, Parteivorsitzender seit 1965, dazu veranlasste, strenge Sparmaßnahmen zu verhängen und Importe einzuschränken. Dazu gehörten der Ausbau der Straßenbahn- und Obusnetze, um so den Ölimport zu verringern, sowie die Anforderung, alle neuen öffentlichen Verkehrsmittel aus heimischer Produktion zu beziehen. Trotz der wirtschaftlichen Schwierigkeiten des Landes hielt Ceauşescu jedoch an bestimmten Vorzeigeprojekten fest, unter anderem am Bau der ersten drei Linien der Bukarester U-Bahn sowie des monumentalen Parlamentspalastes in Bukarest.

Ceauşescu wurde 1989 gestürzt, seitdem ist Rumänien eine parlamentarische Demokratie. Das Land erlebte eine schwierige Übergangsphase zur Marktwirtschaft, in

Romania

Romania is bounded by Ukraine and Moldova to the north, Serbia and Hungary to the west, Bulgaria to the south and the Black Sea to the east. It has a population of 20 million, down from a peak of 24 million in 1990.

After the country became a one-party communist state in 1947, the new government set about transforming the predominantly rural economy by prioritising the development of heavy industry. Many cities were 'systematised' (redeveloped) according to socialist principles with the construction of large industrial zones, extensive prefabricated housing estates for workers, and in some cases, remodelled city centres, all typically linked by trams.

The oil crisis of the 1970s had a severe impact on the country's energy-hungry industries leading Nicolae Ceauşescu, party leader since 1965, to impose severe austerity measures and restrict imports to increase the country's self-sufficiency. These measures included a national programme of tramway and trolleybus development to reduce the need for oil imports and a requirement to source all new public transport vehicles from domestic manufacturers. However, despite the country's economic difficulties, Ceauşescu still persisted with certain flagship projects including the construction of the first three lines of the Bucharest metro and the monumental Palace of the Parliament building in Bucharest.

Ceauşescu was overthrown in 1989, since when the country has been a multi-party democracy. The country experienced a difficult period of transition to a market

Iaşi – Pesa Swing #2213 @ C.F.S. II

der zahlreiche nicht wettbewerbsfähige Industriebetriebe schließen mussten, was eine starke Abwanderung begünstigte. Die Verkehrsbetriebe hatten Mühe, Fahrzeuge und Infrastruktur instand zu halten, was zu einem schlechten Angebot und zur vollständigen Schließung einiger Straßenbahn- und Obusbetriebe führte.

Dennoch begann sich die Wirtschaft in den 2000er Jahren zu erholen und Rumänien trat 2007 der EU bei. Seitdem ist das Interesse an elektrischem ÖPNV wieder erwacht, da EU-Mittel für den Ausbau der Infrastruktur und die Anschaffung neuer Fahrzeuge bereitgestellt werden. So werden derzeit an viele Städte neue Straßenbahnen und Obusse geliefert und die Bukarester U-Bahn wird weiter ausgebaut.

Heute findet man in Rumänien zehn Trambetriebe, zu den älteren gehören Arad, Brăila, Bukarest, Galaţi, Iaşi, Oradea und Timişoara. Von den sieben Betrieben, die in den 1980er Jahren unter der kommunistischen Regierung errichtet wurden, sind nur noch drei in Betrieb, nämlich in Cluj-Napoca, Craiova und Ploieşti, vier wurden hingegen wieder geschlossen – Botoşani (1991-2020), Braşov (1987-2006), Constanţa (1984-2008) und Reşiţa (1988-2011), wobei die Tram in Reşiţa bald wiedereröffnet wird.

In Rumänien findet man außerdem neun Obusbetriebe: Vier davon wurden in den 1940er und 1950er Jahren eröffnet (Timişoara, Bukarest, Braşov und Cluj-Napoca), die anderen fünf (Baia Mare, Galaţi, Mediaş, Ploieşti, Târgu Jiu) sind die einzigen, die von 14 in den 1980er und 1990er Jahren im Rahmen des Elektrifizierungsprogramms eingeführten Betrieben überlebt haben (die einzige Linie in Vaslui – in Betrieb 1994-2009 und kurzzeitig im Jahr 2016 – soll wieder in Betrieb genommen werden).

Rumäniens Währung ist der Leu – 10 Lei = 2,01 €, 1,71 £ bzw. 2,17 US$ (05/2023).

economy during which many uncompetitive industrial enterprises were closed down, and the poor economic situation encouraged a high level of emigration. Public transport operators struggled to maintain vehicles and infrastructure, resulting in poor service levels and the complete closure of some tram and trolleybus systems.

Nevertheless, the economy started to recover in the 2000s and Romania joined the EU in 2007. Since then, there has been a revival of interest in electric traction with EU funding made available for improving infrastructure and the acquisition of new vehicles. As a result, new trams and trolleybuses are entering service in many cities and the Bucharest metro is being extended.

Currently there are ten operational tramways in Romania. Longer-established systems continue to operate in Arad, Brăila, Bucharest, Galaţi, Iaşi, Oradea and Timişoara. Of the seven systems built by the communist authorities in the 1980s, three are still operational – Cluj-Napoca, Craiova and Ploieşti – but four have closed: Botoşani (1991-2020), Braşov (1987-2006), Constanţa (1984-2008) and Reşiţa (1988-2011), although Reşiţa is due to reopen.

Romania also has nine operational trolleybus systems. Four of these opened in the 1940s and 1950s (Timişoara, Bucharest, Braşov and Cluj-Napoca); the other five (Baia Mare, Galaţi, Mediaş, Ploieşti, Târgu Jiu) are all that remain of 14 new systems built in the 1980s and 1990s as part of the country's electrification programme (Vaslui's one trolleybus route – operational 1994-2009 and again briefly in 2016 – is due to reopen having been re-equipped and extended).

Romania's currency is the Leu - 10 lei = £1.74, US$ 2.17, €2.01 (05/2023).

#2217 @ Gara CFR (Bahnhof | *Railway station*)

ARAD

Arad liegt 420 km nordwestlich von Bukarest und nur 20 km von der ungarischen Grenze entfernt. Arad fiel 1699 vom Osmanischen Reich an die Habsburger, die eine sternförmige Festung am linken Ufer des Flusses Mureş errichteten. Das schöne Stadtzentrum liegt am rechten Ufer und stammt größtenteils aus dem späten 19. und frühen 20. Jahrhundert, als der breite Bulevardul Revoluţiei (vormals Andrássy tér) angelegt wurde und monumentale Gebäude wie das Rathaus (1875) und der Kulturpalast (1911-16) entstanden.

Im 19. Jahrhundert wurden in Arad wichtige Industriebetriebe gegründet, darunter die *Weitzer Waggonfabrik* (1892), der Vorläufer der heutigen Unternehmen *Astra Rail* und *Astra Vagoane Călători*, die auch heute noch Schienenfahrzeuge und Straßenbahnen produzieren.

Nach dem Zweiten Weltkrieg baute die kommunistische Regierung den Industriestandort Arad erheblich aus, indem neue Arbeitsplätze größtenteils von Migranten aus ländlichen Gebieten besetzt wurden, was zu einem Anstieg der Stadtbevölkerung von 87.000 im Jahr 1948 auf einen Höchststand von 190.000 im Jahr 1990 beitrug. Seit der rumänischen Revolution wurden einige nicht mehr wettbewerbsfähige Staatsbetriebe wie das große Chemiewerk im Osten der Stadt (Combinatul Chimic) geschlossen und die Einwohnerzahl der Stadt ging auf rund 169.000 zurück.

CTP Arad, das sich im gemeinsamen Besitz der Stadt- und Kreisverwaltungen befindet, betreibt Bus- und Straßenbahnlinien in und um Arad, einschließlich einer 22 km langen Überland-Straßenbahn von Arad nach Ghioroc. Einzelfahrkarten im Stadtnetz kosten 4 Lei, auf der Überlandlinie gilt ein Entfernungstarif von 4 bis 12 Lei. Eine Tageskarte kostet 16 Lei.

Arad is situated 420 km northwest of Bucharest and 20 km from the Hungarian border. The Habsburg Monarchy gained control of Arad from the Ottoman Empire in 1699 and constructed the city's distinctive star-shaped fortress on the left bank of the River Mureş. The attractive city centre lies on the right bank and mostly dates from the late 19th and early 20th centuries when the broad tree-lined Bulevardul Revoluţiei (formerly Andrássy tér) was laid out and monumental civic buildings such as the City Hall Palace (1875) and Palace of Culture (1911-16) were built.

Various industries were established in Arad in the 19th century including Weitzer Waggonfabrik (1892), manufacturer of railway rolling stock, the forerunner of today's Astra Rail and Astra Vagoane Călători companies which still produce railway vehicles and trams in Arad.

After WW2, the communist government significantly increased the city's industrial base with new jobs largely filled by migrants from rural areas, contributing to an increase in the city's population from 87,000 in 1948 to a peak of 190,000 in 1990. Since the Romanian revolution, some uncompetitive former state-owned enterprises, such as the large chemical plant to the east of the city (Combinatul Chimic), have closed down and the city's population has declined to around 169,000.

CTP Arad, jointly owned by the city and county councils, operates bus and tram services in and around Arad including an interurban tram route extending 22 km from Arad to Ghioroc. Single trip tickets on the urban network cost 4.00 lei. Graduated fares apply on the interurban line ranging from 4.00 to 12.00 lei. A day pass costs 16.00 lei.

#1402 @ Piaţa Podgoria

STRASSENBAHN

Arads erste Straßenbahn war eine Pferdebahn mit einer Spurweite von 1435 mm, die 1869 für den Personen- und Güterverkehr eröffnet wurde. Das Netz umfasste eine Nord-Süd-Linie vom Bahnhof Arad (Gara CFR) über das Stadtzentrum zu einer Papierfabrik am Fluss Mureş (in der Nähe der heutigen Haltestelle Traian) und eine Ost-West-Linie vom Bahnhof zur Neuman Spirituosen- und Hefefabrik in Indagrara.

Die Stadt stellte 1908 eine Flotte von lokal gebauten Doppeldecker-Omnibussen in Dienst. Sie übernahm 1913 die Straßenbahn und legte die Linie durch das Stadtzentrum still. Die Omnibusflotte wurde jedoch 1914 für den Kriegsdienst eingezogen, was zur Wiederinbetriebnahme der Straßenbahn führte, zunächst mit Dampf-, dann mit Dieselantrieb, bis sie 1928 nach erfolglosen Diskussionen über die Elektrifizierung endgültig verschwand.

Die meisten Busse wurden im Zweiten Weltkrieg erneut beschlagnahmt, aber Arad erhielt 14 Meterspur-Straßenbahnwagen, Schienen und andere Ausrüstung aus Odessa, das von rumänischen Truppen besetzt worden war, und stellte 1944 die ehemalige Straßenbahn zwischen dem Bahnhof und dem Stadtzentrum wieder her. Die ukrainischen Straßenbahnen mussten jedoch nach dem Krieg nach Odessa zurückgebracht werden, ohne in Arad im Einsatz gewesen zu sein, so dass die neue Meterspurlinie erst 1946 mit lokal gebauten elektrischen Straßenbahnen in Betrieb gehen konnte.

ARAD
(Judeţul Arad)

169 000

1946

1000 mm

51 km

8 (5)

CTP Arad
(Compania de Transport Public Arad)
www.ctparad.ro

Muzeul 'Săgeata Verde'
Depoul Ghioroc

TRAMWAY

Arad's first tramway was a 1435 mm gauge horse-drawn system which opened in 1869 catering for both passenger and freight traffic. It included a north-south line from Arad station (Gara CFR) via the city centre to a paper mill on the River Mureş (near today's Traian tram stop) and an east-west line from the station to the Neuman yeast and alcohol factory at Indagrara.

Arad municipality put a fleet of locally built double-deck motor buses into service in 1908 and in 1913 it took over the tramway, closing the line through the city centre. However, the bus fleet was requisitioned for war duties in 1914 resulting in the reinstatement of the tramway, initially with steam and then diesel motive power, until it was finally dismantled in 1928 following fruitless discussions about electrification.

Most buses were again requisitioned in WW2, but Arad received 14 metre-gauge tramcars, rails and other equipment from Odessa, which had been occupied by Romanian troops, and in 1944 reinstated the former tramway between the railway station and the city centre. However, the Ukrainian trams had to be returned to Odessa after the war, without running in Arad, and it was not until 1946 that the first locally-built electric tram entered service on the new metre-gauge line.

ARAD

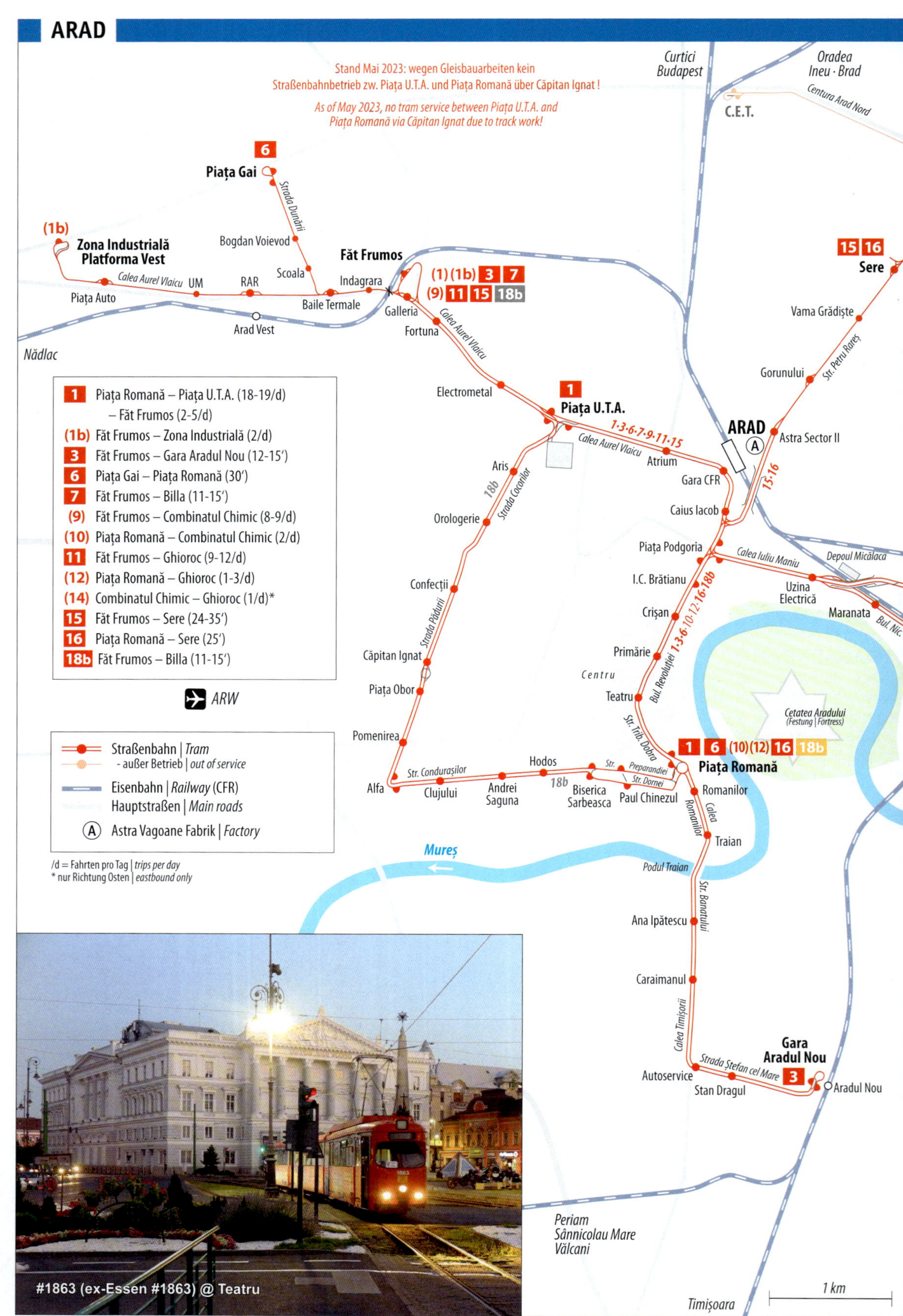

#1863 (ex-Essen #1863) @ Teatru

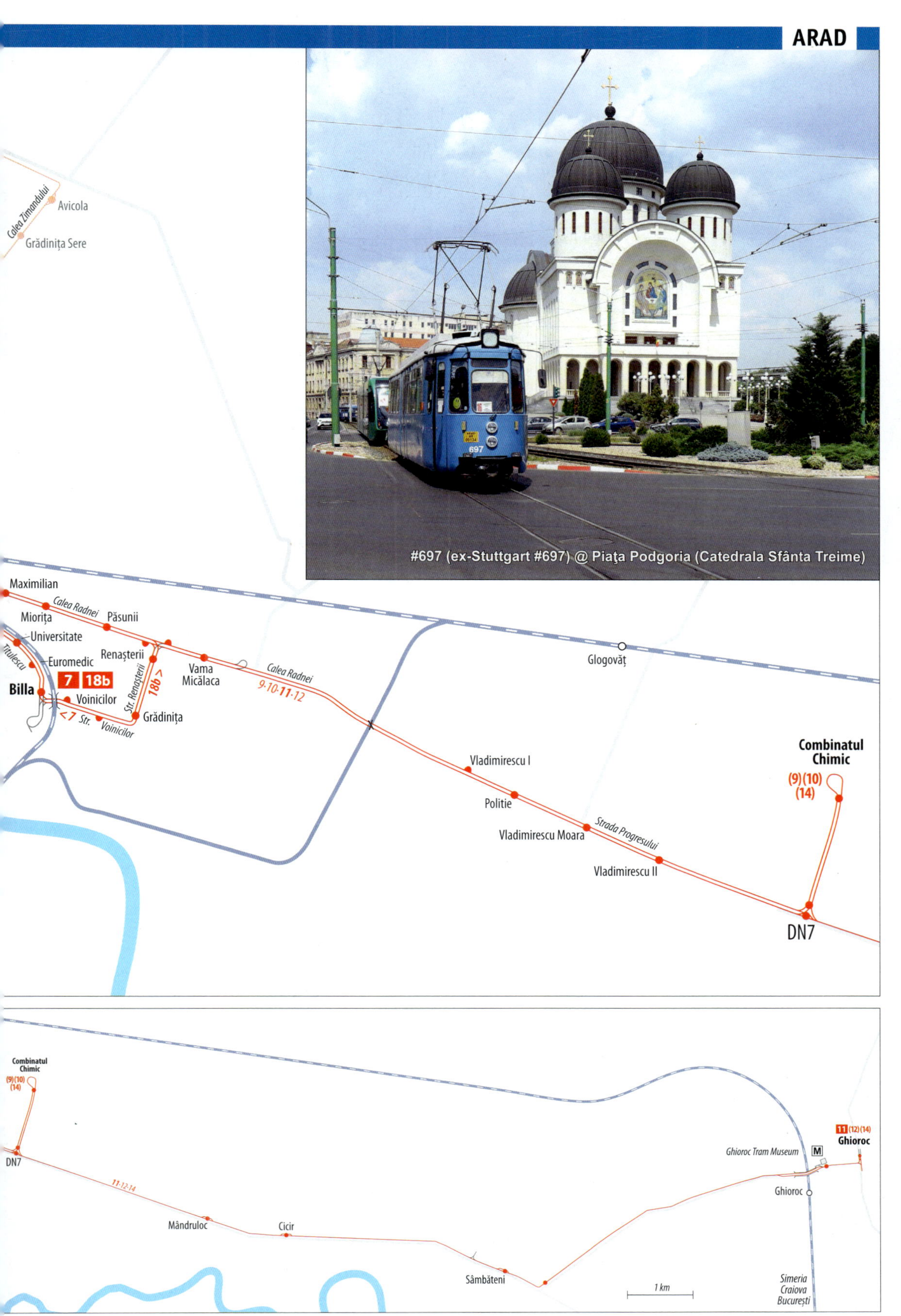

#697 (ex-Stuttgart #697) @ Piaţa Podgoria (Catedrala Sfânta Treime)

#1008 (ex-Essen #1008) @ Primărie (Rathaus | *City Hall*)

#1180 (ex-Halle #1180) & # 2218 @ Caius Iacob

1948 wurde die Linie über den Fluss Mureş zum Bahnhof Aradul Nou und 1949 vom Hauptbahnhof bis Bariera CFR (heute etwa Galleria) verlängert, was der Strecke der ursprünglichen Pferdebahn zur Neuman-Fabrik entsprach. 1959 folgte noch eine Verlängerung bis Piaţa Gai, aber dann gab es keine Erweiterungen bis in die 1970er Jahre, als die ersten Neubaustrecken in wachsende Vororte und neue Industriegebiete gebaut wurden.

Im Westen wurde in zwei Etappen eine Schleife durch die Vorstadt errichtet (Piaţa U.T.A. – Căpitan Ignat, 1973; Căpitan Ignat – Piaţa Romană, 1983) und im Osten eine Linie bis Vama Micălaca mit einem Ast nach Voinicilor (1978). Eine weitere Ostverlängerung erfolgte 1983/84 unter Nutzung der Gleise der Arad-Podgoria-Eisenbahn, um das neue Chemiewerk in Vladimirescu (Combinatul Chimic) und das Dorf Ghioroc anzuschließen. 1986 kam eine neue Linie zum Wärmekraftwerk (CET Arad) im Norden der Stadt hinzu, der ohnehin eingeschränkte Betrieb dorthin wurde jedoch im April 2023 eingestellt. Ein Ast im Osten entlang des Bul. Nicolae Titulescu (heute Billa) wurde 1987 eröffnet.

Die letzten Erweiterungen stammen aus dem Jahr 2004, als die Endstationen Billa und Voinicilor durch einen kurzen Streckenabschnitt unter der Eisenbahn verknüpft wurden und eine neue Strecke ins Industriegebiet Platforma Vest gebaut wurde.

Es gibt einige straßenbündige Strecken, aber ein Großteil des Netzes liegt auf eigenem Gleiskörper, entweder am Straßenrand oder in der Mitte breiterer Straßen. Die meisten Abschnitte sind zweigleisig, doch es gibt auch eingleisige von Galleria bis Piaţa Gai und Platforma Vest sowie nördlich von Astra II und auf der Überlandlinie zwischen DN 7 und Ghioroc. An den Endstellen findet man

In 1948 the line was extended across the River Mureş to Gara Aradul Nou and from Gara CFR to Bariera CFR (near today's Galleria) in 1949, replicating the route of the original horse tramway to the Neuman factory. A suburban extension to Piaţa Gai opened in 1959 but there were no further changes until the 1970s when the first of several extensions opened to serve the city's expanding suburbs and new industrial districts.

To the west, a new suburban loop line was built in two stages (Piaţa U.T.A. – Căpitan Ignat, 1973; Căpitan Ignat – Piaţa Romană, 1983) and to the east a line opened to Vama Micălaca with a branch to Voinicilor (1978). Further eastward expansion occurred when urban trams were extended over the Arad-Podgoria Railway to serve the new chemical plant at Vladimirescu (Combinatul Chimic) and the rural village of Ghioroc in 1983/84. In 1986 a new line opened to serve the thermal power plant (CET Arad) but the limited service north of Sere ceased in April 2023. A further eastern extension opened to Bul. N. Titulescu (now Billa) in 1987.

The most recent extensions date from 2004 when the Billa and Voinicilor termini were linked by a short section of line passing beneath the CFR railway and a new line was built to serve the Platforma Vest industrial area.

There is some on-street track but much of the network is on reservation, either at the roadside or on the median strip of wider roads. Most is double-track but the western branches beyond Galleria to Piaţa Gai and Platforma Vest are single-track as is the line north of Astra II and the interurban line between DN 7 and Ghioroc. Termini have turning loops, except for Sere and Ghioroc which have reversing triangles.

#1860 (ex-Essen #1860) @ Piaţa Gai

#1019 (ex-Essen #1019) @ Ghioroc (nahe | *near* Tram Museum)

Lokalbahn Arad-Podgoria

Die meterspurige Lokalbahn Arad-Podgoria wurde 1906 eröffnet und führte von Arad in Straßenrandlage über flaches Ackerland nach Osten zum Dorf Ghioroc (22,3 km), wo sie sich verzweigte (Ghioroc - Pancota, 22,2 km und Ghioroc - Radna, 13,9 km). Die Lokalbahn verwendete zunächst benzinelektrische Triebwagen aus dem Weitzer-Werk in Arad, die jedoch unzuverlässig waren, so dass die Strecke 1913 elektrifiziert und mit 15 Ganz-Triebwagen betrieben wurde, wobei die Weitzer-Wagen zu Beiwagen umgebaut wurden. 1948 wurde das Unternehmen verstaatlicht und ging in den Besitz der Staatsbahn (CFR) über.

Der Niedergang setzte in den 1960er Jahren ein, nachdem die Lokalbahn von ihrem Endpunkt an der Piaţa Podgoria zwecks Stadtumbau nach Vama Micălaca am Rande der Stadt zurückgezogen worden war. In den späten 1970er Jahren wurde die Linie jedoch umgebaut, damit städtische Straßenbahnen das neue Chemiewerk in Vladimirescu (Combinatul Chimic) erreichen konnten. 1983 übergab CFR die Strecke an die Straßenbahngesellschaft, die den Betrieb zwischen Arad und Ghioroc aufnahm. Die alten Ganz/Weitzer-Züge verblieben auf den beiden ländlichen Ästen jenseits von Ghioroc, bis diese 1991 stillgelegt wurden.

2006 wurde das ehemalige Depot in Ghioroc als Straßenbahnmuseum von *CTP Arad* eröffnet. Es besitzt einen restaurierten Weitzer-Wagen von 1906 und einen Ganz-Wagen von 1913 sowie verschiedene städtische Straßenbahnwagen, darunter ein 2-Achser aus Halberstadt sowie eine 2-Wagen-Timiş-Einheit mit Überlandbestuhlung. Keine regelmäßigen Öffnungszeiten!

Arad-Podgoria Local Railway

The metre-gauge Arad-Podgoria Local Railway opened in 1906, running eastwards from Arad on a roadside alignment across flat farmland to the village of Ghioroc (22.3 km) with two branches (Ghioroc – Pancota, 22.2 km and Ghioroc – Radna, 13.9 km). The railway initially used petrol electric railcars built at the Weitzer works in Arad, but these proved unreliable, so the line was electrified in 1913 and re-equipped with 15 Ganz railcars, the Weitzer cars being converted into trailers. In 1948 the company was nationalised and passed into the ownership of the state railway company (CFR).

Decline set in in the 1960s with the railway being cut back from its city terminus at Piaţa Podgoria to Vama Micălaca on the fringe of the city to make way for an urban redevelopment scheme. However, in the late 1970s the line was rebuilt to allow urban trams to serve the large new chemical plant at Vladimirescu (Combinatul Chimic). In 1983, ownership of the line passed from CFR to the tramway company and trams commenced operating between Arad and Ghioroc. The old Ganz/Weitzer rolling stock remained in operation on the two rural branches beyond Ghioroc until they were closed in 1991.

In 2006 the former depot at Ghioroc was opened as a tram museum by CTP Arad. It contains a restored Weitzer car from 1906 and a Ganz car from 1913 together with various urban trams including an ex-Halberstadt 2-axle car and a 2-car Timiş set with interurban-style seating. Opening times should be confirmed before visiting.

meist Wendeschleifen, lediglich Sere und Ghioroc haben Wendedreiecke.

Anfangs verkehrten hauptsächlich zwei- und vierachsige Triebwagen und zweiachsige Beiwagen, die vor Ort gebaut wurden. Zwischen 1974 und 1981 erhielt Arad 100 Tatra T4R-Bahnen, doch wegen Einfuhrbeschränkungen beschaffte man zwischen 1982 und 1985 eine Reihe von Timiş 2-Fahrzeugen. In den 1990er Jahren war der Zustand der Wagen so schlecht, dass man auf gebrauchte Fahrzeuge aus Deutschland und später auch aus Innsbruck zurückgriff. Seit 2014 hat *Astra Vagoane* 24 Niederflurbahnen vom Typ Imperio in zwei- und dreiteiliger Ausführung geliefert, 25 weitere sind bestellt. Derzeit sind zahlreiche aus dem Verkehr gezogene Fahrzeuge im Freien vor dem Micălaca-Depot der ehemaligen Arad-Podgoria-Eisenbahn abgestellt.

Auf den meisten Strecken des städtischen Netzes wird häufig gefahren, zu den Industriebetrieben (Linie 1b Platforma Vest, 10 Combinatul Chimic) teils nur zum Schichtwechsel zweimal pro Tag. Auf der Überlandlinie verkehrt wochentags nur alle 2-3 Stunden eine Bahn, an Feiertagen und Wochenenden nachmittags und abends gar keine. Bei Redaktionsschluss war die Verbindung zwischen Piaţa Romană und Piaţa U.T.A. über Căpitan Ignat zwecks Modernisierung außer Betrieb.

Arad's initial tram fleet mostly comprised two and four-axle motor cars and two-axle trailers built locally in the Arad works. Between 1974 and 1981, 100 Tatra T4R trams were bought but following the imposition of import restrictions a number of Timiş 2 vehicles were acquired between 1982 and 1985. By the 1990s the fleet was in poor condition and second-hand replacements were obtained from Germany and more recently from Innsbruck in Austria. Since 2014, Astra Vagoane has delivered 24 low-floor Imperio trams in both 2 and 3-section versions and a further 25 are on order. At the time of writing a number of retired cars were stored in the open at the former Arad-Podgoria Railway Micălaca depot.

Most of the urban network has a frequent service but some routes serving industrial zones (1b Platforma Vest, 10 Combinatul Chimic) have a limited service of only two round trips per day at shift changeover times. The interurban line also has a limited service running approximately every 2-3 hours on weekdays but with no afternoon or evening service on holidays and weekends. At the time of writing, services were suspended between Piaţa Romană and Piaţa U.T.A. via Căpitan Ignat for infrastructure modernisation.

ARAD > Fahrzeuge | *Rolling Stock* (750 V DC)

Nummer *Number*	Anzahl *Quantity*	Hersteller *Manufacturer*	Typ *Class*	Länge *Length*	Breite *Width*	Ausgeliefert *Delivered*	Anmerkungen *Notes*
01...012, 406...697	12	Esslingen	GT4	18.8 m	2.2 m	1961-1964	ex-Stuttgart 1995-99, ex-Ulm 2003
33...303, 035...0133	17	Duewag	GT6, GT6ZR	19.1 m	2.2 m	1957-1967	**
51, 1852...1864	11	Duewag	GT8	25.6 m	2.2 m	1958-1966	ex-Essen 2000/01, ex-Innsbruck 2008
71...77	4	Lohner	GT6	19.4 m	2.2 m	1966-1967	ex-Innsbruck 2008-09
0150...0215	7	CKD Tatra	B4D*	14.0 m	2.2 m	1977-1984	ex-Halle 2003-05
313	1	Duewag	B4*	19.2 m	2.2 m	1962	ex-Mannheim 1998
903...1189	22	CKD Tatra	T4D	14.0 m	2.2 m	1971-1981	ex-Halle 2003-05
1003...1019	6	Duewag	M8S	26.6 m	2.3 m	1976	ex-Essen 2006
1014+1054*	2	Duewag	ET6+EB6*	19.2 m	2.2 m	1963	ex-Rhein-Haardtbahn 1995
1401-1403, 1504-1506, 1907, 2008-2010	10	Astra	Imperio	26.8 m	2.4 m	2014-2020	
2111-2113, 2214-2224	14	Astra	Imperio Civitas	18.6 m	2.4 m	2021-2022	

* Beiwagen | *trailer* **ex-Ludwigshafen 1995, ex-Bochum 1996, ex-Würzburg 1997, ex-Mannheim 1998, ex-Mainz 1996, ex-Essen 2000, ex-Innsbruck 2008

#4672 (ex-Wien #4672) @ Radu Negru (Castanului)

BRĂILA

Brăila liegt im Osten Rumäniens, etwa 180 km von Bukarest und 20 km von Galaţi entfernt. Am linken Donauufer gelegen hat die Stadt eine lange Geschichte als Binnenhafen. Nach drei Jahrhunderten osmanischer Herrschaft erlebte sie im 19. Jahrhundert ein bedeutendes Wirtschaftswachstum und dehnte sich über den historischen Kern hinaus mit dem Bau einer Reihe konzentrischer halbkreisförmiger Straßen aus.

In der kommunistischen Ära nach dem Zweiten Weltkrieg stieg die Bedeutung der Stadt als Industriestandort, u.a. durch Umwandlung einer ehemaligen Waggonfabrik in das Schwermaschinenwerk Progresul (heute Promex) und den Bau der Zellulose- und Papierfabrik Chiscani (CCH) südlich der Stadt.

Brăila hat direkte Zugverbindungen nach Bukarest (ca. 3 Stunden) und nach Galaţi (32-42 Minuten). Der öffentliche Nahverkehr mit Straßenbahn- und Buslinien wird von einem kommunalen Unternehmen betrieben. Ein 8,2 km langes Obusnetz mit drei Linien wurde 1989/90 eingerichtet, hatte aber nur bis 1999 Bestand.

Eine einfache Fahrt kostet 2,50 Lei an Automaten oder Kiosken. Es sind keine Tageskarten erhältlich.

Brăila is situated in eastern Romania about 180 km from Bucharest and 20 km from Galați. The city lies on the left bank of the River Danube and has a long history as an inland port. After three centuries of Ottoman rule, the city saw significant economic growth in the 19th century, during which time the city expanded beyond its historic core with the construction of a series of concentric semicircular streets in a distinctive amphitheatre pattern.

The post WW2 communist era saw the expansion of the city's industrial base, including the transformation of a former railway rolling stock factory into the Progresul heavy engineering plant (now Promex) and the construction of the Chiscani cellulose and paper plant (CCH) to the south of the city.

Brăila has direct rail services to Bucharest taking around 3 hours and to Galați (32-42 minutes). The city's public transport system comprises tram and bus routes operated by a municipally-owned company. An 8.2 km 3-route trolleybus network was established in 1989/90 but had ceased operation by 1999.

A single trip fare is 2.50 lei from machines or kiosks. No day pass is available.

STRASSENBAHN

1897 erteilte die Stadt Brăila der Kölner *Helios Elektricitäts-Aktiengesellschaft* eine 35-jährige Konzession für den Bau und Betrieb einer 21 km langen elektrischen Straßenbahn einschließlich einer Überlandlinie zum Erholungsort Lacu Sărat am Salzsee südlich der Stadt. Der Betrieb begann im Jahr 1900 mit mehreren Linien, die von der Piaţa Sf.

TRAMWAY

In 1897 Brăila municipality granted Helios Elektricitäts-Aktiengesellschaft of Cologne a 35-year concession for the construction and operation of a 21 km electric tramway including an interurban line to the salt-lake resort of Lacu Sărat to the south of the city. Operations commenced in 1900 on a network of lines radiating from Piața Sf.

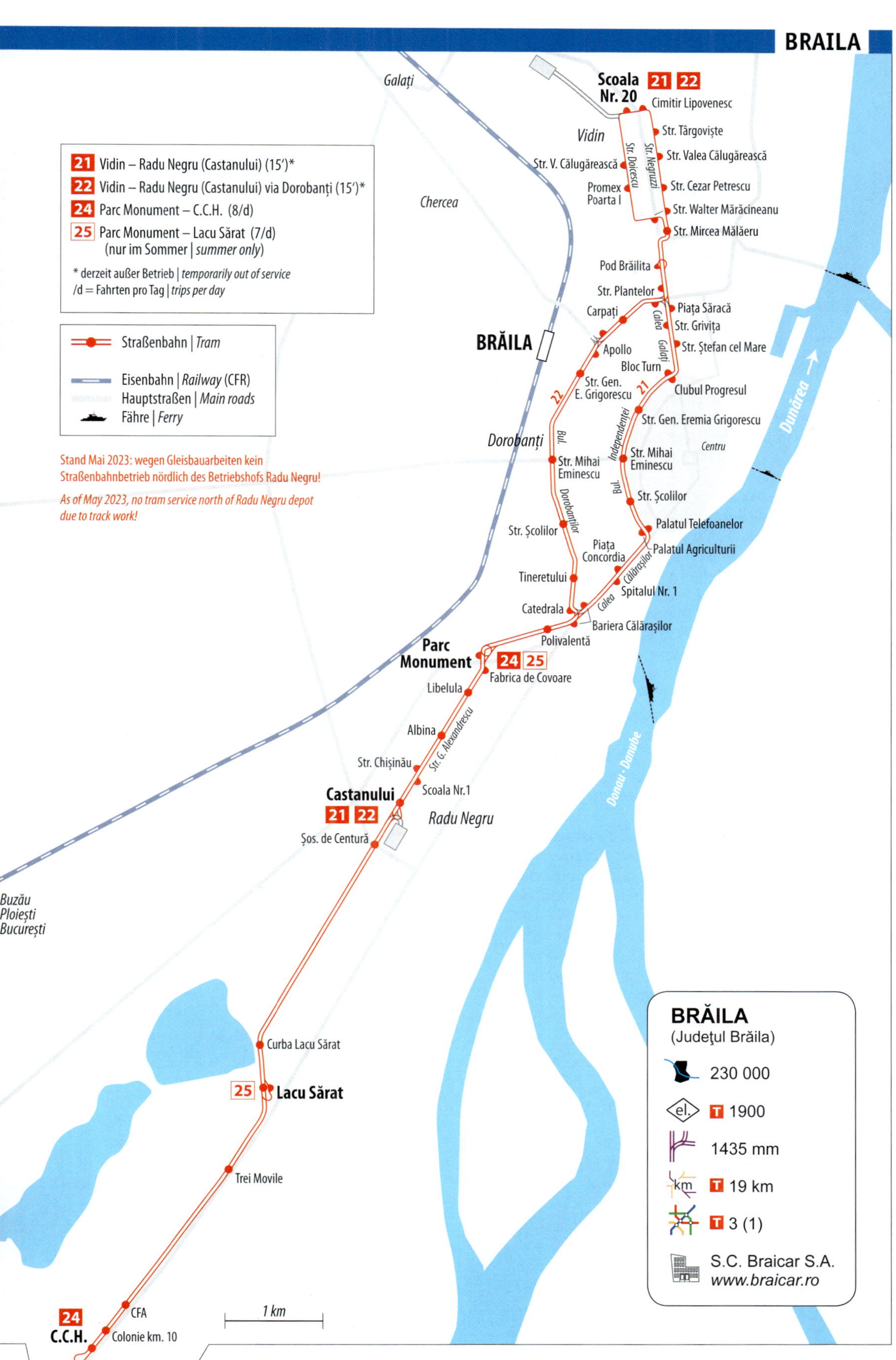
Galați
Scoala Nr. 20 21 22
Cimitir Lipovenesc
Vidin
Str. Târgoviște
Str. Valea Călugărească
Str. V. Călugărească
Str. Doicescu
Str. Negruzzi
Promex Poarta I
Str. Cezar Petrescu
Str. Walter Mărăcineanu
Str. Mircea Mălăeru
Chercea
Pod Brăilita
Str. Plantelor
Carpați
Piața Săracă
Str. Grivița
Str. Ștefan cel Mare
Calea Galați
Apollo
Bloc Turn
BRĂILA
Str. Gen. E. Grigorescu
Clubul Progresul
Str. Gen. Eremia Grigorescu
Bul. Independenței
Centru
Dunărea
Dorobanți
Str. Mihai Eminescu
Str. Mihai Eminescu
Bul. Dorobanților
Str. Școlilor
Str. Școlilor
Palatul Telefoanelor
Palatul Agriculturii
Piața Concordia
Calea Călărașilor
Tineretului
Spitalul Nr. 1
Catedrala
Bariera Călărașilor
Polivalentă
Parc Monument 24 25
Fabrica de Covoare
Libelula
Albina
Str. G. Alexandrescu
Str. Chișinău
Scoala Nr.1
Castanului 21 22
Radu Negru
Șos. de Centură
Donau · Danube
Buzău
Ploiești
București
Curba Lacu Sărat
25 Lacu Sărat
Trei Movile
24 C.C.H.
CFA
Colonie km. 10
1 km
21 Vidin – Radu Negru (Castanului) (15′)*
22 Vidin – Radu Negru (Castanului) via Dorobanți (15′)*
24 Parc Monument – C.C.H. (8/d)
25 Parc Monument – Lacu Sărat (7/d) (nur im Sommer | summer only)
* derzeit außer Betrieb | temporarily out of service
/d = Fahrten pro Tag | trips per day
Straßenbahn | Tram
Eisenbahn | Railway (CFR)
Hauptstraßen | Main roads
Fähre | Ferry
Stand Mai 2023: wegen Gleisbauarbeiten kein Straßenbahnbetrieb nördlich des Betriebshofs Radu Negru!
As of May 2023, no tram service north of Radu Negru depot due to track work!
BRĂILA
(Judeţul Brăila)
230 000
el. T 1900
1435 mm
km T 19 km
T 3 (1)
S.C. Braicar S.A.
www.braicar.ro

#582 (ex-Graz #582) @ Promex Poarta 1 (Foto Ch. Hecht, 2017)

#1604 (ex-Rotterdam #1604) @ Bariera Călăraşilor (Foto Ch. Hecht, 2017)

Archangheli (heute Piaţa Traian) im Stadtzentrum ausgingen, u.a. zum Hafen, zum Bahnhof und zum Parc Monument/Lacul Sărat. Es gab auch eine halbkreisförmige Linie um den zentralen Bereich entlang des Bulevardul Carol I (heute Bul. Independenţei).

1911 gab Helios die Konzession an ein belgisches Unternehmen ab, bevor die Stadt 1942 den Betrieb übernahm. Das Netz veränderte sich bis Ende der 1950er/Anfang der 1960er Jahre kaum, danach sollte die Straßenbahn große Industrieanlagen am Stadtrand erschließen. Bis Mitte der 1960er Jahre wurden alle Linien aus dem Stadtzentrum, dem Hafengebiet und dem Bahnhof abgezogen, so dass nur noch eine einzige Nord-Süd-Linie am Rand des Stadtzentrums (über den heutigen Bul. Independenţei) verblieb. Diese Linie wurde Anfang der 1960er Jahre an beiden Enden verlängert, im Norden zur Progresul Promex-Fabrik und im Süden zur CCH-Chemiefabrik.

In den späten 1970er Jahren wurde entlang des Bul. Dobranţilor eine zweite halbkreisförmige Linie gebaut und in den späten 1980er Jahren kamen Verlängerungen nach Chercea (mittlerweile abgebaut) sowie zur Scoala Nr. 20 und zum Depot Vidin hinzu.

Für einen kleinen Betrieb ist das Straßenbahnnetz von Brăila abwechslungsreich. Die städtischen Abschnitte nördlich von Bariera Călăraşilor sind straßenbündig, einige wurden seit 2010 erneuert. Auf dem Bul. Independenţei liegen die Straßenbahngleise (seit Okt. 2021 im Umbau) zu beiden Seiten einer von Bäumen gesäumten Promenade. Durch Vidin führt eine lange Schleife, die gegen den Uhrzeigersinn entlang von Wohnstraßen befahren wird; hier befindet sich auch die Promex-Fabrik.

Archangheli (now Piaţa Traian) in the heart of the city, along the main streets, including routes to the docks, the railway station and Parc Monument/Lacul Sărat. There was also a semi-circular line around the central area along the tree-lined Bulevardul Carol I (now Bulevardul Independenţei).

In 1911, Helios ceded the concession to a Belgian company and the municipality took control in 1942. The network remained little changed until the late 1950s/early 1960s when the tramway was restructured to focus on serving large-scale industrial premises on the periphery of the city. By the mid-1960s all lines had been removed from the city centre, the docks and the railway station leaving only a single north-south line running around the edge of the city centre (via today's Bulevardul Independenţei). This line was extended at both ends in the early 1960s to serve the Progresul Promex factory in the north and the CCH chemical plant to the south of the city.

In the late 1970s, a second semi-circular line was constructed along Bulevardul Dobranţilor and in the late 1980s extensions were opened to Chercea (since dismantled) and to Scoala Nr. 20 and Vidin depot.

For a small system, Brăila provides riders with a good variety of urban and rural scenery. The urban sections north of Bariera Călăraşilor have on-street tracks, some sections of which have been reconstructed to modern standards since 2010; on Bulevardul Independenţei the tram tracks (under reconstruction since October 2021) run either side of a tree-lined promenade and at Vidin there is a long one-way anti-clockwise terminal

#4672 (ex-Wien #4672) @ Lacu Sărat

#9086 (ex-Berlin) @ Depou Radu Negru (Foto Christopher Hecht, 2017)

#263 (ex-Graz #263) @ Radu Negru (Foto Christopher Hecht, 2017)

Südlich von Bariera Călăraşilor fährt die Straßenbahn durch eine Parklandschaft zur Wendeschleife Parc Monument und durchquert dann ein Wohngebiet, in dem die Straßenbahngleise auf einem begrünten Mittelstreifen zwischen teilweise unbefestigten Straßen liegen. Das Depot Radu Negru liegt am Rand des bebauten Gebiets, von hier geht es weiter über freies Feld zum Salzsee. Das letzte Stück führt in Straßenrandlage durch unbebautes Gebiet zum heute weitgehend verlassenen bzw. abgerissenen Chemiekomplex CCH. Seit Mai 2023 ist der gesamte Straßenbahnbetrieb nördlich des Betriebshofs Radu Negru vorübergehend eingestellt, solange die von der EU finanzierten Gleissanierungsarbeiten entlang der Bul. Independenţei und im Bereich Parc Monument andauern.

Nach dem 2. Weltkrieg begann die Erneuerung des Wagenparks mit der Lieferung von zweiachsigen Vo56-Triebwagen und Beiwagen von ITB. Die ersten Timiş 2-Fahrzeuge kamen 1977, gefolgt von zehn aus Galaţi übernommenen Tatra T4R-Fahrzeugen im Jahr 1978. Weitere Timiş 2 und ITB V2A/V3A-Wagen folgten in den 1980er Jahren. Mittlerweile ist der Wagenpark jedoch komplett aus zweiter Hand: 1997/98 importierte das Unternehmen zweimal Nürnberger MAN T4-Triebwagen und Beiwagen sowie Berliner Tatra KT4D. Zwei der letzteren sind neben neueren Beschaffungen aus Rotterdam, Wien und Graz weiterhin im Einsatz. Bestellt sind zwei Astra- und zehn Pesa-Niederflurbahnen.

loop along residential streets, also serving the Promex factory.

South of Bariera Călăraşilor, trams pass through parkland to the Parc Monument turning loop and then traverse an area of suburban housing where the tram tracks are on a grassed central reservation between partly unmade streets. Radu Negru depot lies at the edge of the built-up area from where the tram line crosses open fields to Lacu Sărat before following a roadside alignment through open country to the now largely abandoned and demolished CCH chemical complex. As of May 2023, all tram services north of Radu Negru depot are temporarily suspended due to continuing EU-funded track replacement work along Bul. Independenţei and the commencement of rehabilitation work in the Parc Monument area.

After WW2, fleet renewal commenced with deliveries of ITB two-axle Vo56 cars and trailers. The first Timiş 2 cars arrived in 1977, followed in 1978 by ten ex-Galaţi Tatra T4R cars. Further Timiş 2s and ITB V2A/V3As arrived in the 1980s. However, the fleet is now entirely second-hand: in 1997/98 the company imported two batches of ex-Nürnberg MAN T4 cars and trailers and ex-Berlin Tatra KT4Ds. Two of the latter remain in service alongside more recent acquisitions from Rotterdam, Vienna and Graz. Two Astra and ten Pesa low-floor trams are on order.

BRĂILA > Fahrzeuge | *Rolling Stock* (600 V DC)

Nummer *Number*	Anzahl *Quantity*	Hersteller *Manufacturer*	Typ *Class*	Länge *Length*	Breite *Width*	Ausgeliefert *Delivered*	Anmerkungen *Notes*
268	1	SGP	GT6	19.35 m	2.24 m	1963	ex-Graz 2016
582-583	2	SGP	GT8	25.25 m	2.26 m	1963-1965	ex-Graz 2016
1604, 1613,1615	3	Werkspoor	GT8	25.3 m	2.3 m	1968-1969	ex-Rotterdam 2005
4633, 4638, 4672, 4689	4	SGP	E1	20.3 m	2.2 m	1967-1968	ex-Wien 2008-2009
9069, 9086	2	ČKD Tatra	KT4D	18.1 m	2.2 m	1977-1988	ex-Berlin 1979-1998

Gara de Nord (Hauptbahnhof von Bukarest | *Bucharest's main railway station*)

BUCUREŞTI

Nach Ernennung zur Hauptstadt Rumäniens im Jahr 1862 wurde Bukarest umfassend mit Boulevards, Parks und öffentlichen Gebäuden im französischen Stil neu geplant, was der Stadt den Beinamen „Paris des Ostens" einbrachte.

Nach dem Zweiten Weltkrieg konzentrierten sich die kommunistischen Machthaber zunächst auf den Bau von Industriekomplexen und Plattenbausiedlungen am Stadtrand, während das Stadtzentrum weitgehend unverändert blieb. Doch 1977 kamen bei einem schweren Erdbeben mehr als 1.500 Menschen ums Leben und unzählige Gebäude wurden zerstört, was den Parteivorsitzenden Nicolae Ceauşescu veranlasste, das Stadtzentrum gemäß seiner Vision einer sozialistischen Stadt umzubauen. Eine Fläche von 8 km^2 des historischen Zentrums wurde abgerissen, um den Bau des „Centrul Civic" zu ermöglichen, zu dem der Parlamentspalast und der 3 km lange „Boulevard des Sieges des Sozialismus" (heute Bul. Unirii) gehört, der von Gebäuden im sozialistischen Stil gesäumt ist. Ceauşescu wurde gestürzt, bevor sein Umbauprojekt abgeschlossen werden konnte, dennoch existiert nur noch ein kleiner Teil der ursprünglichen Altstadt nördlich der Piața Unirii. Die Haussmann-ähnlichen Boulevards im nördlichen Teil der Stadt sind hingegen noch intakt.

Bukarest verfügt über ein dichtes Netz von Straßenbahn-, Obus- und Buslinien, die von der städtischen STB betrieben werden, sowie über ein U-Bahn-Netz mit fünf Linien, das von der staatlichen Metrorex betrieben wird. Der Flughafen wurde 2020 an das Bahnnetz angeschlossen.

Für Einzelfahrten gibt Metrorex noch Magnetstreifenkarten aus, sonst werden bei STB und Metrorex nur noch kontaktlose Karten verwendet. Eine einfache Fahrt kostet 3 Lei (Metro oder STB) bzw. 5 Lei (Metro+STB). 24/72-Stunden-Karten gibt es für 5/20 Lei (STB), 8/20 Lei (Metro), 14/35 Lei (Metro+STB) bzw. 20/40 Lei (Metro+STB+Flughafenbahn).

Following its designation as the capital of Romania in 1862, Bucharest was extensively re-planned with French style tree-lined boulevards, parks and civic buildings, to the extent that the city became known as the 'Paris of the East'.

After WW2, the communist authorities initially concentrated on the construction of industrial complexes and prefabricated apartment blocks around the edge of the city, leaving the city centre relatively unchanged. However, in 1977 a major earthquake killed more than 1,500 people and destroyed many buildings, encouraging party leader, Nicolae Ceauşescu, to remodel the city centre according to his vision of a socialist utopia. An area of 8 square km of the historic centre was levelled to permit the construction of the Centrul Civic [Civic Centre], comprising the Palace of Parliament and the 3 km long Victory of Socialism Blvd (now Unirii Blvd) lined with socialist-style buildings. Although Ceauşescu was overthrown before his rebuilding project could be completed, only a small part of the original Old Town still exists to the north of Piața Unirii. However, the Haussmann-like boulevards in the northern part of the city remain intact.

Bucharest has a comprehensive network of tram, trolleybus and bus routes provided by municipal operator STB and a five-line metro system run by Metrorex, a state-owned company. An airport rail link opened in 2020.

Metrorex issues magnetic tickets for single trips, but contactless cards are used for all other Metrorex and STB fares. Single-trip fares are 3 lei (Metrorex or STB), 5 lei (Metrorex+STB); 24/72-hour passes are 5/20 lei (STB), 8/20 lei (Metrorex), 14/35 lei (STB+Metrorex); 20/40 lei (STB+Metrorex+Airport Train).

BUCUREŞTI
1 800 000
2 100 000
T 1894 Tr 1949 M 1979
T 1435 mm M 1432 mm
T 141 km Tr 72 km M 77 km
T 22 Tr 16 M 5
STB (Societatea de Transport Bucureşti) T Tr
www.stbsa.ro
Metrorex M
www.metrorex.ro
TPBI (Transport Public Bucureşti Ilfov)
www.tpbi.ro
Muzeul Societatea de Transport Bucureşti, Strada Trapezului 4 (Tel. 031.425.04.82)
Muzeul CFR (Romanian Railway Museum), Gara de Nord (platformă 14)
Urziceni
Baloteşti
Otopeni Nord P.O.
Bucureşti Aeroport Henri Coandă
Patinoar P.O.
Ion I.C. Brătianu
Otopeni
Bruxelles
Paris
(Washington)
Tokyo
OTP
Aeroportul Băneasa
Băneasa
Gara Băneasa
Pipera
Piaţa Montreal
Aurel Vlaicu
Expoziţiei
Pajura
Mogoşoaia
Mogoşoaia Parc
Colentina
Chitila
Ploieşti
Braşov
Piteşti
Străuleşti
Laminorului
Depoul Buc. Triaj
Parc Bazilescu
Jiului
Pajura
Chiajna
Bucureştii Noi
1 Mai
Carpaţi
Griviţa
Aviatorilor
Buc. Basarab halta
Crângaşi
Basarab
Piaţa Victoriei
Ştefan cel Mare
A = BUCUREŞTI Nord
B = BUC. Nord (Basarab)
Craiova
Giurgiu
Gara de Nord
Piaţa Romană
Obor
Buc. Obor
Pantelimon
Pantelimon Sud
Feteşti
Constanţa
Petrache Poenaru
Grozăveşti
Piaţa Iancului
Bucureşti Titan Sud
Pantelimon
Politehnica
Eroilor
Universitate
Costin Georgian
Preciziei
Păcii
Gorjului
Piaţa Muncii
Republica
Lujerului
Izvor
Parc Drumul Taberei
Orizont
Piaţa Unirii
Titan
Romancierilor
Academia Militară
Dristor
Valea Ialomiţei
Favorit
Timpuri Noi
Constantin Brâncuşi
Tudor Vladimirescu
Tineretului
Râul Doamnei
Mihai Bravu
Nicolae Grigorescu
1 Decembrie 1918
Olteniţa
Nicolae Teclu
Anghel Saligny
A1
A2
Eroii Revoluţiei
Dâmboviţa
Constantin Brâncoveanu
Piaţa Sudului
Apărătorii Patriei
Dimitrie Leonida
(Buc. Progresul)
Berceni
(Tudor Arghezi)
(Giurgiu)
M1 Dristor – Pantelimon
M2 Pipera – Berceni
M3 Preciziei – Anghel Saligny
M4 Străuleşti – Gara de Nord
M5 Valea Ialomiţei / Râul Doamnei – Eroilor
M6 Gara de Nord – Aeroport (im Bau | u/c)
Metro
im Bau | under construction
geplant | planned
Straßenbahn | Tram
Eisenbahn | Railway (CFR)
ohne Personenverkehr
without passenger service
Hauptstraßen | Main roads
5 km

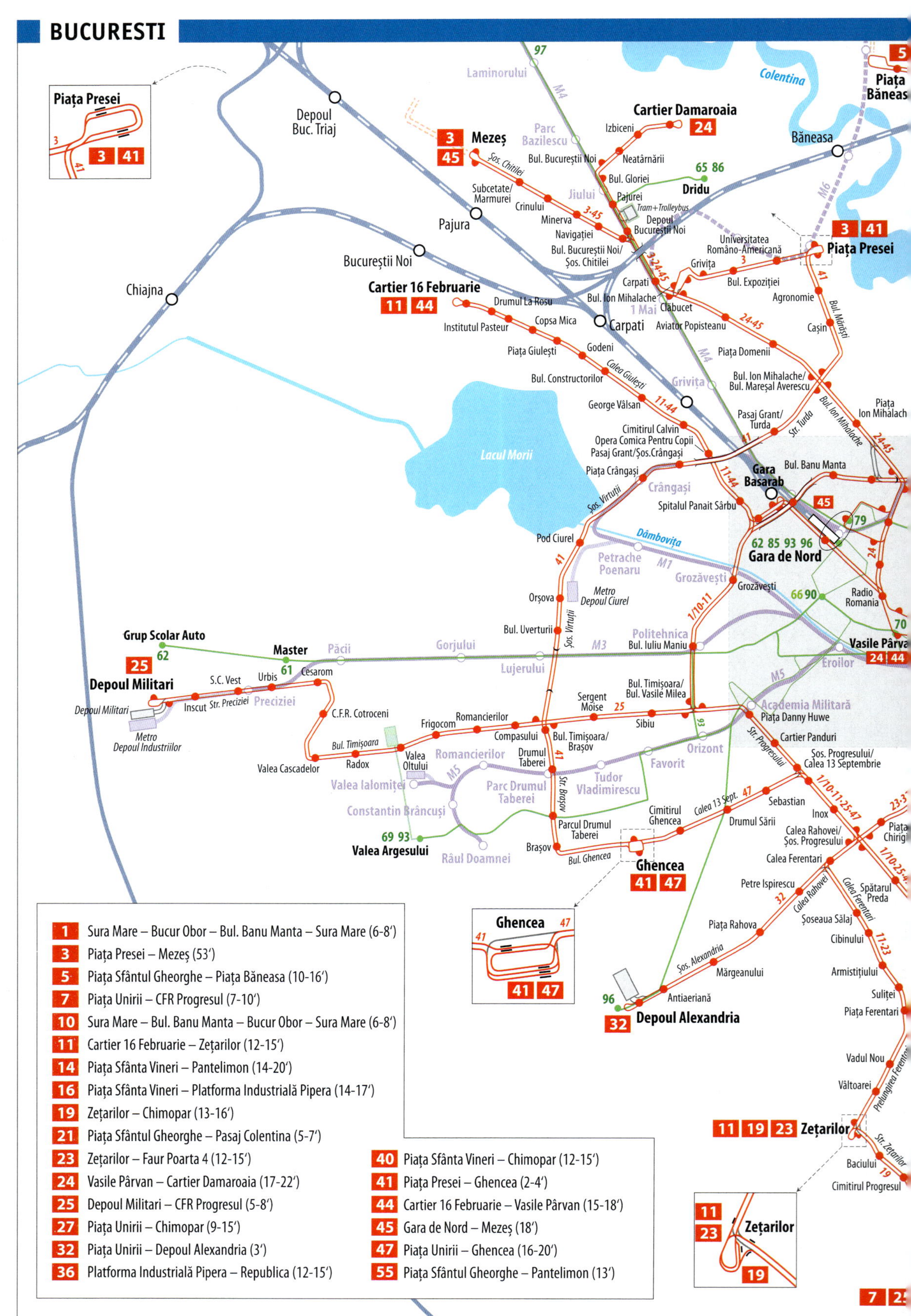
Piața Presei
3 41
Depoul Buc. Triaj
Chiajna
Pajura
Bucureștii Noi
Laminorului
Parc Bazilescu
3 45 Mezeș
Șos. Chitilei
Subcetate/ Marmurei
Crinului
Minerva
Navigației
Bul. Bucureștii Noi/ Șos. Chitilei
Jiului
Cartier Damaroaia 24
Izbiceni
Neatârnării
Bul. Bucureștii Noi
Bul. Gloriei
Pajurei
Tram+Trolleybus
Depoul Bucureștii Noi
65 86 Dridu
Colentina
Piața Băneasa
Băneasa
Universitatea Româno-Americană
3 41 Piața Presei
Grivița
Bul. Expoziției
Agronomie
Cașin
Bul. Mărăști
Carpati
Bul. Ion Mihalache
1 Mai
Clăbucet
Aviator Popisteanu
Cartier 16 Februarie
11 44
Drumul La Roșu
Institutul Pasteur
Copsa Mica
Carpati
Piața Giulești
Godeni
Calea Giulești
Bul. Constructorilor
George Vâlsan
Grivița
Piața Domenii
Bul. Ion Mihalache/ Bul. Mareșal Averescu
Piața Ion Mihalache
Pasaj Grant/ Turda
Str. Turda
Cimitirul Calvin
Opera Comica Pentru Copii
Pasaj Grant/Șos.Crângași
Piața Crângași
Lacul Morii
Gara Basarab
Bul. Banu Manta
Crângași
Spitalul Panait Sârbu
45
79
62 85 93 96 Gara de Nord
Șos. Virtuții
Pod Ciurel
Dâmbovița
Petrache Poenaru
Grozăvești
Grozăvești
Metro Depoul Ciurel
66 90
Radio Romania
Orșova
Bul. Uverturii
Politehnica
Bul. Iuliu Maniu
70
Vasile Pârvan
24 44
Eroilor
Grup Scolar Auto 62
25 Depoul Militari
Master 61
Păcii
Gorjului
Lujerului
Cesarom
S.C. Vest
Urbis
Inscut
Str. Preciziei
Preciziei
Depoul Militari
Metro Depoul Industriilor
C.F.R. Cotroceni
Bul. Timișoara
Radox
Valea Cascadelor
Frigocom
Romancierilor
Compasului
Sergent Moise
Bul. Timișoara/ Bul. Vasile Milea
Sibiu
Academia Militară
Piața Danny Huwe
Cartier Panduri
Bul. Timișoara/ Brașov
Valea Oltului
Romancierilor
Drumul Taberei
Orizont
Favorit
Valea Ialomiței
Parc Drumul Taberei
Tudor Vladimirescu
Constantin Brâncuși
69 93 Valea Argesului
Râul Doamnei
Parcul Drumul Taberei
Brașov
Bul. Ghencea
Cimitirul Ghencea
Calea 13 Sept.
Ghencea 41 47
Drumul Sării
Sebastian
Sos. Progresului/ Calea 13 Septembrie
Str. Progresului
Inox
Calea Rahovei/ Șos. Progresului
Calea Ferentari
Piața Chirigiu
Petre Ispirescu
Spătarul Preda
Calea Rahovei
Șoseaua Sălaj
Piața Rahova
Cibinului
Șos. Alexandria
Mărgeanului
Armistițiului
Antiaerianăa
96 32 Depoul Alexandria
Suliței
Piața Ferentari
Vadul Nou
Vâltoarei
Prelungirea Ferentari
11 19 23 Zețarilor
Str. Zețarilor
Baciului
Cimitirul Progresul
Zețarilor
11 23 19
7
1 Sura Mare – Bucur Obor – Bul. Banu Manta – Sura Mare (6-8′)
3 Piața Presei – Mezeș (53′)
5 Piața Sfântul Gheorghe – Piața Băneasa (10-16′)
7 Piața Unirii – CFR Progresul (7-10′)
10 Sura Mare – Bul. Banu Manta – Bucur Obor – Sura Mare (6-8′)
11 Cartier 16 Februarie – Zețarilor (12-15′)
14 Piața Sfânta Vineri – Pantelimon (14-20′)
16 Piața Sfânta Vineri – Platforma Industrială Pipera (14-17′)
19 Zețarilor – Chimopar (13-16′)
21 Piața Sfântul Gheorghe – Pasaj Colentina (5-7′)
23 Zețarilor – Faur Poarta 4 (12-15′)
24 Vasile Pârvan – Cartier Damaroaia (17-22′)
25 Depoul Militari – CFR Progresul (5-8′)
27 Piața Unirii – Chimopar (9-15′)
32 Piața Unirii – Depoul Alexandria (3′)
36 Platforma Industrială Pipera – Republica (12-15′)
40 Piața Sfânta Vineri – Chimopar (12-15′)
41 Piața Presei – Ghencea (2-4′)
44 Cartier 16 Februarie – Vasile Pârvan (15-18′)
45 Gara de Nord – Mezeș (18′)
47 Piața Unirii – Ghencea (16-20′)
55 Piața Sfântul Gheorghe – Pantelimon (13′)

Straßenbahn | Tram
- derzeit außer Betrieb | currently out of service
- geplant | planned
Obus | Trolleybus
- derzeit außer Betrieb | currently out of service
Eisenbahn | Railway (CFR)
Hauptstraßen | Main roads
1 km
Platforma Industriala Pipera
Pasaj Colentina
Pantelimon
Buc. Obor
Piața Sf. Gheorghe
Piața Sf. Vineri
Piața Unirii
Timpuri Noi
Titan Sud
Republica
Faur
Chimopar
Sura Mare
Romprim
Piața Reșița
C.F.R. Progresul

Basarab
Gara de Nord
Grozăvești
Pod Grozăvești
Mircea Vulcănescu
Eroilor
Vasile Pârvan
Izvor
Academia Militară
Piața Victoriei
Piața Buzești
Sfintii Voievozi
Cișmigiu
Ostasilor
Radio Romania
Buzești
Dr. Felix
Gara Basarab
Calea Plevnei
Spitalul Panait Sarbu
Pasajul Basarab
Piața M. Kogălniceanu
Piața Danny Huwe
Cartier Panduri
Depoul Victoria
Pasaj Victoria
Calea Griviței
Bul. Banu Manta
Șos. Nicolae Titulescu
Bul. Dinicu Golescu
Str. Berzei
Str. Buzești
Splaiul Independenței
Bul. Eroii Sanitari
Bul. Mihail Kogălniceanu
Bul. Eroilor
Str. B. Dumitru
Str. Dr. R. F. Iosif
Str. Progresului
Șos. Panduri
Șos. Cotroceni
Bul. Marinescu
Str. C. Noica
Str. Mircea Vulcănescu
Str. Witting
Str. Gării de Nord
Str. Gh. Polizu
Bul. Gh. Duca
Bul. A. Ioan Cuza
Str. Gen. Gheorghe Manu
Str. G. Cobălcescu
Str. Sf. Constantin
Str. I. Perlea
Str. V. Pârvan
Bul. Ion Mihalache
Str. Dr. Iacob Felix
Podul Grant
Calea Giulești
Șos. Orhideelor
500 m
Kartenhintergrund | Map background © OpenStreetMap Contributors

Reinvierii/
Maica Domnului
Str. Reinvierii
Straßenbahn-
Hauptwerkstätte
Tramway
Central Workshop
(URAC)
Şos. Ştefan cel Mare
Stadion
Dinamo
Str. B. Văcărescu
Roma
1/10
Bul. Iancu de Hunedoara
Calea
Dorobanţilor
Ştefan cel
Mare
Şos. Ştefan
cel Mare
Vasile Lascăr
1/10
Şos. Ştefan cel Mare
Dr. Grozovici
Lizeanu/
Şoseaua Ştefan cel Mare
16
Str. Lizeanu
1/10
Şos. Ştefan cel Mare
Obor
Str. Tunari
Toamnei
Str. Viitorului
Bul. Lascăr Catargiu
Teatrul Metropolis
5
16
Teatrul
Metropolis
Mihai
Eminescu
Piaţa Romană
79·86
Bul. Dacia
Str. A. Russo
Piaţa Romană
Piaţa Gemeni
79·86
Bul. Dacia
Calea Moşilor
66
Mihai Eminescu
Str. Vasile Lascăr
Maria Rosetti
Str. Traian
Calea Moşilor
14
69·85
Bul. Ferdinand I
Batiştei
21
66
Bul. P. Protopopescu
Str. Armand Călinescu
5·16
69·85
55
Bul.
Carol I
Bul. Pache
Protopopescu
86·90
70·79
Piaţa Pache
Protopopescu
Str. Popa Nan
Bul. Carol I
Piaţa
Rosetti
Calea Moşilor
Universitate
Bul. Carol I
61
Hristo Botev
14·55
61·66·69·70·85·90
Bul. Regina Elisabeta
Str. Paleologu
Str. Traian
Hristo Botev
Piaţa
Sf. Ştefan
Calea Călăraşi
Hala Traian
Calea Moşilor
14·40·55
5
21
Piaţa
Sf. Gheorghe
Alexandru
Sihleanu
40
Piaţa
Sf. Gheorghe
Piaţa
Corneliu Coposu
Bul. C. Coposu
Str. Sf. Vineri
Piaţa Sf. Vineri
14
16
40
55
7
27
32
47
Piaţa
Unirii
Piaţa Unirii
M1·M3
Bul. Regina Maria
76
Piaţa Unirii
Bul. D. Cantemir
11 Iunie/
Patriarhia Romana
Nerva Traian/
Bul. Octavian Goga
Poşta Vitan
23·27
Bul. Octavian Goga
19·23·27

#3829 @ Bul. Timişoara/Str. Braşov

STRASSENBAHN

1872 startete die britisch-belgische *Bucharest Tramways* den Betrieb von Pferdebahnen vom Stadtzentrum (Piaţa Sf. Gheorghe) zum Gara Târgoviştei (heute Gara de Nord [Nordbahnhof]) und zur Calea Moşilor im Osten der Stadt; bis 1898 wurden daraus fünf Linien. 1894 eröffnete ein belgisch-niederländisches Unternehmen entlang der Ost-West-Achse (Regina Elisabeta/Carol I) zwischen den Stadtteilen Obor und Cotroceni die erste elektrische Straßenbahnlinie der Stadt.

1909 wurde die *Societatea Comunală de Tramvaielor Bucureşti* (STB) mit 50% kommunaler und 50% privater Finanzierung gegründet, um das gesamte Straßenbahnnetz, das damals zehn Pferdebahnlinien und eine elektrische Linie umfasste, zu übernehmen und zu elektrifizieren. 1926 hatte das elektrische Netz eine Gesamtlänge von 34,3 km, doch erst 1929 verschwanden die letzten Pferdebahnen.

1948 wurde das Unternehmen als *Întreprindera de Transport Bucureşti* (ITB) verstaatlicht – damals bestand das etwa 120 km lange Straßenbahnnetz vorwiegend aus Radiallinien sowie einer Linie entlang der teilweise fertiggestellten Ringstraße im Norden und Osten der Stadt. Nach Einführung der ersten Obuslinie im Jahr 1949 machte sich das neue Regime daran, die „veralteten“ Straßenbahnen auf wichtigen Strecken durch das Stadtzentrum durch Trolleybusse zu ersetzen. Die ursprüngliche elektrische Ost-West-Straßenbahn der Stadt von 1894 war die erste, die 1956 geschlossen wurde, gefolgt von der Nord-Süd-Hauptstrecke im Jahr 1965. Die Stilllegungen im Stadtzentrum wurden jedoch durch neue Strecken in die Vororte ausgeglichen, so dass das Netz bis Anfang der 1980er Jahre auf rund 140 km anwuchs.

1985/86 wurden die restlichen Straßenbahnlinien durch das Stadtzentrum im Zusammenhang mit dem Bau des „Centrul Civic“ und der neuen U-Bahn getrennt, so dass bis heute zwischen den Endstellen Piaţa Sf. Vineri und Piaţa Unirii eine 600 m lange Lücke besteht.

1990, nach der rumänischen Revolution, wurde die ITB in *Regia Autonomă de Transport Bucureşti* (RATB) umstrukturiert und 2018 in die *Societatea de Transport Bucureşti* (STB) umgewandelt, eine Aktiengesellschaft, die sich voll-

TRAMWAY

In 1872, the British/Belgian-owned 'Bucharest Tramways' commenced operating horse trams from the city centre (Piaţa Sf. Gheorghe) to Gara Târgoviştei (now Gara de Nord [North Station]) and to Calea Moşilor in the east of the city, and by 1898 was operating five horse-drawn lines. In 1894 a Belgian/Dutch company opened the city's first electric line along the main east-west boulevard across the city (Regina Elisabeta/Carol I) between the Obor and Cotroceni districts.

In 1909, the Societatea Comunală de Tramvaielor Bucureşti (STB) was established, with 50% municipal and 50% private funding, to take over and electrify the entire tram network, which then comprised ten horse-drawn lines and one electric line. By 1926 the electric network stood at 34.3 km, but it was not until 1929 that the final horse trams ceased operation.

In 1948, the company was nationalised as the Întreprindera de Transport Bucureşti (ITB) – at this time the tram network stood at around 120 km, comprising mostly radial lines plus a line along the partially completed ring road around the north and east of the city. Having introduced its first trolleybus route in 1949, the new regime set about replacing 'outdated' trams with trolleybuses on key routes passing through the city centre. The city's original 1894 east-west electric tramway was the first to close in 1956 followed by the main north-south line in 1965. However, the city centre tramway closures were offset by the opening of new suburban lines so that the network increased to around 140 km by the early 1980s.

In 1985/86, the remaining tram lines across the city centre were severed in connection with the construction of the Centrul Civic and the new metro system, and to this day, there is a 0.6 km gap between the city centre tram termini at Piaţa Sf. Vineri and Piaţa Unirii.

In 1990, after the Romanian revolution, the ITB was reorganised as the Regia Autonomă de Transport Bucureşti (RATB) and in 2018 became the Societatea de Transport Bucureşti (STB), a joint-stock company wholly owned by the city council. RATB inherited an ageing tram fleet operating on poorly maintained infrastructure

#4008 (in neuem Anstrich | *in new livery*) @ Gara de Nord (Calea Griviței/Bul. G. Duca)

ständig im Besitz der Stadt befindet. RATB übernahm einen alternden Wagenpark, der auf schlecht gewarteten Gleisen unterwegs war, so dass insbesondere in den 1990er Jahren ein zufriedenstellender Betrieb kaum noch zu bewerkstelligen war. Um 2001 begann schließlich mit Unterstützung der Europäischen Investitionsbank eine allmähliche Modernisierung. Auch wenn es in den letzten 30 Jahren einige Stilllegungen hauptsächlich von Außenstrecken in heruntergekommene Industriegebiete gab, ist das Netz weitgehend intakt geblieben.

Ein Großteil des Netzes ist straßenbündig, so dass es häufig zu Behinderungen durch den Autoverkehr kommt. In den Vorstädten gibt es jedoch auch einige neuere Abschnitte mit eigenem Gleiskörper, entweder am Straßenrand oder im Mittelstreifen, etwa auf den Strecken zum Depoul Militari oder nach Titan.

Einige Linien wurden als „Metrou Uşor" [Leicht-Metro], also eine Art „Stadtbahn" aufgewertet. Als erste wurde die in den 1980er Jahren eröffnete Nord-Süd-Linie 41 in den westlichen Vororten zwischen 2002 und 2004 mit neuen Gleisen und Oberleitungen, Stahlzäunen zur Abtrennung vom Individualverkehr, verbesserter Stromversorgung und Ampel-Vorrangschaltungen ausgestattet. Anschließend wurden auch die Radiallinien 21 und 32 auf fast ganzer

and struggled to operate a satisfactory level of service particularly during the 1990s. However, gradual upgrading commenced around 2001, assisted by the European Investment Bank, and although there have been a few closures over the last 30 years, mostly of outer lines serving rundown industrial zones, the network has remained relatively intact.

Much of the network comprises conventional on-street track, where trams are often impeded by general traffic. However, there are some purpose-built reserved-track sections (either roadside or median strip) in the suburbs, for example the lines to Depoul Militari and to Titan.

Some lines have been upgraded to 'Metrou Uşor' [light metro] status, though light rail or upgraded tramway would be a more accurate description. The first to be treated was north-south route 41 in the western suburbs which opened in the 1980s and was rebuilt between 2002-04 with new track and catenary, steel fences to segregate trams from general traffic, enhanced power supply, and traffic signal priority at junctions. Since then, radial routes 21 and 32 have been similarly segregated with steel fences or reinforced concrete edges over most of their length, as have parts of circular routes 1 and 10 which cross the 1.9 km elevated Pasajul Basarab [Basarab

#091 (in neuem Anstrich | *in new livery*) @ Bucur Obor

#3826 @ Sura Mare

#036 @ Calea Rahovei/Şos. Progresului

Länge in ähnlicher Weise durch Stahlzäune oder Betonkanten abgetrennt, ebenso Teile der Ringlinien 1 und 10, welche die 2011 eröffnete 1,9 km Hochstraße „Pasajul Basarab" nutzen, auf der man eine überdachte Straßenbahnhaltestelle auf einer Schrägseilbrücke findet. Auf diesen Stadtbahn-Strecken werden in der Regel die neuesten Fahrzeuge bei dichtem Takt eingesetzt. An anderen Stellen wurde abschnittsweise Rasengleis verlegt.

Derzeit sind vier Neubaustrecken geplant: Piaţa Unirii – Piaţa Sf. Vineri (0,9 km), Bul. Basarabia – Luica (10,8 km), Piaţa Băneasa – Einkaufszentrum Băneasa (1,4 km), Mezeş – Einkaufszentrum Colosseum (1,6 km).

Nach dem Zweiten Weltkrieg machte sich die neu verstaatlichte ITB daran, den Wagenpark aus den Vorkriegsjahren zu modernisieren. Zwischen 1955 und 1967 wurden in der Zentralwerkstatt der ITB (URAC – *Uzina de Reparaţii şi Atelierele Centrale*) rund 450 Zweiachser (Typ V56 und V58) und 1000 Beiwagen für den weiteren Einsatz in Bukarest und anderen Städten des Landes umgebaut. Diese wurden durch 268 neue Vierachser heimischer Produktion ergänzt, die zwischen 1951 und 1959 in Bukarest in Dienst gestellt wurden – die ersten 37 wurden von ITB (Typ V951) und die restlichen von *Electroputere* aus Craiova (Typ V54) gebaut; einige dieser Fahrzeuge blieben bis ins Jahr 2000 in Betrieb, nachdem sie in den 1970er Jahren modernisiert worden waren.

1969 wurde ein Prototyp eines achtachsigen Gelenkfahrzeugs von Linke-Hoffmann-Busch importiert. LHB erhielt jedoch keine weiteren Aufträge, da ITB 1971 einen eigenen Prototyp des V3A-Achtachsers produzierte und 1972 mit der Serienproduktion begann. Diese Wagen wurden das Rückgrat der Flotte und sind es in modernisierter Form auch heute noch. Bis 1990 wurden insgesamt 362 V3A-Wagen zusammen mit 40 V2A- und 8 V2A-2S-Wagen (Zweirichtungsversion) als Sechsacher in Dienst gestellt. Zwischen 1971 und 1975 beschaffte die ITB außerdem 131 vierachsige Tatra T4R-Wagen, von denen einige noch im Einsatz sind.

Die schwierige wirtschaftliche Situation Rumäniens in den 1990er Jahren verhinderte den Kauf neuer Straßenbahnen, weshalb RATB gebrauchte Trieb- und Beiwagen aus Frankfurt und München importierte. Die Frankfurter

overpass] which opened in 2011 and features a covered tram station on a cable-stayed bridge. These 'Metrou Uşor' routes are generally operated by the most recent rolling stock at an enhanced frequency. Elsewhere, track renewal has included the installation of some sections of grassed track.

Currently plans exist for four extensions: Piaţa Unirii – Piaţa Sf. Vineri (0.9 km), Bul. Basarabia – Luica (10.8 km), Piaţa Băneasa – Băneasa shopping centre (1.4 km), Mezeş – Colosseum shopping centre (1.6 km).

After WW2, the newly nationalised ITB set about modernising its fleet of pre-war trams. Between 1955 and 1967, ITB's central workshop (URAC - Uzina de Reparaţii şi Atelierele Centrale) rebodied around 450 two-axle cars (types V56 and V58) and 1,000 trailers for further service in Bucharest and other cities around the country. These were supplemented by 268 new four-axle cars of domestic manufacture, which entered service in Bucharest between 1951 and 1959 – the first 37 built by ITB (type V951) and the remainder by Electroputere of Craiova (type V54); some of these cars remained in service until 2000, having been modernised in the 1970s.

In 1969 a prototype eight-axle articulated vehicle was imported from Linke-Hoffmann-Busch. However, LHB received no further orders as ITB produced its own prototype V3A eight-axle car in 1971 and commenced series production in 1972. These cars became, and still are, in modernised form, the mainstay of the fleet.

#407 @ Pasajul Basarab

#3413 @ Ghencea

#4033 @ Calea Rahovei/Șos. Progresului

Wagen waren von 1994 bis 2002 und die Münchner von 1994 bis 2007 im Einsatz. RATB begann auch mit der Ertüchtigung seiner selbstgebauten V3A-Wagen, hauptsächlich in eigener Werkstatt als Typ V3A-93, beauftragte aber auch FAUR und *Electroputere* (Typ V3-93M).

Zwischen 2006 und 2010 wurden 46 V2A- und V3A-Wagen auf Typ V3A-93-CH-PPC mit Chopper-Steuerung und Niederflur-Mittelteilen ausgerüstet und seit 2012 wurden weitere V3A-93-Wagen mit Wechselrichtern, Drehstrommotoren und Niederflur-Mittelteilen modernisiert (Typ V3A-2010-CA-PPC).

Der aktuelle Fuhrpark umfasst außerdem 8 sechsachsige Wagen des Typs V2AT, die mit Komponenten aus verschrotteten Tatra-Wagen gebaut wurden, sowie 14 V3A-93-2S-Zweirichtungswagen und 16 neu gebaute Bucur-LF-Wagen (sechsachsig, dreiteilig, 65% niederflurig), allesamt aus eigener Werkstatt.

In Zukunft werden noch einige V3A-93-Wagen modernisiert, und ein 17. Bucur LF-Wagen befindet sich im Bau. Die ersten von 100 vollständig niederflurigen, 36 m langen Imperio-Fahrzeugen wurden 2022 von *Astra Vagoane/CRRC* geliefert. Nach Verlängerung der Bahnsteige werden sie seit Dez. 2022 auf der Linie 41 und seit März 2023 auf der Linie 25 eingesetzt, später folgen die Linien 1, 10, 21, 32, 40 und 55.

STB besitzt eine Reihe von Museumswagen, die nicht öffentlich ausgestellt sind, aber es gibt ein kleines Museum mit Modellen und Gegenständen im STB-Sportkomplex in der Nähe der Metrostation 1 Decembrie 1918 (Besichtigung nach telefonischer Vereinbarung).

A total of 362 V3A cars entered service up until 1990 together with 40 V2A and 8 V2A-2S (bi-directional) six-axle variants. ITB also purchased 131 Tatra T4R four-axle cars between 1971 and 1975, a few of which remain in the fleet.

Romania's difficult economic situation in the 1990s precluded the purchase of new trams so RATB turned to the second-hand market, importing trams and trailers from Frankfurt and Munich. The Frankfurt cars were operated between 1994 and 2002 and the Munich cars from 1994 to 2007. RATB also commenced the modernisation of its homebuilt V3A cars, mostly in its own workshop as type V3A-93 but with some conversions carried out by FAUR and Electroputere (type V3-93M).

Between 2006 and 2010, 46 V2A and V3A cars were converted to type V3A-93-CH-PPC with chopper control and low-floor centre sections and since 2012 further V3A-93 cars have been modernised with inverters, AC motors and low-floor centre sections (type V3A-2010-CA-PPC).

The current fleet also includes 8 type V2AT six-axle cars constructed with components from scrapped Tatra cars, 14 V3A-93-2S bi-directional cars and 16 newly built Bucur LF cars (six-axle, three-section, 65% low floor), all constructed by URAC.

Going forward, some V3A-93 cars are still being modernised and a 17th Bucur LF model is under construction. The first of 100 36 m fully low-floor Imperio vehicles were delivered by Astra Vagoane/CRRC in 2022. After platform lengthening, these entered service on routes 41 (December 2022) and 25 (March 2023) and are due to be introduced on routes 1, 10, 21, 32, 40 and 55.

STB owns a number of museum cars which are not on public display but there is a small museum of models and artefacts within the STB sports complex, near 1 Decembrie 1918 metro station (viewing by telephone appointment).

BUCUREŞTI Tram > Fahrzeuge | *Rolling Stock* (600 V DC)

Nummer *Number*	Anzahl *Quantity*	Hersteller *Manufacturer*	Typ *Class*	Länge *Length*	Breite *Width*	Ausgeliefert *Delivered*	Anmerkungen *Notes*
005...362	245	URAC	V3A-93, etc.*	26.18 m	2.39 m	1993-2007	ex-V3A
016...350	20	URAC	V3A-2010-CA-PPC	27.18 m	2.39 m	2012-2021	ex-V3A-93
028...245, 4037-4044	14	URAC	V3A-93-2S	26.18 m	2.39 m	2006-2011	ex-V2A-2S, V3A, V3A-2S
131...306, 4001...4036, 4045-4049	46	URAC	V3A-93-CH-PPC	27.04 m	2.39 m	2006-2010	ex-V2A/V3A
401-416	16	URAC	Bucur LF	25.39 m	2.45 m	2007-2016	
3003...3011	8	URAC	Bucur V2AT	20.4 m	2.34 m	2003-2008	ex-Tatra
3303...3426	21	ČKD Tatra	T4R	14.0 m	2.20 m	1975	
3801-3835	35	Astra	Imperio Metropolitan	36.1 m	2.40 m	2022-2023	

V3A-93, V3A-93M, V3A-93-M2000

Citelis #5313 @ Bul. Ferdinand/Şos. Mihai Bravu

OBUS

Bukarests erste Obuslinie wurde 1949 eröffnet und in den späten 1950er, frühen 1960er Jahren ersetzten Obusse die Straßenbahnen auf den wichtigen Ost-West- und Nord-Süd-Boulevards, die sich an der Universität kreuzen. Um 1984/85 hatte das Trolleybusnetz seine größte Ausdehnung mit rund 85 km und 24 Linien erreicht.

In den späten 1980er Jahren wurde das Netz jedoch verkleinert und zertrennt. Alle Nord-Süd-Linien durch das Stadtzentrum wurden im Zusammenhang mit dem Bau der U-Bahn-Linie 2 geschlossen, ebenso die meisten Linien in die nördlichen Stadtteile. Bis 1992 schrumpfte das Netz auf 57,7 km, wurde aber seitdem wieder auf 72 km erweitert. Die 16 Linien (davon sind die Linien 66, 73 und 74 derzeit außer Betrieb) verbinden die Vororte mit verschiedenen Endstellen im Stadtzentrum, darunter Gara de Nord und Piaţa Unirii, wobei mit 6 Linien gebündelt entlang der Ost-West-Achse (Regina Elisabeta/Carol I) durch das Stadtzentrum ein dichtes Angebot geschaffen wird.

TROLLEYBUS

Bucharest's first trolleybus route opened in 1949 and in the late 1950s/early 1960s trolleybuses replaced trams on the key east-west and north-south boulevards intersecting at Universitate. By 1984-85 the trolleybus network had reached its greatest extent of around 85 km with 24 routes.

However, during the late 1980s the network was reduced in size and fragmented. All north-south trolleybus routes through the city centre were closed in connection with the construction of metro line 2 as were most routes serving the northern suburbs. By 1992 the network had been reduced to 57.7 km, but has since been expanded to 72 km. The 16 routes (3 temporarily suspended - 66, 73, 74) link suburban districts with various termini in the central area, including Gara de Nord and Piaţa Unirii, with 6 routes combining to provide an intensive service along the main east-west boulevard across the city centre (Regina Elisabeta/Carol I).

Ikarus #5167 @ Bul. Carol I

Ikarus #5225 @ Piaţa Unirii

CFR Desiro DMU @ Aeroportul Internațional Henri Coandă

Bukarest importierte zunächst sowjetische Trolleybusse und setzte dann von Mitte der 1950er bis in die 1990er Jahre auf heimische Hersteller. Zu den Beschaffungen nach dem Zusammenbruch des kommunistischen Staates gehörten 22 Genfer Saurer-Dieselbusse, die in Obusse umgebaut wurden. Die aktuelle Flotte umfasst zwei Typen: 106 Astra Ikarus 415T (1997-2002) und 99 Niederflur-Astra Irisbus Citelis (2007-08). 100 12 m lange Niederflur-Obusse wurden bei Bozankaya-Sileo bestellt.

Bucharest initially imported Soviet trolleybuses and then relied upon domestic manufacturers from the mid-1950s until the 1990s. Acquisitions after the collapse of the communist state included 22 ex-Geneva Saurer diesel buses that were converted into trolleybuses. The current fleet comprises two types: 106 Astra Ikarus 415T (1997-2002) and 99 low-floor Astra Irisbus Citelis (2007-08). 100 Solaris Trollino 12M IV trolleybuses with off-wire capability are on order.

VORORTBAHN

In Bukarest gibt es keine S-Bahn, lediglich vereinzelt Regionalzüge, die an Vorortbahnhöfen halten. Die meisten Züge fahren von Gara de Nord [Nordbahnhof] ab, drei andere Kopfbahnhöfe bieten jeweils 10-12 Abfahrten täglich: Bucureşti Basarab, Bucureşti Obor und Titan Sud. Die meisten Verbindungen werden von der staatlichen *CFR Călători* angeboten, einige jedoch auch von den privaten Betreibern *Regio Călători* und *Transferoviar Călători* (TFC), letztere alle Abfahrten ab Titan Sud.

Im Jahr 2020 wurde ein 2,95 km langer, nicht elektrifizierter zweigleisiger Ast von der bestehenden CFR-Hauptstrecke Bukarest – Urziceni zum internationalen Flughafen Henri Coandă (Terminal 1) eröffnet. *CFR Călători* und *Transferoviar Călători* betreiben die Strecke zwischen Flughafen und Gara de Nord (19 km) gemeinsam im 40-Minuten-Takt mit Dieseltriebwagen.

TFC DMU @ Titan Sud

SUBURBAN RAIL

There is no S-Bahn service, but regional trains provide a low-frequency service at a few suburban stations. Most services operate from Gara de Nord but there are also three other termini, each with 10-12 daily departures: Bucureşti Basarab, Bucureşti Obor and Titan Sud. Most services are operated by state-owned CFR Călători but some are run by private operators Regio Călători and Transferoviar Călători (TFC), the latter providing the entire service from Titan Sud.

In 2020 a 2.95 km unelectrified double-track branch was opened between CFR's existing Bucharest – Urziceni main line and Henri Coandă International Airport (Terminal 1). CFR Călători and Transferoviar Călători jointly operate a 40-minute interval service between the airport and Gara de Nord (19 km) using DMUs.

U-BAHN

Bukarest verfügt derzeit über fünf Metro-Linien (1432 mm Spurweite, 750 V DC, fast vollständig unterirdisch), eine sechste Linie befindet sich im Bau. Ein U-Bahn-Netz wurde bereits 1909 vorgeschlagen, aber erst 1952 begannen ernsthafte Planungen. Daraus entstand 1953 ein Netzentwurf mit vier Durchmesserlinien und einer Ringlinie, mit Tunneln in einer Tiefe von 20 bis 40 m, die auch als Schutzräume im Kriegsfall dienen sollten. Das Projekt wurde jedoch aus Kostengründen zurückgestellt, bis es Anfang der 1970er Jahre von Ceauşescu wiederbelebt wurde, um die Arbeiter zwischen den neuen Wohnsiedlungen und Industriegebieten, die rund um die Stadt gebaut wurden, zu befördern.

Die Vorplanungen begannen 1972 und die *Întreprinderea Metroul Bucureşti* (IMB) wurde 1975 gegründet, um gleichzeitig Planung und Bau des Netzes durchzuführen. Das Basisnetz bestand aus drei Linien – zwei sich an der Piaţa Unirii kreuzenden Durchmesserlinien sowie einer 35 km langen Halbringlinie durch den Norden, Westen und Süden der Stadt. Allerdings wurde der Plan im Laufe der Umsetzung nicht zuletzt durch Einwände von Ceauşescu mehrfach abgeändert. Seine Priorität war es, die U-Bahn so schnell wie möglich und ohne den Einsatz ausländischer Technologien oder Hilfe zu verwirklichen, angeblich bestand er auf Fristen und Gestaltungsdetails ohne Rücksicht auf Betriebseffizienz oder Zweckmäßigkeit für zukünftige Fahrgäste, in einigen Fällen musste die Trassierung oder die Lage der Bahnhöfe geändert werden, auch wenn der Bau bereits weit fortgeschritten war.

Der Bau, eine Mischung aus offener Bauweise und Schildvortrieb, begann 1975, zunächst mit einer Geschwindigkeit von 2 km pro Jahr, was später auf 4 km pro Jahr erhöht wurde, so dass in nur 15 Jahren ein 58 km langes

METRO

Bucharest currently has five metro lines (1432 mm gauge, 750 V DC, almost completely underground) with a sixth line under construction. A metro system was proposed as long ago as 1909 but it was not until 1952 that serious planning commenced. The resulting metro plan of 1953 had four cross-city lines intersecting in the centre and a circular line linking them, with tunnels at a depth of 20-40 m to act as shelters for defence purposes. However, the project was shelved due to its high cost and the metro concept lay dormant until revived in the early 1970s by Nicolae Ceauşescu with the primary purpose of carrying workers between the new housing estates and industrial zones being constructed around the city.

Preliminary studies commenced in 1972 and the Întreprinderea Metroul Bucureşti (IMB) was established in 1975 to undertake the simultaneous design and construction of the system. The initial plan envisaged three lines - two cross-city lines intersecting at Piaţa Unirii and a 35 km semi-circular line around the northern, western and southern sides of the city. However, the plan was modified in several respects during the course of implementation, not least because of interventions by Ceauşescu. His priority was to deliver the metro as quickly as possible without the use of foreign technology or assistance and he reputedly issued diktats on deadlines and design matters with little regard for operational efficiency or the convenience of potential passengers, in some cases requiring changes of alignment and station spacing when construction was already well advanced.

Construction commenced in 1975, initially at a rate of 2 km per year, later increasing to 4 km per year, with a mix of cut-and-cover and shield tunnelling, so that a 58 km network was operational in just 15 years. However,

Astra REM @ M4 Laminorului

Bombardier Movia (Magnolia) @ M5 Eroilor

Netz in Betrieb war. Während die ersten drei Linien schnell fertiggestellt wurden, fehlte dem Netz jedoch eine Ost-West-Strecke durch das Stadtzentrum, außerdem war der Stationsabstand teils erheblich (durchschnittlich 1,3 km). Der Niedergang vieler Staatsbetriebe in Industriegebieten wie Republica, Industriilor (jetzt Preciziei) und IMGB (jetzt Berceni), deren Anbindung das ursprüngliche Ziel der Metro war, ließ die Nachfrage bei der Metro stark sinken.

Der Bukarester Mobilitätsplan 2030 soll einige Mängel des bestehenden Netzes beseitigen. Mit der neuen Linie M5 wird die fehlende Ost-West-Verbindung durch das Stadtzentrum geschaffen und mit einer geplanten Südverlängerung der M4 wird das Stadtzentrum besser erschlossen. 2022 wurde ein Auftrag an ein türkisches Konsortium für den Bau der ersten Phase der Linie M6 (1 Mai – Tokyo, 6,6 km, 6 Stationen) vergeben; 2023 wurde ein anderes Konsortium unter türkischer Führung mit dem Bau des zweiten Abschnitts (Tokyo – Flughafen Henri Coandă, 7,6 km, 6 Stationen) beauftragt. Langfristige Pläne sehen eine neue Nordost-Südwest-Linie (M7) und eine südliche Halbringlinie (M8) vor.

Obwohl die ursprünglichen U-Bahn-Linien während der kommunistischen Zeit gebaut wurden, unterscheidet sich die U-Bahn von Bukarest von den übrigen Metro-Netzen des ehemaligen Ostblocks. Die U-Bahnhöfe sind meist schlichter gestaltet und viele trotz Modernisierung aufgrund der Energiesparmaßnahmen zur Bauzeit eher dunkel. Die ursprünglich in Rumänien entwickelten (und hergestellten) Züge unterschieden sich auch von den sowjetischen Standardtypen, die anderswo noch zu sehen sind.

15 der 84 ursprünglich zwischen 1978 und 1992 gelieferten sechsteiligen Astra IVA-Züge sind weiterhin auf den Linien M3 und M4 im Einsatz. Diese Züge, die jeweils aus drei fest gekuppelten 2-Wagen-Einheiten bestehen, wurden mehrmals renoviert, zuletzt von Alstom in den Jahren 2011-2013. Die derzeit auf der M1/M3 und M5 eingesetzten Bombardier-Züge sind nach Blumen oder europäischen Städten benannt, während die auf der M2 eingesetzten CAF-Züge die Namen rumänischer Flüsse tragen. Für die Linie M5 sind neue Alstom-Züge bestellt.

while the first three lines were completed quickly, the network lacked an east-west route through the city centre and there were long gaps between some stations (average 1.3 km). The emphasis on serving large industrial sites such as those at Republica, Industriilor (now Preciziei) and IMGB (now Berceni), while a priority at the time, means that some of the metro's original traffic objectives have declined in importance due to the contraction of many former state-owned industrial enterprises.

Bucharest's 2030 Mobility Plan includes proposals to address some of the deficiencies of the existing network. When completed, new line M5 will remedy the lack of an east-west link across the city centre and a proposed southern extension of M4 will improve coverage of the centre. In 2022, a contract was awarded to a Turkish consortium for the construction of the first phase of line M6 (1 Mai – Tokyo, 6.6 km, 6 stations) and in 2023 another Turkish-led consortium was selected to build the second phase (Tokyo – Henri Coandă Airport, 7.6 km, 6 stations). Longer term proposals envisage a new northeast - southwest line (M7) and a southern semi-circular line (M8).

Although the original metro lines were built during the communist period, Bucharest metro has a different style from other Eastern Bloc systems. Stations are for the most part simpler in design without much ornamentation and many are rather dark, despite upgrading, due to the energy saving measures in place at the time of construction. The original Romanian designed (and manufactured) trains also differed from the standard Soviet types seen elsewhere.

15 of the 84 original six-car Astra IVA trains delivered between 1978 and 1992 remain in service on lines M3 and M4. These trains, each made up of three permanently coupled 2-car sets, have been refurbished several times, most recently by Alstom in 2011-13. The Bombardier trains currently used on M1/M3 and M5 are named after flowers or European cities and the CAF trains used on M2 are named after Romanian rivers. New Alstom trains are on order for line M5.

BUCUREŞTI Metro > Fahrzeuge | *Rolling Stock* (750 V DC)

Nummer *Number*	Anzahl *Quantity*	Hersteller *Manufacturer*	Typ *Class*	Länge *Length*	Breite *Width*	Ausgeliefert *Delivered*
003...224	45 x 2	Astra IVA	REM	2 x 19.0 m	3.1 m	1978-1992
1001/2001-1018/2018, 1101/2101-1126/2126	44 x 6	Bombardier	Movia 346	112.6 m	3.1 m	2002-2006
1301/2301-1324/2324	24 x 6	CAF	BM3	113.6 m	3.2 m	2013-2016
bestellt | *on order*	13 x 6	Alstom	Metropolis	114 m	3.0 m	2024-

M3 Politehnica

M4 Laminorului

M4 Străulești

M5 Parc Drumul Taberei

M5 Eroilor

M1 Costin Georgian

M1 Pantelimon – Dristor 2

M3 Preciziei – Anghel Saligny

Die erste Bukarester U-Bahn-Linie sollte ursprünglich eine einfache Durchmesserlinie werden, doch schließlich entwickelte sich daraus eine Art Ringlinie mit mehreren Ästen, die jetzt als M1 und M3 betrieben werden.

Der erste zu eröffnende Abschnitt (Semănătoarea – Timpuri Noi) wurde entlang des Flusses Dâmboviţa errichtet, wobei die Sanierungsarbeiten am kanalisierten Fluss genutzt wurden, um einen parallelen U-Bahn-Tunnel zu schaffen. Im Osten wurde die Linie 1981 von Timpuri Noi über Titan ins Industriegebiet Republica verlängert, im Westen kam 1983 ein Ast Richtung Industriilor hinzu. Darauf folgte eine kurze Verlängerung von Semănătoarea bis Crângaşi, wo eine Umsteigemöglichkeit zur geplanten Halbringlinie angedacht war, die von Gara de Nord in die südlichen Stadtteile verlaufen sollte.

Auf Anweisung von Ceauşescu wurde die Strecke 1987 weiter bis Gara de Nord verlängert, wo ein doppelstöckiger

Bucharest's first metro line was originally intended to be a straightforward cross-city line, but subsequent extensions have transformed it into a panhandle route circling the city centre with two branches (now operated as two lines, M1/M3).

The first section to open (Semănătoarea – Timpuri Noi) was constructed alongside the Dâmboviţa River, taking advantage of rehabilitation work on the canalised river to provide a parallel metro tunnel. In the east, the line was extended in 1981 from Timpuri Noi to the Republica industrial zone via Titan and in the west the branch to Industriilor opened in 1983. This was followed by a short extension from Semănătoarea to Crângaşi, intended to be an interchange with a proposed semi-circular line running from Gara de Nord through the southern suburbs.

On Ceauşescu's instruction, the line was further extended to Gara de Nord in 1987 where a double-deck

M1 31.0 km (8.7 km M1/M3), 22 Bahnhöfe | *stations* (7 M1/M3)
M3 22.2 km (8.7 km M1/M3), 16 Bahnhöfe | *stations* (7 M1/M3)

19-11-1979: M1 Semănătoarea (> Petrache Poenaru) – Timpuri Noi (8.6 km)
28-12-1981: M1 Timpuri Noi – Republica (10.1 km)
19-08-1983: M1 (> M3) Eroilor – Industriilor (> Preciziei) (8.8 km)
22-12-1984: M1 Semănătoarea (> Petrache Poenaru) – Crângaşi (1 km)
24-12-1987: M1 Crângaşi – Gara de Nord 1 (2.8 km)
17-08-1989: M1 Gara de Nord 1 – Dristor 2 (7.8 km)
xx-05-1991: M1 Republica – Pantelimon (0.7 km)
26-08-1992: M1 + Basarab
31-08-1994: M3 + Gorjului (1998: Bahnsteig Richtung Osten | *eastbound platform*)
20-11-2008: M3 Nicolae Grigorescu 2 – Linia de Centură (> Anghel Saligny) (4.7 km, Shuttle)
04-07-2009: M3 durchgehender Betrieb | *through service* Preciziei – Anghel Saligny

M1 Pantelimon

M1/M3 Timpuri Noi

U-Bahnhof errichtet wurde, in dem die M1 und die M3 auf verschiedenen Ebenen enden sollten. Zu jener Zeit sollte die bereits im Bau befindliche M3 von Gara de Nord über Piaţa Victoriei und Piaţa Iancului nach Pantelimon führen. Ceauşescu veranlasste jedoch, dass beide Linien miteinander verknüpft wurden, was die scharfe Kurve der heutigen Linienführung zwischen Gara de Nord und Piaţa Victoriei erklärt; der zweite Bahnhofsteil blieb ungenutzt.

Bei einer weiteren Planänderung wechselte die Endstation der M3 von Pantelimon zu Dristor 2, wodurch der Halbring um die nördlichen Teile der inneren Stadt vervollständigt wurde, der bereits fertiggestellte Betriebshof in Pantelimon blieb jedoch vom Netz isoliert, bis er schließlich 1991 über eine eingleisige Verbindung von der M1-Endstation Republica aus angeschlossen wurde.

Anfangs fuhren die Züge von Republica entweder bis Industriilor (M1) oder über den Nordring bis Dristor 2 (M3), doch Mitte der 2000er Jahre wurde der Ast Eroilor – Industriilor in eine eigenständige Linie (M3) umgewandelt und die Relation Republica – Dristor 2 wurde zur M1.

1988 begannen die Bauarbeiten an einem Ast von Leontin Sălăjan (heute Nicolae Grigorescu) bis Linia de Centură (heute Anghel Saligny), sie wurden jedoch nach der Überflutung der Tunnel im Jahr 1993 eingestellt. Dieser Ast konnte schließlich 2008 eröffnet werden, zunächst mit einer Shuttle-Linie, bis 2009 die durchgehende Linie M3 zwischen Industriilor und Anghel Saligny eingeführt wurde.

Heute verkehren die Züge auf beiden Linien jeweils alle 7 bis 10 Minuten, was auf dem gemeinsamen Abschnitt zwischen Nicolae Grigorescu und Eroilor einen 3,5- bis 5-Minuten-Takt ergibt. Auf dem Abschnitt Republica – Pantelimon der Linie M1 fährt alle 18-20 Minuten ein Zug.

station structure was constructed to accommodate terminating M1 and M3 trains on different levels. At that time M3, already under construction, was planned to run from Gara de Nord to Pantelimon via Piaţa Victoriei and Piaţa Iancului. However, in a further Ceauşescu-inspired change of plan, M3 was diverted to connect end-on with M1 at Gara de Nord permitting through running, albeit at the cost of redundant tunnelling at Gara de Nord and a sharply curved alignment between there and Piaţa Victoriei.

A further change saw the terminus of M3 switched from Pantelimon to Dristor 2 completing a loop around the northern parts of the inner city but leaving the already completed M3 depot at Pantelimon isolated from the network. The depot was finally brought into use in 1991 with the opening of a single-track connection to the M1 terminus at Republica.

Initially trains from Republica ran either to Industriilor (M1) or around the loop to Dristor 2 (M3) but in the mid-2000s the Eroilor – Industriilor branch was converted to a shuttle service (M3) and the through service to Dristor 2 became M1.

In 1988 construction work started on a branch from Leontin Sălăjan (now Nicolae Grigorescu) to Linia de Centură (now Anghel Saligny) but ceased following flooding of the tunnels in 1993. Work eventually resumed and the branch opened in 2008, initially with a shuttle service until a through M3 service was introduced between Industriilor and Anghel Saligny in 2009.

Today, trains run every 7-10 minutes on both lines giving a combined interval of every 3.5 - 5 minutes on the shared section between Nicolae Grigorescu and Eroilor. The Republica – Pantelimon section of line M1 has a train every 18-20 minutes.

M1 Republica

M1 Crângași (alte Schreibweise | *old spelling*)

M3 Anghel Saligny

M1 Obor

M1 Obor

CAF BM3 (Tismana) @ M2 Piața Sudului

M2 Pipera – Berceni

Der mittlere Abschnitt der Nord-Süd-Linie M2 (Aviatorilor - Eroii Revoluţiei) wurde gemäß dem U-Bahn-Plan von 1953 gebaut, allerdings mit drei Stationen weniger als ursprünglich geplant. Die nördliche Endstation wurde jedoch von Piaţa Presei Libere verlegt, um die Wohnsiedlung Aurel Vlaicu und das Industriegebiet Pipera anzuschließen, was 1953 nicht vorgesehen war. Im Süden wurde die Trasse statt nach Giurgiului und Progresul Richtung Berceni geschwenkt, wo neue Wohn- und Industriegebiete entstanden waren.

Die M2 ist die einzige Linie, die direkt durch das Stadtzentrum führt, und als solche die nachgefragteste im Netz; sie verkehrt zu Stoßzeiten alle 4 Minuten. Sie liegt an der Piaţa Unirii unter der M1/M3 und an der Piaţa Victoriei unter

The central section of north-south line M2 (Aviatorilor – Eroii Revoluţiei) was constructed as per the 1953 metro plan, albeit with three fewer stations than originally proposed. In the north, however, the terminus was switched from Piaţa Presei Libere to serve the Aurel Vlaicu housing estate and the Pipera industrial zone, neither of which had been planned in 1953. Similarly, in the south, the line was re-routed from the Giurgiului and Progresul districts to Berceni in order to serve new residential and industrial zones.

M2 is the only line passing directly through the city centre and as such is the busiest on the network, with trains running every 4 minutes at peak times. It passes beneath M1/M3 at Piaţa Unirii and M1 at Piaţa Victoriei

M2 Aviatorilor

M2 Piața Victoriei

M2 Aurel Vlaicu

der M1, zu der es hier eine eingleisige Verbindung gibt. Der Stationsabstand beträgt von 956 m bis 1979 m. Die meisten U-Bahnhöfe haben Mittelbahnsteige, nur Pipera, Piaţa Victoriei, Piaţa Romană und Berceni haben Seitenbahnsteige. Piaţa Romana zeichnet sich durch sehr schmale Bahnsteige aus, ein Erbe des Ceauşescu-Regimes: Der Bau der geplanten Station wurde gestoppt, weil Elena Ceauşescu darauf bestand, die Anzahl der Stationen zu reduzieren, doch die U-Bahn-Ingenieure führten heimlich Bauvorleistungen hinter den Tunnelwänden aus, die später durchbrochen wurden.

Die oberirdische Betriebswerkstatt befindet sich neben dem Bahnhof Berceni, unterirdische Abstellgleise stehen auch hinter der Endstation Pipera zur Verfügung.

24 neue CAF-Züge wurden zwischen 2013 und 2016 auf der M2 in Dienst gestellt, doch eine 2019 gestartete Ausschreibung für ein 4-Jahres-Programm zum Austausch der Gleise wurde annulliert, auch eine geplante Bahnhofsmodernisierung lässt auf sich warten. Eine 1,6 km lange oberirdische Südverlängerung von Berceni bis Tudor Arghezi soll jedoch noch 2023 eröffnet werden.

(where there is a single-track connection between M1 and M2). The distance between stations ranges from 956 m to 1979 m, with most having island platforms except for Pipera, Piaţa Victoriei, Piaţa Romană and Berceni which have side platforms. Piaţa Romana is notable for its very narrow platforms, a legacy of the Ceauşescu regime. Construction of the planned station was halted due to Elena Ceauşescu's insistence that the number of stations be reduced but metro engineers continued to make secret provision for it behind the tunnel walls which were subsequently knocked through.

The surface-level depot is adjacent to Berceni station and there are underground sidings beyond the Pipera terminus.

24 new CAF trains were introduced on M2 between 2013-16 but a tender launched in 2019 for a 4-year programme of track replacement was subsequently cancelled and planned station modernisation projects have not yet progressed. However, a 1.6 km above-ground southern extension from Berceni to Tudor Arghezi is under construction and due to open in 2023.

M2 18.7 km, 14 Bahnhöfe | *stations*
(0.7 km, 1 Bahnhof | *station* oberird. | *above ground*)

24-01-1986: Piaţa Unirii 2 – Depoul I.M.G.B (> Berceni) (10 km)
06-04-1986: + Tineretului
24-10-1987: Piaţa Unirii 2 – Pipera (8.7 km)
28-11-1988: + Piaţa Romana
05-12-1988: + Constantin Brâncoveanu
~ 2023: Berceni – Tudor Arghezi (1.6 km)

M2 Berceni

M4 Parc Bazilescu

M4 Gara de Nord 2 – Străuleşti

Der Tunnelbau für die Linie M4 von Gara de Nord zum Parc Bazilescu wurde zwischen 1988 und 1994 ausgeführt, das Projekt kam dann jedoch zum Stillstand, bis 1997 ein Darlehen von der Europäischen Investitionsbank die Wiederaufnahme der Arbeiten ermöglichte.

Die Linie wurde schließlich im Jahr 2000 zwischen Gara de Nord und 1 Mai eröffnet und im Jahr 2011 bis Parc Bazilescu verlängert, wobei die Züge zwischen 1 Mai und Parc Bazilescu auf demselben Gleis hin- und zurückfuhren, da es nördlich des U-Bahnhofs 1 Mai keinen Gleiswechsel gab. Die Linie erreichte schließlich 2017 Străuleşti, wo 2018 ein U-Bahn-Depot und ein multimodaler Umsteigebahnhof eröffnet wurden.

Im U-Bahnhof Basarab kann am selben Bahnsteig zwischen M1 und M4 umgestiegen werden, wobei die M1 auf den inneren Gleisen und die M4 außen verkehrt. Am Gara de Nord haben M1 und M4 separate Stationen, zwischen denen Zugangssperren liegen.

Der Bukarester Mobilitätsplan 2030 sieht eine 11 km lange Verlängerung der M4 mit 14 Stationen von Gara de Nord bis Gara Progresul im Süden der Stadt vor. Die Linie würde in der Nähe des Bahnhofs Izvor die Linien M1/M3 unterqueren und am U-Bahnhof Eroii Revoluţiei einen Umstieg zur M2 ermöglichen.

Derzeit verkehren auf der M4 durchweg Astra IVA-Züge, die mit dem Dimetronic ATO/ATP-System ausgestattet sind.

Tunnelling of line M4 from Gara de Nord to Parc Bazilescu was completed between 1988 and 1994. However, the project then came to a standstill until a loan was obtained from the European Investment Bank in 1997, enabling work to recommence.

The line eventually opened between Gara de Nord and 1 Mai in 2000 and services were extended to Parc Bazilescu in 2011, with trains operating out-and-back on the same track between 1 Mai and Parc Bazilescu because there was no crossover north of 1 Mai station. The line reached Străuleşti in 2017 where a metro depot and multi-modal interchange were opened in 2018.

Basarab station is arranged for cross-platform interchange between M1 and M4, with the former using the inner tracks and the latter the outer tracks. At Gara de Nord, M1 and M4 have separate stations and gate-lines requiring re-validation of tickets.

Bucharest's 2030 Mobility Plan includes a proposed 11 km, 14 station extension of M4 from Gara de Nord to Gara Progresul in the southern suburbs. The extension would pass beneath lines M1/M3 near Izvor station and provide interchange with line M2 at Eroii Revoluţiei.

At the time of writing, all M4 services are operated by Astra IVA trainsets equipped with Dimetronic ATO/ATP.

M4 7.4 km, 8 Bahnhöfe | *stations*

01-03-2000: Gara de Nord 2 – 1 Mai (3.2 km)
01-07-2011: 1 Mai – Parc Bazilescu (2.3 km)
31-03-2017: Parc Bazilescu – Străuleşti (1.9 km)

M5 Valea Ialomiţei

M5 Eroilor – Râul Doamnei / Valea Ialomiţei

Die Linie M5 ist Bukarests erste komplett neue U-Bahn-Linie, die in der postkommunistischen Zeit geplant und gebaut wurde. Sie erschließt das dicht besiedelte Wohnviertel Drumul Taberei im Westen der Stadt und wird in einem nächsten Schritt die fehlende Ost-West-Verbindung durch das Stadtzentrum herstellen. Im Endausbau wird die M5 16,1 km lang sein und von Râul Doamnei/Valea Ialomiţei im Westen bis Pantelimon im Osten mit 22 Stationen führen. Umsteigemöglichkeiten zu anderen Linien bestehen bei Eroilor (M1/M3), Universitate (M2), Piaţa Iancului (M1) und Pantelimon (M1).

Der Bau der ersten Etappe (Eroilor – Râul Doamnei/Valea Ialomiţei) begann 2011 und wurde 2020 abgeschlossen. Alle Bahnhöfe haben Mittelbahnsteige, aber jeder ist unterschiedlich gestaltet. Der Stationsabstand ist viel kürzer als auf den älteren Linien (durchschnittlich 0,8 km gegenüber bisher 1,3 km). Für die M5 wurden bei Alstom 13 neue Züge bestellt, bis dahin sind acht Bombardier-Züge im Einsatz, die von der M1/M3 abgezogen wurden, was zu längeren Takten auf diesen Linien führte. Auf dem Hauptabschnitt der M5 verkehren die Züge alle 6-9 Minuten, auf den beiden westlichen Ästen entsprechend nur alle 12-18 Minuten.

Der zweite Bauabschnitt der Linie M5, von Eroilor bis Piaţa Iancului (4,5 km, 6 Stationen), befindet sich in der Detailplanung. Der dritte Abschnitt, von Piaţa Iancului bis Pantelimon (4,7 km, 6 Stationen), ist in Vorbereitung.

Line M5 is Bucharest's first completely new metro line planned and built in the post-communist period. It was designed to serve the high-density Drumul Taberei residential district in the western suburbs and to remedy the existing network's lack of an east-west line across the city centre. When complete, the line will extend for 16.1 km from Râul Doamnei / Valea Ialomiţei in the west to Pantelimon in the east with 22 stations. Interchange with other lines will be available at Eroilor (M1/M3), Universitate (M2), Piaţa Iancului (M1) and Pantelimon (M1).

Construction of the first stage (Eroilor – Râul Doamnei / Valea Ialomiţei) commenced in 2011 and was completed in 2020. All stations have island platforms, but each is decorated differently. The stations are much more closely spaced than on the older lines (average 0.8 km vs 1.3 km). 13 new trains are on order from Alstom for M5 but until then services are being operated by eight Bombardier trains released from M1/M3, resulting in a lower frequency service on those lines. Trains run every 6-9 minutes on the core section of M5 but only every 12-18 minutes on the two western branches.

Design work is underway on the second phase which will extend the line from Eroilor to Piaţa Iancului (4.5 km, 6 stations). Work has not yet been authorised for the third phase, Piaţa Iancului to Pantelimon (4.7 km, 6 stations).

M5 6.9 km, 10 Bahnhöfe | *stations*

15-09-2020: Eroilor – Râul Doamnei / Valea Ialomiţei (6.9 km)

#55 @ Parâng > Gr. Alexandrescu/Calvaria

CLUJ-NAPOCA

Cluj-Napoca (*dt.* Klausenburg, *ung.* Kolozsvár) war die Hauptstadt des Großfürstentums Siebenbürgen (Transsylvanien) und dann ein Teil Ungarns, bis Siebenbürgen nach 1918 an Rumänien fiel und nur während des Zweiten Weltkriegs kurzzeitig an Ungarn zurückkehrte. Die Mehrheit der Bevölkerung bildeten bis in die 1960er Jahre Ungarn, heute machen Rumänen etwa 80% und Ungarn etwa 16% aus.

Cluj-Napoca liegt etwa 320 km nordwestlich von Bukarest. Es ist die zweitgrößte Stadt Rumäniens und ein wichtiges Kultur-, Industrie- und Handelszentrum, in dem sich außerdem die größte Universität des Landes befindet. Obwohl es große Wohnsiedlungen und Industriebetriebe aus der kommunistischen Ära gibt, hat das Stadtzentrum größtenteils seine historische Struktur mit schönen Gebäuden im Renaissance-, Barock- und Gotikstil bewahrt.

Der städtische Nahverkehr umfasst Straßenbahn-, Obus- und Buslinien. Elektronische Tageskarten werden für 20 Lei + 4,50 Lei für eine Plastikkarte angeboten. Einzelfahrten kosten 3,00 Lei.

Der Bahnhof von Cluj-Napoca, etwa 1,7 km nördlich des Stadtzentrums, liegt an der Hauptstrecke Bukarest – Oradea. Von hier gibt es Direktverbindungen zu den meisten größeren rumänischen Städten und nach Budapest. Machbarkeitsstudien sind im Gange für den Ausbau der Hauptstrecke zwischen Nădăsel und Bonţida (43 km), um eine S-Bahn einzurichten, die an 19 bestehenden und neuen Stationen, darunter eine am Flughafen, hält. Darüber hinaus wurde 2023 ein türkisches Konsortium ausgewählt, um eine 21 km lange U-Bahn-Linie mit 19 Stationen zu bauen, die vollautomatisch mit 51 m langen 3-Wagen-Zügen betrieben werden soll. Stufe 1 soll von West nach Ost von Sfânta Maria über das Stadtzentrum bis Europa Unită (7,5 km, 9 Stationen) führen, mit einem oberirdischen Betriebshof

Cluj-Napoca (Hungarian - Kolozsvár) was the capital of the Grand Principality of Transylvania and then part of Hungary until Transylvania was transferred to Romania after 1918, being briefly returned to Hungary during WW2. Hungarians remained the majority of the population until the 1960s but today Romanians account for around 80% and Hungarians around 16%.

Cluj-Napoca lies approximately 320 km northwest of Bucharest. It is the second largest city in Romania and an important academic, cultural, industrial and business centre, hosting the largest university in the country. Although it has large communist-era housing estates and industrial zones, the city centre retains much of its historic layout and attractive buildings in renaissance, baroque and gothic architectural styles.

The municipality provides tram, trolleybus, and bus services within the city. 1-day E-tickets cost 20 lei + 4.50 lei for a plastic card. Single trips are 3.00 lei.

Cluj-Napoca railway station, around 1.7 km north of the city centre, is on the Bucharest – Oradea main line and has direct services to most major Romanian cities and to Budapest. Feasibility work is underway on proposals for upgrading the main line between Nădăsel and Bonţida (43 km) to accommodate a frequent 'metropolitan train' service calling at 19 existing and new stations, including one at the airport. In addition, in 2023, a Turkish consortium was selected to build a 21 km underground metro line with 19 stations, to be operated by fully automated 51 m long 3-car trains. Phase 1 is due to run west-to-east from Sfânta Maria to Europa Unită via the city centre (7.5 km, 9 stations) with a surface-level depot situated 1.7 km beyond Europa Unită. Phase 2 comprises a western extension to Ţara Moţilor in Floreşti (8.8 km, 7 stations)

1,7 km östlich von Europa Unită. Stufe 2 umfasst eine Westverlängerung nach Ţara Moţilor in Floreşti (8,8 km, 7 Stationen), um Neubaugebiete anzuschließen, sowie einen östlichen Ast zum Industriegebiet Bul. Muncii (3 km, 3 Stationen), mit einer Umsteigemöglichkeit zur S-Bahn am zukünftigen Bahnhof Viitorolui.

STRASSENBAHN

1893 wurde von der *Kolozsvári Közúti Vasút Reszvenytársaság* [Klausenburger Straßenbahn] eine normalspurige dampfbetriebene Straßenbahn eröffnet. Es gab drei Linien, die vom Hauptplatz (heute Piaţa Unirii) ausgingen: nach Norden zum Bahnhof, nach Südwesten entlang der heutigen Calea Moţilor mit einem Ast zum Parc Central sowie nach Nordosten entlang des heutigen Bul. 21 Decembrie 1989. Auf dem 7,7 km langen eingleisigen Netz wurden sowohl Personen als auch Güter befördert, was jedoch unwirtschaftlich war. Da der Stadtrat den Elektrifizierungsplänen nicht zustimmte, wurde der Betrieb 1902 eingestellt. Heute verkehren auf dem größten Teil des ehemaligen Dampfstraßenbahnnetzes Obusse.

Auch wenn der Bau einer elektrischen Straßenbahn zu verschiedenen Zeiten in Betracht gezogen wurde, kam der elektrische Nahverkehr 1959 zuerst in Form von Trolleybussen nach Cluj, erst 1987 folgte schließlich eine einzige Ost-West-Straßenbahnlinie als Teil der nationalen Bemühungen, den Nahverkehr zu elektrifizieren.

Die Straßenbahn sollte die westliche Großsiedlung Mănăştur mit dem östlichen Industriegebiet verbinden. Da bereits Obusse diese Stadtteile über die Innenstadt miteinander verknüpften, wurde die Straßenbahn über den Hauptbahnhof geführt, sie bedient das Stadtzentrum deshalb nur am nördlichen Rand. Der westliche Abschnitt nach Mănăştur verläuft teilweise entlang des Flusses und erschließt auch das Stadion Cluj Arena.

Die Straßenbahn fährt größtenteils straßenbündig, meist mit dem Individualverkehr. Infolge des schnellen und kostengünstigen Baus stellten Vibrationen und Lärm ein großes Problem dar. 2011 begann die Stadt schließlich mit EU-Mitteln die gesamte Strecke in zwei Phasen zu sanieren. Der westliche Abschnitt wurde 2012 und der östliche 2013 wiedereröffnet, auch wenn letzterer wegen

serving new development areas and an eastern branch to the Bul. Muncii industrial area (3 km, 3 stations), allowing for possible interchange with the 'metropolitan train' service at Viitorolui.

TRAMWAY

In 1893, a 1435 mm gauge steam-powered tramway was opened by the Kolozsvári Közúti Vasút Reszvenytársaság [Kolozsvár Road Railway]. There were three lines running from the main square (now Piaţa Unirii) north to the railway station, southwest along today's Calea Moţilor, with a branch to the central park, and northeast along today's Bulevardul 21 Decembrie 1989. The 7.7 km single-track system carried both passenger and freight traffic but proved uneconomic; plans for electrification could not be agreed with the city council and services ceased in 1902. Today, trolleybuses operate over most of the former steam tram network.

Although the construction of an electric tramway was considered at various times, electric traction first came to Cluj in the form of trolleybuses, introduced from 1959, and it was not until 1987 that a single east-west tram line was eventually opened as part of the national transport electrification programme.

The tramway was designed to link the western residential suburb of Mănăştur with the eastern industrial zone. As trolleybuses already connected these districts with the city centre, the tramway was routed via the main station and only serves the northern edge of the centre. The western leg to Mănăştur runs partly alongside the river and serves the Cluj Arena sports stadium.

The entire tramway runs on-street, mostly unsegregated from general traffic. Having been quickly and cheaply constructed, vibration and noise proved a major problem and in 2011 the municipality launched an EU-funded project to rebuild the entire line in two stages. The western section reopened in 2012 and the eastern section in 2013, though the latter was closed again for bridge reconstruction works, fully reopening in 2014. As part of the upgrading, new stops were built, and existing stops were renovated and adapted for people with disabilities.

CLUJ-NAPOCA
(Judeţul Cluj)

317 000

T 1987
Tr 1959

1435 mm

T 12.9 km
Tr 26 km

T 3 (1)
Tr 11

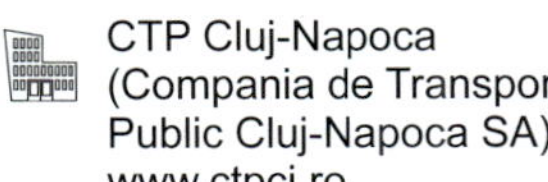
CTP Cluj-Napoca
(Compania de Transport Public Cluj-Napoca SA)
www.ctpcj.ro

#83 @ UNIMET (Foto Christopher Hecht)

Brückenbaumaßnahmen bald wieder bis 2014 geschlossen werden musste. Im Rahmen der Modernisierung wurden neue Haltestellen eingerichtet und bestehende behindertenfreundlich umgebaut.

Die Straßenbahn von Cluj nahm den Betrieb mit 39 Timiş 2-Trieb- und Beiwagen und 22 ITB V2A- und V3A-Gelenkwagen auf, die zwischen 1987 und 1989 geliefert wurden. Die ITB-Wagen wurden in den 1990er Jahren nach Iaşi und Botoşani verkauft, aber einige Timiş 2-Wagen (die letzten landesweit) blieben bis 2011 in Betrieb. Gebrauchte Tatra KT4D kamen 1997-99 aus Berlin, gefolgt von T4D/B4D-Fahrzeugen aus Magdeburg im Jahr 2002 und KT4DMs aus Potsdam im Jahr 2009, die mittlerweile alle nicht mehr im Fahrgasteinsatz sind. Der aktuelle Fahrzeugpark umfasst 4 Pesa Swing und 24 Astra Imperio Niederflurbahnen.

Cluj's tramway commenced operating with 39 Timiş 2 motor + trailer sets and 22 ITB V2A and V3A articulated cars delivered between 1987 and 1989. The ITB cars were sold to Iaşi and Botoşani in the 1990s, but some Timiş 2 cars remained in service until 2011, Cluj being the last city to withdraw this type from passenger service. Second-hand Tatra KT4D cars arrived from Berlin in 1997-99 followed by T4D/B4D cars from Magdeburg in 2002 and KT4DMs from Potsdam in 2009, all now withdrawn. The current fleet comprises 4 Pesa Swing and 24 Astra Imperio low-floor trams.

CLUJ-NAPOCA > Fahrzeuge | *Rolling Stock* (750 V DC)

Nummer *Number*	Anzahl *Quantity*	Hersteller *Manufacturer*	Typ *Class*	Länge *Length*	Breite *Width*	Ausgeliefert *Delivered*
81 - 84	4	Pesa	Swing 120Nc	30.1 m	2.35 m	2012
55 - 69, 85 - 93	24	Astra	Imperio	27.2 m	2.4 m	2021-2022

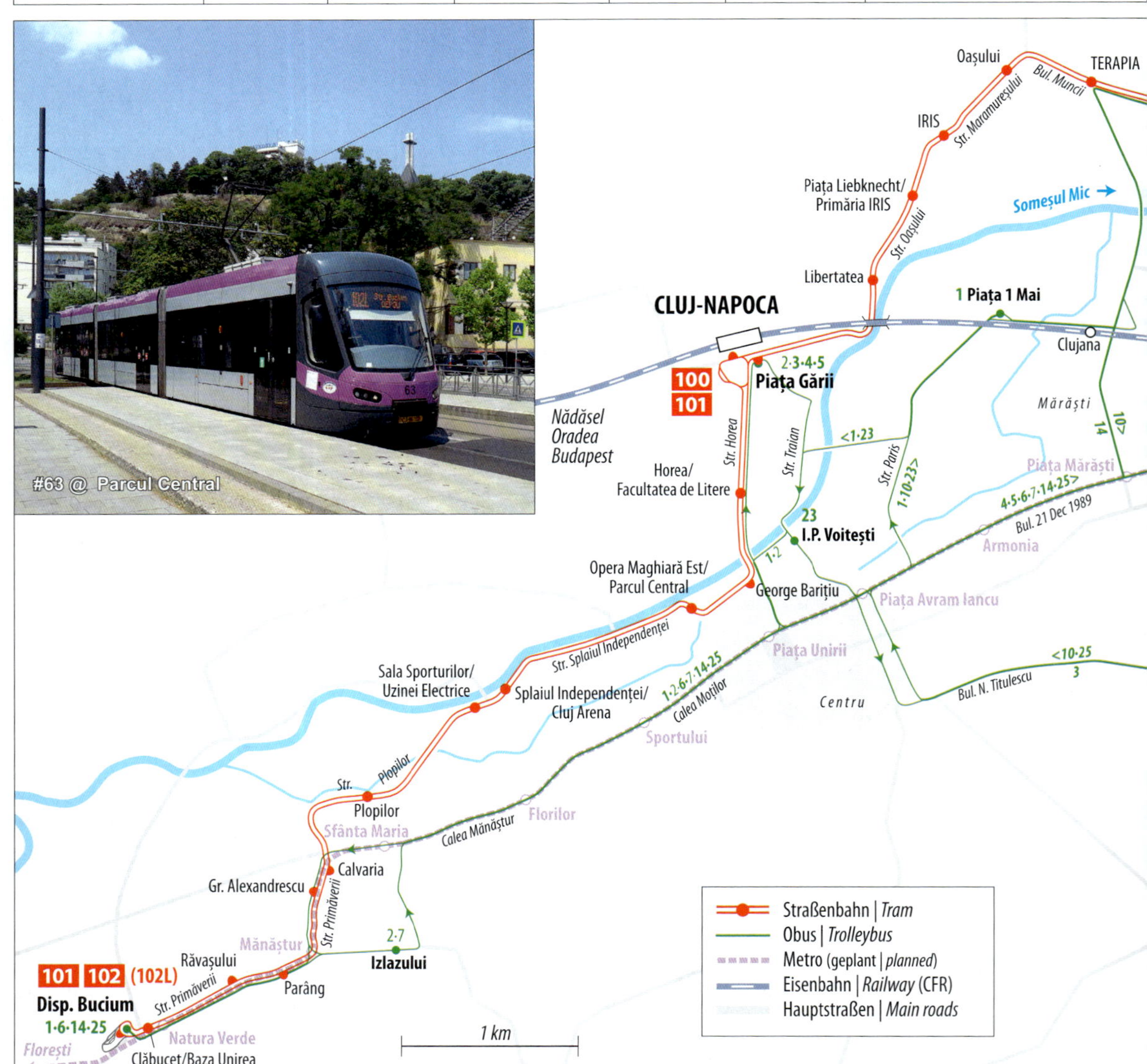

OBUS

Cluj-Napoca verfügt über 80 Trolleybusse, die auf 11 Linien unterwegs sind. Der Betrieb begann 1959 auf einer 6 km langen Strecke zwischen dem Bahnhof und Pod Someşcui (heute Disp. IRA), gefolgt 1960 von einer zweiten 7 km langen Strecke zwischen dem Industriegebiet Piaţa 1 Mai und der Großsiedlung Mănăştur, jeweils über Piaţa Unirii im Stadtzentrum. 1964 entstand eine Linie in das Wohnviertel Gheorgheni, dann gab es erst wieder in den 1980er Jahren Erweiterungen zu den Industriegebieten ERS CUG und Electromontaj (über den Flughafen) am östlichen Stadtrand. Diese beiden Strecken wurden in den 1990er Jahren eingestellt, die Verbindungen zum Werk ERS CUG und zum Flughafen wurden später wiederhergestellt.

Frühe TV2E- und TV20E-Fahrzeuge wurden ab 1976 durch DAC- und Rocar-Fahrzeuge ersetzt, die wiederum von Astra- und Irisbus-Fahrzeugen abgelöst wurden, darunter einige umgebaute Dieselbusse aus Paris. Die aktuelle Flotte umfasst 10 Irisbus Citelis (2013), 20 Astra ICPE-SAERP (2016), 50 Škoda/Solaris Trollino IV 18 (2019), allesamt Gelenkbusse, sowie 3 Astra Citelis Solobusse (2010-11).

TROLLEYBUS

Cluj-Napoca has 80 trolleybuses serving 11 routes. Operations started in 1959 on a 6 km route between the railway station and Pod Someşcui (now Disp. IRA) followed in 1960 by a second 7 km route between the Piaţa 1 Mai industrial zone and the large Mănăştur apartment block estate, both routes passing through Piaţa Unirii in the city centre. In 1964 trolleybuses commenced running to the Gheorgheni residential district but there were no further extensions until the 1980s when additional routes were opened to ERS CUG and Electromontaj (via the airport) to serve industrial zones on the eastern edge of the city. These two routes ceased operating in the 1990s, but services have since been restored to ERS CUG and to the airport.

Early TV2E and TV20E vehicles were replaced by DAC and Rocar vehicles from 1976 onwards, which in turn were replaced by Astra and Irisbus vehicles, including some converted ex-Paris diesel buses. The current fleet comprises 10 Irisbus Citelis (2013), 20 Astra ICPE-SAERP (2016), 50 Škoda/Solaris Trollino IV 18 (2019), all of which are articulated, and 3 non-articulated Astra Citelis (2010-11).

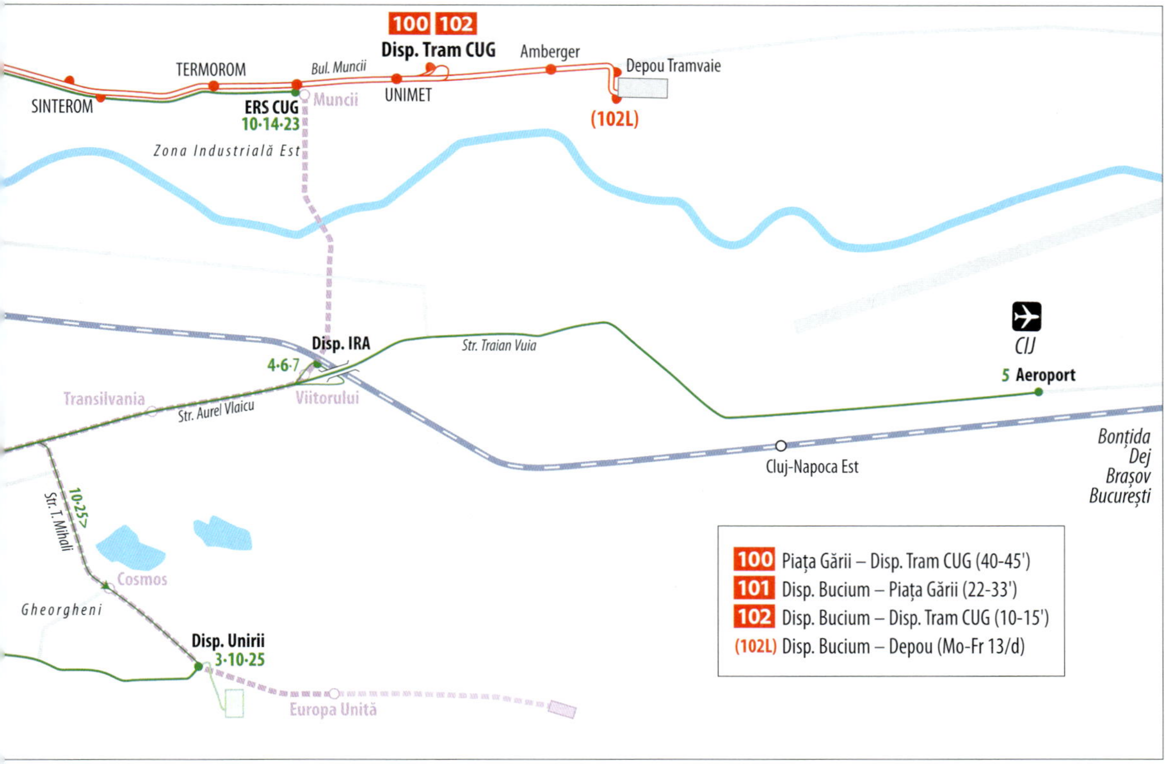

100 102
Disp. Tram CUG
TERMOROM
Bul. Muncii
Amberger
Depou Tramvaie
SINTEROM
ERS CUG
10·14·23
Muncii
UNIMET
(102L)
Zona Industrială Est
Disp. IRA
Str. Traian Vuia
4·6·7
CIJ
5 Aeroport
Transilvania
Str. Aurel Vlaicu
Viitorului
Cluj-Napoca Est
Bonțida
Dej
Brașov
București
10·25>
Str. T. Mihali
Cosmos
Gheorgheni
Disp. Unirii
3·10·25
Europa Unită

100	Piața Gării – Disp. Tram CUG (40-45')
101	Disp. Bucium – Piața Gării (22-33')
102	Disp. Bucium – Disp. Tram CUG (10-15')
(102L)	Disp. Bucium – Depou (Mo-Fr 13/d)

Solaris #339 & Astra #63 @ Disp. Bucium

Astra #108 @ Aeroport

#1006 & #1005 @ Han Craioviţa

CRAIOVA

Craiova liegt 185 km westlich von Bukarest in der rumänischen Tiefebene. Die Stadt entwickelte sich zu einem regionalen Verwaltungs- und Handelszentrum mit einer Bevölkerung von rund 40.000 im Jahr 1900 und 77.000 im Jahr 1941. Nach dem Zweiten Weltkrieg wurden unter der kommunistischen Herrschaft eine Universität gegründet und mehrere Fabriken für die Herstellung von Chemikalien, Autos, Flugzeugen, Eisenbahnlokomotiven und anderen Produkten angesiedelt, vorwiegend in den Industriegebieten am östlichen und nördlichen Stadtrand und im benachbarten Ort Işalniţa.

Seit der Revolution von 1989 wurden viele dieser Industriebetriebe geschlossen oder verkleinert, sie hinterließen große Brachflächen, von denen einige später anderweitig Verwendung fanden, etwa mit dem Einkaufszentrum Electroputere auf dem Gelände der ehemaligen Lokomotiv- (und Straßenbahn-) Fabrik. Einige Unternehmen haben jedoch unter neuen Eigentümern überlebt, wie das Oltcit-Autowerk, das von Daewoo übernommen wurde und jetzt zu Ford gehört.

Der Bahnhof Craiova liegt 2 km nordöstlich des historischen Zentrums. Die Züge brauchen etwa 3 Stunden nach Bukarest und etwa 6 Stunden nach Timişoara. In Craiova/Işalniţa gibt es sieben unbesetzte Bahnhöfe/Haltestellen, an denen wenige Regionalzüge halten. Bus- und Straßenbahnlinien in Craiova werden von der kommunalen *RAT Craiova* betrieben. Einzelfahrkarten kosten 2,50 Lei (3,00 Lei beim Fahrer), Tageskarten 9,00 Lei.

STRASSENBAHN

1942 besetzten rumänische Truppen Odessa und beschlagnahmten neun Straßenbahntriebwagen sowie drei

Craiova is situated 185 km to the west of Bucharest on the Romanian Plain. It developed as a regional administrative and trading centre reaching a population of around 40,000 by 1900 and 77,000 by 1941. After WW2 the communist authorities established a university and significantly expanded the city's industrial base, opening factories for the manufacture of chemicals, cars, aircraft, railway locomotives and other products, located in industrial zones on the eastern and northern fringes of the city and in the adjoining town of Işalniţa.

Since the 1989 revolution, many of these industrial enterprises have closed or contracted leaving a legacy of derelict brownfield sites, some of which have been reused for other purposes; for example, the Electroputere shopping mall now occupies much of the site of the former railway locomotive (and tram) works. Some companies have, however, survived under new ownership, such as the Oltcit car factory which was taken over by Daewoo and is now in the hands of Ford.

Craiova railway station is situated 2 km to the north-east of the historic centre. Trains take around 3 hours to Bucharest and around 6 hours to Timişoara. There are seven unstaffed stations/halts in Craiova/Işalniţa served by infrequent regional trains. Bus and tram services in Craiova are operated by municipally-owned RAT Craiova. Single trip tickets are 2.50 lei (3.00 lei from drivers); one-day passes cost 9.00 lei.

TRAMWAY

In 1942 Romanian troops occupied Odessa and requisitioned nine tramcars and three trailers for the establishment of a tramway in Craiova, but the project came to

Beiwagen für den Bau einer Straßenbahn in Craiova, doch das Projekt scheiterte an Geldmangel und schlechtem Zustand der Straßenbahnwagen. Stattdessen wurden im Mai 1943 acht ebenfalls in Odessa beschlagnahmte Obusse auf einer Strecke zum Bahnhof und einer zweiten Strecke zum Militär-Hospital in Dienst gestellt. Im September 1944 besetzten sowjetische Truppen Craiova und die Trolleybusse und die dazugehörige Ausrüstung mussten nach Odessa zurückgebracht werden, so dass der Nahverkehr in Craiova bis zur Eröffnung der heutigen Straßenbahn im Jahr 1987 auf Dieselbusse angewiesen war.

Das Hauptziel der neuen Straßenbahn bestand darin, den Arbeitern in den großen Industriegebieten am Stadtrand ein leistungsfähiges Verkehrsmittel anzubieten. Die Strecke verläuft grob von Nordwest nach Südost durch die Stadt, am nördlichen Rand des historischen Zentrums entlang und an der Universität und am Nationaltheater vorbei. Der zentrale Abschnitt zwischen Han Craioviţa und Pod Electro liegt in der Mitte einer mehrspurigen Straße, die größtenteils von Wohnblocks aus der kommunistischen Ära gesäumt ist. Die Gleise auf diesem Abschnitt wurden 2011 erneuert und liegen nun meist beiderseits eines Grünstreifens, die Piaţa Unirii überquert die Straßenbahn hingegen auf einer Hochstraße.

Nördlich der Wendeschleife Han Craioviţa und der Depotzufahrt verläuft die Strecke auf eigenem Gleiskörper neben der Fernstraße DN6/E79 durch das nördliche Industriegebiet Cernelle zur Wendeschleife CLF und dann durch unbebautes Land zum Industriegebiet Işalniţa. Der Abschnitt durch das östliche Industriegebiet hinter Pod Electro liegt teilweise straßenbündig und teilweise auf eigenem Gleiskörper am Straßenrand, die Tram endet am Ford-Werk.

2022 wurden Aufträge für die Sanierung der Abschnitte entlang der Strada Henry Ford und zwischen Han Craioviţa und CLF vergeben, weshalb seit Mai 2023 nur die Linie 100 zwischen Han Craioviţa und Pod Electro verkehrt.

Zwischen 1987 und 1989 erhielt Craiova 49 Timiş 2-Triebwagen + Beiwagen, von denen einige in den 1990er Jahren von der lokalen Firma *Electroputere* modernisiert wurden. Der letzte dieser Wagen fuhr 2007 im Fahrgastverkehr. 1998 wurden zehn gebrauchte Tatra KT4D-Wagen aus Berlin erworben, gefolgt im Jahr 2001 von 19 Tatra T4D-Trieb- bzw. Beiwagen aus Leipzig und 2005 von 11 Rathgeber-Wagen aus München. Diese Fahrzeuge wurden inzwischen abgestellt und durch weitere Importe aus Berlin, Dresden und Rotterdam (ex-Wien) ersetzt, welche wiederum seit 2023 durch die neuen Pesa Twist-Niederflurbahnen abgelöst werden.

nothing due to lack of funds and the poor condition of the tramcars. Instead, eight trolleybuses, also requisitioned from Odessa, were put into service on a route to the railway station in May 1943 followed by a second route to the military hospital. However, in September 1944 Soviet forces occupied Craiova and the trolleybuses and associated equipment had to be returned to Odessa, leaving Craiova reliant on diesel buses until the establishment of the current tramway in 1987.

The primary purpose of the tramway was to provide high-capacity transportation for workers at the large industrial zones on the city's periphery. It runs broadly northwest to southeast across the city, skirting the northern edge of the historic centre, but passing the city's university and national theatre. The central section between Han Craioviţa and Pod Electro runs along the centre of a broad dual-carriageway road, much of it lined with communist-era apartment blocks. The tracks on this section were relaid in 2011, mostly either side of a grassed median strip, but relocated onto a flyover above Piaţa Unirii.

North of the Han Craioviţa turning loop and depot access, the line runs on reserved track at the side of the DN6/E79 highway, firstly through the Cernelle northern industrial zone to a turning loop at CLF and then through open countryside to the Işalniţa industrial zone. The eastern end of the line beyond Pod Electro runs partly on-street and partly on roadside reservation serving the eastern industrial zone and terminating at the Ford works.

Contracts were let in 2022 for the modernisation of the tracks and wiring on the reserved-track sections along Strada Henry Ford and between Han Craioviţa and CLF. As of May 2023 these works were in progress with tram services running between Han Craioviţa and Pod Electro only (route 100).

49 Timiş 2 motor car + trailer sets were delivered to Craiova between 1987 and 1989, some of which were modernised by local firm Electroputere in the 1990s. The last of these cars ran in passenger service in 2007. In 1998, ten second-hand Tatra KT4D cars were acquired from Berlin followed in 2001 by 19 Tatra T4D/B4D cars from Leipzig and in 2005 by 11 Rathgeber cars from Munich. These cars were replaced by further imports from Berlin, Dresden and Rotterdam (ex-Vienna) which were in turn withdrawn in 2023 upon the entry into service of a new fleet of Pesa Twist low-floor trams.

CRAIOVA (Judeţul Dolj)

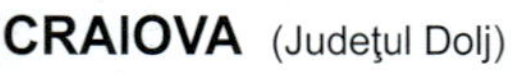

 340 000

 T 1987

 1435 mm

 T 16.5 km

 T 3

 RAT Craiova
www.rat-craiova.ro

#660 (ex-Wien #4767/Rotterdam #660) @ Han Craioviţa (Foto Christopher Hecht, 2017)

#209 (ex-Dresden #224 260)
@ Viitorul > Pod Electro
(Foto Christopher Hecht, 2017)

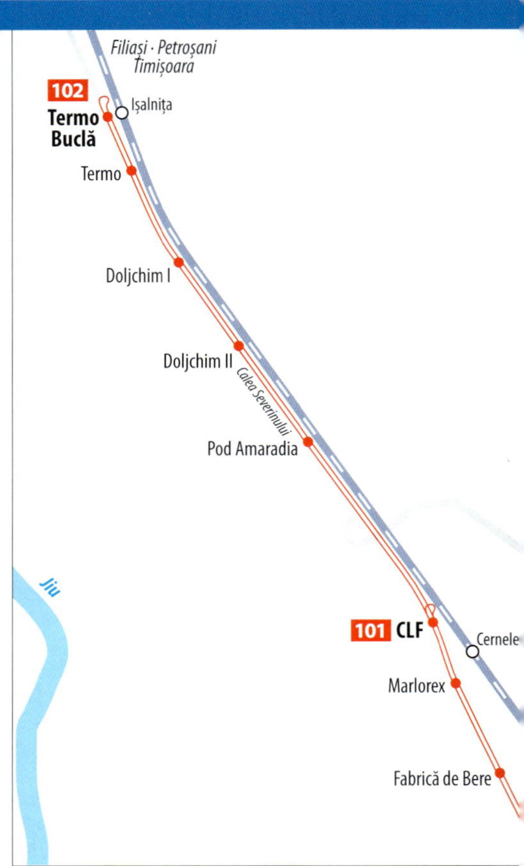

#1002 @ Şcoala Decebal

#109 (ex-Berlin # 9134) @ Şcoala Decebal > Casa Tineretului (Foto Christopher Hecht, 2017)

#1005 @ Piaţa Centrala

CRAIOVA > Fahrzeuge | *Rolling Stock* (600 V DC)

Nummer *Number*	Anzahl *Quantity*	Hersteller *Manufacturer*	Typ *Class*	Länge *Length*	Breite *Width*	Ausgeliefert *Delivered*	Anmerkungen *Notes*
101...110*	5	ČKD Tatra	KT4D	18.1 m	2.2 m	1978	ex-Berlin 1992/98
207, 209*	2	ČKD Tatra	T4D-MT	14.0 m	2.2 m	1971	ex-Dresden 2007
651...660*	7	SGP	E_1	20.3 m	2.2 m	1971	ex-Wien/Rotterdam 2005
1001-1017	17	Pesa	Twist 145N	27 m	2.3 m	2022-2023	

* alle inzwischen abgestellt | *all now withdrawn*

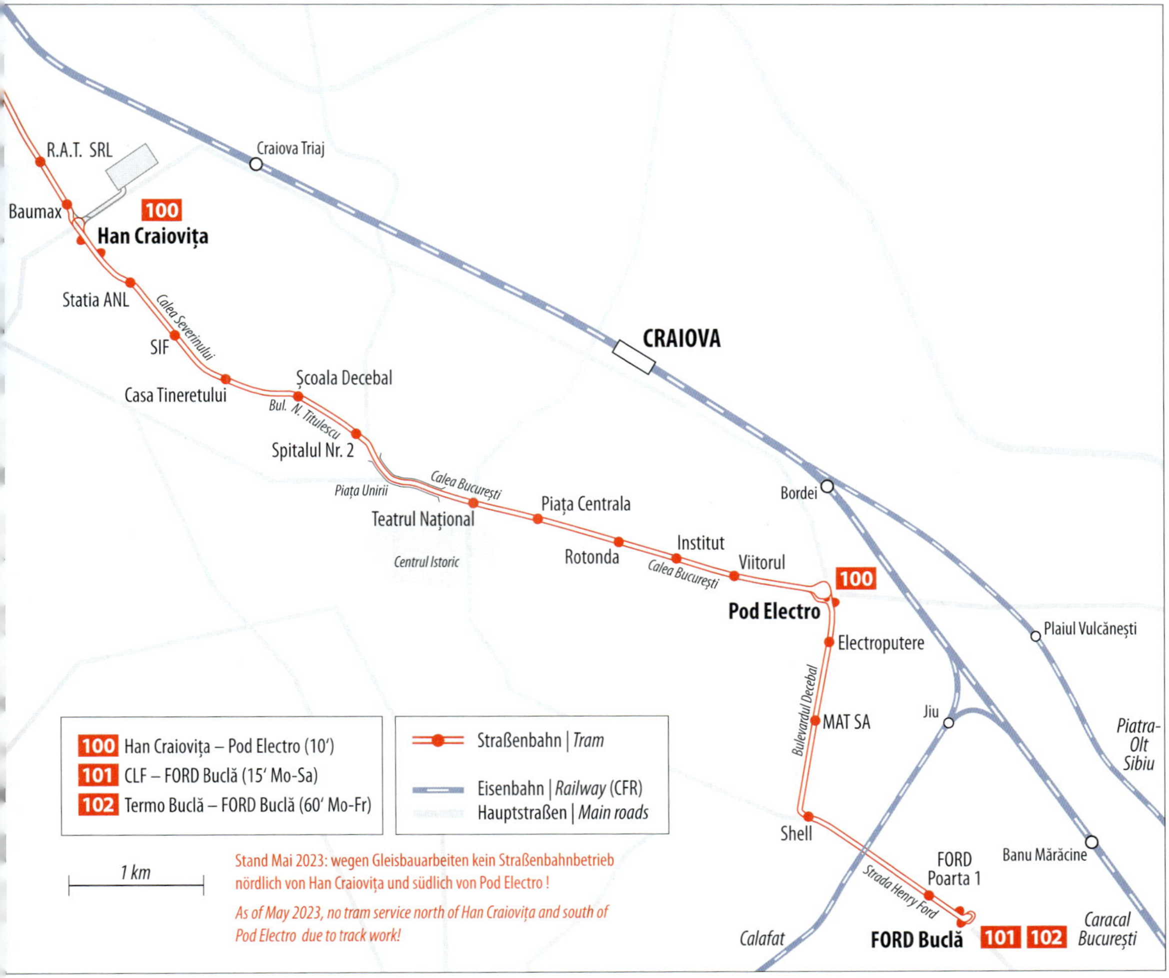

R.A.T. SRL
Craiova Triaj
Baumax
100
Han Craioviţa
Statia ANL
Calea Severinului
SIF
Casa Tineretului
Şcoala Decebal
Bul. N. Titulescu
Spitalul Nr. 2
CRAIOVA
Calea Bucureşti
Piaţa Unirii
Teatrul Naţional
Piaţa Centrala
Centrul Istoric
Rotonda
Institut
Calea Bucureşti
Viitorul
Bordei
100
Pod Electro
Electroputere
Plaiul Vulcăneşti
Bulevardul Decebal
MAT SA
Jiu
Piatra-Olt Sibiu
Shell
Banu Mărăcine
FORD Poarta 1
Strada Henry Ford
Calafat
FORD Buclă
101 102
Caracal Bucureşti

100 Han Craioviţa – Pod Electro (10')
101 CLF – FORD Buclă (15' Mo-Sa)
102 Termo Buclă – FORD Buclă (60' Mo-Fr)

Straßenbahn | *Tram*
Eisenbahn | *Railway* (CFR)
Hauptstraßen | *Main roads*

1 km

Stand Mai 2023: wegen Gleisbauarbeiten kein Straßenbahnbetrieb nördlich von Han Craioviţa und südlich von Pod Electro !

As of May 2023, no tram service north of Han Craioviţa and south of Pod Electro due to track work!

Autentic #1866 @ Baia Comunală

GALAŢI

Galaţi (*dt.* Galatz) ist ein Binnenhafen am linken Ufer der Donau, 150 km stromaufwärts vom Schwarzen Meer und nur 15 km vom Länderdreieck Rumänien, Moldawien und Ukraine entfernt. Brăila liegt 20 km südlich und Bukarest 190 km südwestlich. In Galaţi, einem der wichtigsten Häfen des Landes, liegt die größte Werft Rumäniens.

Viele Gebäude aus dem 19. und frühen 20. Jahrhundert wurden während des Zweiten Weltkriegs zerstört und ein Großteil des historischen Zentrums wurde vom kommunistischen Nachkriegsregime im sozialistischen Stil wiederaufgebaut. Im Zuge der Industrialisierung in der Nachkriegszeit entstand Rumäniens größtes Eisen- und Stahlwerk.

Die Stadt verteilt sich auf drei Ebenen: im Osten zwischen Donau und Brateş-See der Hafen, der Bahnhof, die Werft und andere, teils verfallene Industrieanlagen; westlich davon und etwas höher gelegen das historische Zentrum und die Wohnviertel aus der Zeit vor 1950; und wiederum etwas höher die zwischen 1960 und 1990 errichteten Plattenbausiedlungen. Noch weiter westlich erstreckt sich das Stahlwerk auf einem Plateau, das von der Stadt über eine 1,1 km lange Straßenbrücke erreicht wird, die früher auch von der Straßenbahn genutzt wurde.

Das städtische Unternehmen *Transurb* betreibt Straßenbahnen, Obusse und Busse. 60 Minuten lang gültige Tickets kosten 2,50 Lei und sind an Kiosken und Fahrscheinautomaten erhältlich. Tageskarten werden nicht angeboten.

Galaţi is an inland port situated on the left bank of the Danube, 150 km upstream from the Black Sea and 15 km from Romania's border with Moldova and Ukraine. Brăila lies 20 km to the south and Bucharest 190 km to the southwest. It is home to Romania's largest shipyard as well as being one of its chief ports for imports and exports.

Many 19th and early 20th century buildings were destroyed during WW2 and much of the historic centre was rebuilt in socialist style by the post-war communist regime. The post-war period also saw extensive industrialisation including the construction of Romania's largest iron and steel works.

The city is built on three riverbank terraces. The historic centre and pre-1950 residential districts are situated on the middle terrace while the lower terrace to the east (between the Danube and Lake Brateş) is occupied by the port, railway station, shipyard, and other industrial premises (some now derelict). The western part of the city, which extends onto the third upper terrace, mainly comprises apartment blocks built between 1960 and 1990 to house industrial workers. Further to the west, the steelworks is situated on a plateau, reached from the city via a 1.1 km road bridge, formerly used by trams.

Municipally-owned company Transurb operates tram, trolleybus and bus services. Tickets valid for 60 minutes cost 2.50 lei from kiosks or machines. There is no day pass.

#1263 (ex-Rotterdam #838) @ Piața Energiei

Linie	Strecke
7	Piața Centrală – Micro 19 (18-19′)
39	Cimitir Isrealit – Micro 19 (12-15′)
44	Piața Centrală – COMAT (26-34′)

Stand Mai 2023: wegen Gleisbauarbeiten kein Straßenbahnbetrieb nördlich von COMAT!

As of May 2023, no tram service north of COMAT due to track work!

Ștefan cel Mare
Depot Traian
Bariera Traian
102
39 Cimitir Israelit
Arcașilor
Bârlad
Lacul Brateș
Parc CFR
Galmopan
Bul. George Coșbuc
Str. Traian
Strada Domnească
44 COMAT
Patinoar
Micro 39
Bul. H. Coandă
Bul. Traian Vuia
Bloc L6
Moldova Ukraina
Liceul Nr. 3
Calea Prutului
Str. 1 Decembrie 1918
GALAȚI
Filești
Posta Veche
Baia Comunală
Mașniță
Anghel Saligny
Bul. Basarabiei
Port
Combinat Stahlwerk Steelworks
Piața Energiei
I.C. Frimu
Bul. George Coșbuc
Str. Traian
Str. Tecuci
7 44 Piața Centrală
Bul. Siderurgiștilor
IREG
Centru
Gheorghe Doja
Strada Brăilei
Spitalul de Copii
Str. Gh. Asachi
Stadionul Oțelul
Flora
Prelungirea Brăilei
Dunărea
Cimitir Sf. Lazăr
Str. Frunzei
Frunzei
Sala Sporturilor
Strada Brăilei
Bloc 0
Str. Oțelarilor
Bloc D19
Micro 19
102
Oțelarilor
Micro 19
7 39
Donau · Danube
Lacul Cătușa
Mărășești Iași Ploiești
Brăila București

Straßenbahn | *Tram*
Obus | *Trolleybus*
- außer Betrieb | *out of service*
Eisenbahn | *Railway* (CFR)
Hauptstraßen | *Main roads*
Fähre | *Ferry*

1 km

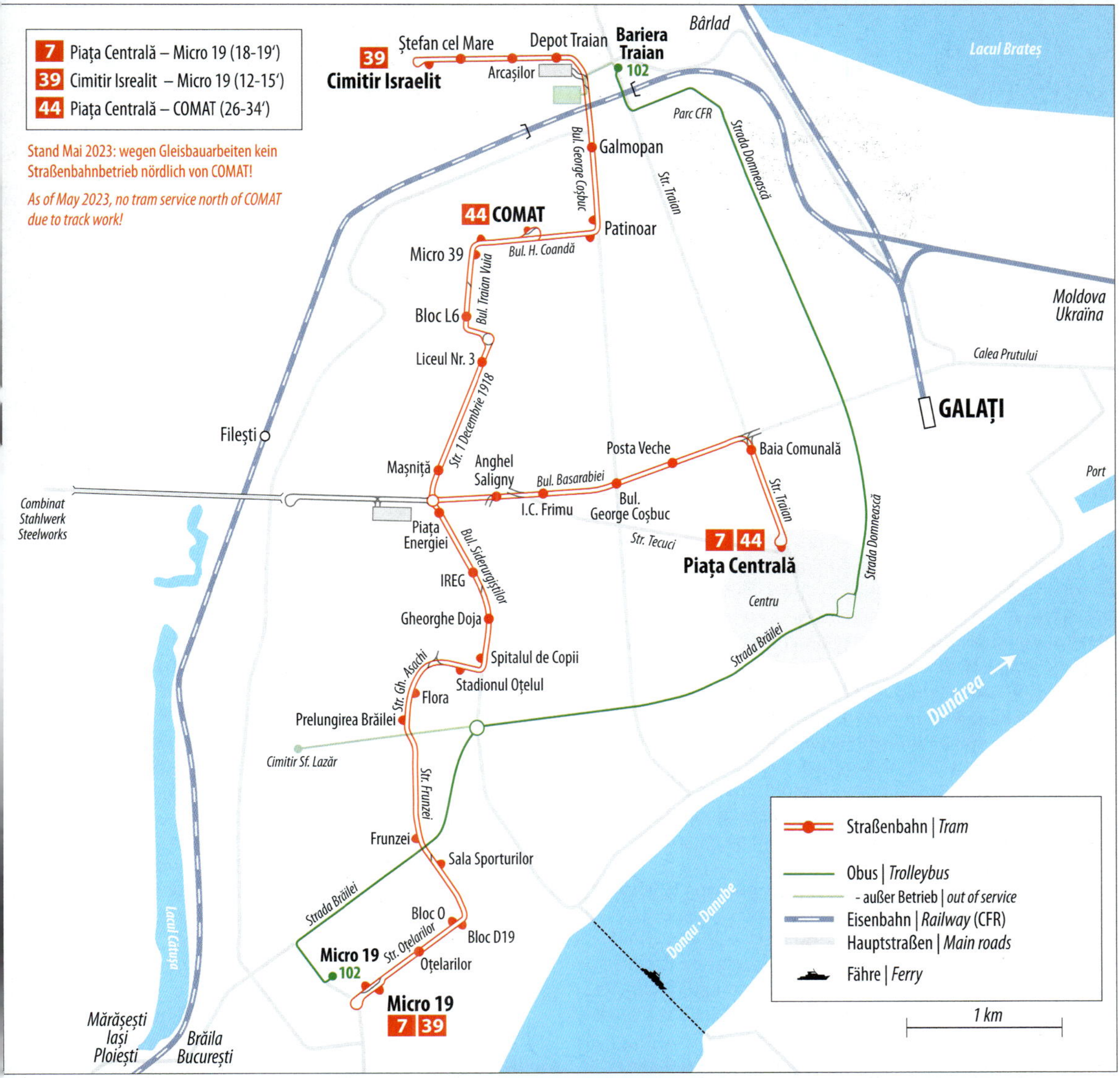

GALAŢI > Fahrzeuge | *Rolling Stock* (750 V DC)

Nummer *Number*	Anzahl *Quantity*	Hersteller *Manufacturer*	Typ *Class*	Länge *Length*	Breite *Width*	Ausgeliefert *Delivered*	Anmerkungen *Notes*
1251-1265, 1527-1536	25	Duewag	ZGT6	22.8 m	2.3 m	1985-1988	ex-Rotterdam 2008/2012
1852...1872	8	Astra	Autentic	18.6 m	2.4 m	2021	

STRASSENBAHN

Die erste elektrische Straßenbahn von Galaţi wurde 1900 von einem belgischen Unternehmen eröffnet. Das Netz hatte eine Spurweite von 1000 mm und umfasste zunächst fünf Linien, die vom Stadtzentrum zum Hafen, zum Bahnhof und entlang der Hauptverkehrsstraßen der Stadt fuhren. 1908 betrug die Gesamtnetzlänge 12,8 km.

In der Zwischenkriegszeit gab es noch eine gewisse Erweiterung des Netzes, doch in den 1960er Jahren wurde beschlossen, ein normalspuriges Netz zu errichten, um die neuen Industriegebiete und Wohnsiedlungen anzuschließen. Bis 1968 waren die Straßenbahnen aus dem Stadtzentrum, dem Hafengebiet und dem wichtigsten Ost-West-Boulevard Strada Brăilei verschwunden, bevor 1971 die erste Linie mit einer Spurweite von 1435 mm zwischen dem Stahlwerk und den westlichen Vorstädten eröffnet wurde (sie endete in einer heute nicht mehr bestehenden Schleife südlich von Georghe Doja). Mitte der 1970er Jahre folgte eine Ost-West-Strecke quer durch die Stadt zum östlichen Industriegebiet (Calea Prutului).

Der Meterspurbetrieb endete Mitte/Ende der 1970er Jahre, während das Normalspurnetz durch Umspurung einiger Meterspurstrecken und den Bau neuer Abschnitte erweitert wurde, etwa zum Bahnhof, zum Hafen, Cimitir Israelit und weiter in die westlichen Wohnviertel (Micro 19, KOMAT). Ende der 1980er Jahre erreichte das Netz seine maximale Größe von 28 km.

In ihrer Blütezeit gab es bis zu 30 Linien, von denen viele nur zum Schichtwechsel in den Stahlwerken und anderen Industrieanlagen verkehrten. Der Niedergang der Industrie führte jedoch bis 2018 zur Schließung der Strecken zum Hafen, zum Bahnhof, zum östlichen Industriegebiet und zum Stahlwerk.

TRAMWAY

A Belgian-owned company opened Galaţi's first tramway in 1900. The 1000 mm gauge electric system initially comprised five lines running from the city centre to the port, the railway station, and along the city's main radial roads. By 1908 the total network length stood at 12.8 km.

There was some expansion of the network in the inter-war period but in the 1960s it was decided to construct a new 1435 mm gauge system focussed on serving the city's new industrial zones and expanding western suburbs. By 1968, trams had been removed from the city centre, the port and the main east-west boulevard, Strada Brăilei, and in 1971 the first 1435 mm gauge line opened between the steelworks and the western suburbs (terminating in a loop, since abandoned, south of Georghe Doja). This was followed in the mid-1970s by an east-west line across the city to the eastern industrial zone (Calea Prutului).

Metre-gauge trams ceased running in the mid to late 1970s but the standard-gauge network was extended through the conversion of some metre-gauge lines and the construction of new lines serving the railway station, the port, Cimitir Israelit and the western residential districts (Micro 19, COMAT). By the late 1980s the network had reached its maximum extent of 28 km.

At its peak, the tramway was served by as many as 30 routes, many of which were limited services for shift changeovers at the steelworks and other industrial facilities. However, declining industrial activity subsequently contributed to the closure of much of the network with the lines serving the port, station, eastern industrial zone and steelworks all closed by 2018.

In March 2020 the whole of the remaining network was closed for reconstruction with the aid of EU funding.

#1531 (ex-Rotterdam #822) @ Oţelarilor

#1852 @ Piaţa Energiei

Im März 2020 wurde das gesamte Netz zwecks Sanierung mit Hilfe von EU-Mitteln außer Betrieb genommen. Die Linie 7 kehrte im November 2021 zurück, gefolgt von der Linie 39 (bis COMAT) im April 2022 und der Linie 44 im Januar 2023. Auf dem Abschnitt COMAT – Cimitir Israelit herrscht hingegen noch Ersatzverkehr mit Bussen.

Zwischen 1971 und 1974 wurden 50 Tatra T3R-Wagen für die Normalspurlinien gekauft und ab 1978 durch Timiş 2-Trieb- und Beiwagen ergänzt. Zwischen Mitte der 1990er Jahre und 2012 erwarb das Unternehmen gebrauchte Tatra T4D aus Magdeburg und Dresden, Duewag L und B4 aus Frankfurt am Main, Tatra KT4D aus Berlin sowie Duewag ZGT6 aus Rotterdam. Einige der Rotterdamer Wagen sind noch neben den acht Astra-Niederflurwagen, die für die Wiedereröffnung der Straßenbahn im Jahr 2021 geliefert wurden, im Einsatz. Im Mai 2023 wurde der Kauf von weiteren zehn 18 m langen Wagen ausgeschrieben.

OBUS

Der Obusbetrieb begann 1989 zwischen der Wohnsiedlung Micro 19 und Centru über die Strada Brăilei, wo früher meterspurige Straßenbahnen verkehrt waren. Eine Nordstrecke zum Parc CFR kam 1990 hinzu, ein Jahr später auch ein Westast zum Cimitir Sf. Lazăr. 2021 wurde der Fahrgastverkehr vom Parc CFR unter Nutzung der Depotzufahrt bis Bariera Traian ausgeweitet, 2022 hingegen auf dem Ast zum Cimitir Sf. Lazăr wegen geringer Nachfrage eingestellt.

Bis 2003 verkehrten Gelenk-Obusse heimischer Produktion von DAC/ROCAR, heute sind ein MAZ/ETON T203 (2008) und 17 Škoda/Solaris 26Tr (2017/18) im Einsatz.

Route 7 recommenced operation in November 2021, route 39 (south of COMAT) in April 2022 and route 44 in January 2023. As of May 2023, trams had not been reinstated north of COMAT due to ongoing work on the Depot Traian – Cimitir Israelit section.

50 Tatra T3R cars were bought for the standard-gauge lines between 1971 and 1974 and these were supplemented by Timiş 2 trams and trailers from 1978 onwards. Between the mid-1990s and 2012, the undertaking acquired second-hand Tatra T4Ds from Magdeburg and Dresden, Duewag L and B4 cars from Frankfurt am Main, Tatra KT4Ds from Berlin and Duewag ZGT6s from Rotterdam. Some of the ex-Rotterdam cars remain in service together with eight low-floor Astra cars delivered for the reopening of the tramway in 2021. In May 2023, the city launched a tender for 10 additional 18 m long low-floor trams.

TROLLEYBUS

Trolleybuses commenced running in 1989 between the Micro 19 housing estate and Centru via Strada Brăilei, which was formerly served by 1000 mm gauge trams. A northern extension opened to Parc CFR in 1990 and a western branch to Cimitir Sf. Lazăr in 1991. In 2021, trolleybuses were extended over part of the existing depot access line from Parc CFR to terminate at Bariera Traian. In 2022 the service to Cimitir Sf. Lazăr was withdrawn due to low usage.

Services were initially operated by Romanian-built DAC/ROCAR articulated trolleybuses, the last of which ran in 2003. The current fleet comprises 1 MAZ/ETON T203 (2008) and 17 Škoda/Solaris 26Tr (2017/18).

#1678 @ Micro 19

#1679 @ Strada Nicolae Bălcescu/Aleea-Mavromol

PESA Swing #2214 @ Pădurii > Târgu Cucu

IAŞI

Iaşi (*dt.* Jassy/Jasch) liegt im Nordosten Rumäniens am Fluss Bahlui, 13 km von der Grenze zu Moldawien entfernt und 320 km nordöstlich von Bukarest. Iaşi war von 1564 bis 1859 Hauptstadt des Fürstentums Moldau und die gemeinsame Hauptstadt (mit Bukarest) der Vereinigten Fürstentümer Moldau und Walachei, bis Bukarest 1862 zur Hauptstadt Rumäniens gewählt wurde.

Auch wenn Iaşi seinen früheren Hauptstadtstatus verloren hat, ist es weiterhin ein wichtiges Kultur- und Bildungszentrum mit fünf öffentlichen Universitäten und einer beträchtlichen Anzahl historischer Kirchen und anderer öffentlicher Gebäude. Trotz ihrer historischen Bedeutung konnte sich die Stadt jedoch nicht der Systematisierungs- und Industrialisierungspolitik der kommunistischen Regierung entziehen. Nach dem Zweiten Weltkrieg wuchs die Stadt schnell mit dem Bau großer Industrieanlagen südlich des Bahlui-Flusses und Arbeitersiedlungen im Süden und Westen der Stadt. Zwischen 1975 und 1985 wurde auch ein Großteil des Stadtzentrums umfassend abgerissen und neu aufgebaut, wobei jedoch die wichtigsten historischen Gebäude erhalten blieben.

Der 1870 eröffnete und vom Dogenpalast in Venedig beeinflusste Bahnhof steht unter Denkmalschutz. Züge nach Bukarest brauchen etwa 6 Stunden 15 Minuten.

Straßenbahn und Stadtbusse werden von der städtischen *CTP Iaşi* betrieben. Es besteht ein Zwei-Zonen-Tarif, wobei sich das gesamte Straßenbahnnetz in Zone 1 befindet: Einzelfahrt 3,00 Lei (120 Minuten), Tageskarte 12,00 Lei, 3-Tage-Karte 30 Lei.

Iaşi is situated in northeastern Romania on the Bahlui River, 13 km from the border with Moldova and 320 km northeast of Bucharest. It was the capital of the Principality of Moldavia from 1564 until 1859 and the joint capital (with Bucharest) of the United Principalities of Moldavia and Wallachia until Bucharest was chosen to become the capital of Romania in 1862.

Although deprived of its former capital status, Iaşi remains an important cultural and educational centre with five public universities and a significant number of historic churches and other public buildings. However, despite its historical importance, the city did not escape from the communist government's systematisation and industrialisation policies. After WW2, the city expanded rapidly with construction of large industrial zones to the south of the Bahlui River and workers' housing estates forming new southern and western suburbs. Between 1975 and 1985 there was also extensive demolition and rebuilding of much of the city centre, albeit retaining the main historic buildings.

Iaşi railway station, which opened in 1870, is a registered historical monument, its design being influenced by the Doge's Palace of Venice. Trains to Bucharest take around 6h 15m.

Urban tram and bus services are operated by CTP Iaşi, owned by the municipality. There is a two-zone fare system, but the entire tram network is within zone 1. 1-zone tickets cost 3.00 lei (120 minutes), 12.00 lei (1 day), 30 lei (3 days).

Bozankaya #2229 @ Târgu Cucu

STRASSENBAHN

1898 unterzeichnete die Stadt mit der *AEG Berlin* einen Vertrag über den Bau und Betrieb einer meterspurigen elektrischen Straßenbahn. Die erste Linie fuhr 1900 und bis 1901 erweiterte sich das Netz auf 17,3 km. Vom zentralen Knoten Târgu Cucu führten Linien strahlenförmig zum Bahnhof (Gara), nach Copou, Sărărie, Păcurari, Abator (jetzt I.P.A.), Nicolina und Socola.

Die in deutschem Besitz befindlichen Straßenbahnanlagen wurden während des Ersten Weltkriegs vom rumänischen Staat beschlagnahmt und 1920 an die Stadt Iaşi übergeben. Das Netz blieb weitgehend unverändert, bis die kommunistischen Behörden Ende der 1950er Jahre begannen, es zwecks Erschließung neuer Industriegebiete und Wohnsiedlungen neu zu gestalten. Der Ast von Podu Roş nach Nicolina wurde 1958 stillgelegt (später wiedereröffnet), gefolgt vom Ast nach Socola und den Strecken entlang der Strada Păcurari (1969) und der Strada Sărărie (1977). Die Linie zum Abator [Schlachthof] wurde 1978 verlegt, um neue Wohngebiete anzuschließen.

TRAMWAY

In 1898, Iaşi City Hall signed a contract with AEG Berlin for the construction and operation of a metre-gauge electric tramway. The first tram ran in 1900 and by 1901 the network extended to 17.3 km. The hub of the network was Târgu Cucu with lines radiating to Gara [railway station], Copou, Sărărie, Păcurari, Abator (now I.P.A.), Nicolina and Socola.

Being German-owned, the tramway assets were seized by the Romanian state during WW1 and transferred to Iaşi municipality in 1920. The network remained largely unchanged until the communist authorities commenced restructuring in the late 1950s to focus on serving the city's new industrial zones and residential suburbs. The branch from Podu Roş to Nicolina was closed in 1958 (later reopened), followed by the branch to Socola and the lines along Strada Păcurari (1969) and Strada Sărărie (1977). The line to Abator was re-routed in 1978 to serve new housing areas.

IAŞI (Judeţul Iaşi)

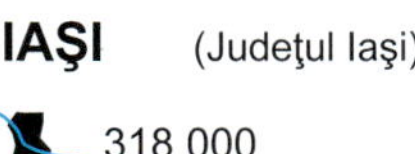
318 000

T 1900

1000 mm

T 33.5 km

T 9

Compania de Transport Public Iaşi (CTP Iaşi)
www.sctpiasi.ro

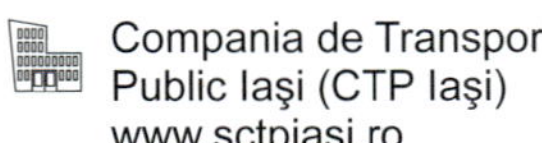
Muzeul Transportului Public Iaşi (Bus/Trolleybus Sector)

#420 (ex-Stuttgart #420) @ Sergent Grigore Ioan > Canta

IASI

#2 @ Strada Alexandru Lăpuşneanu (bei | near Piaţa Mihai Eminescu)

#804 (ex-Augsburg #804) @ Palatul Culturii

#1 @ Târgu Cucu

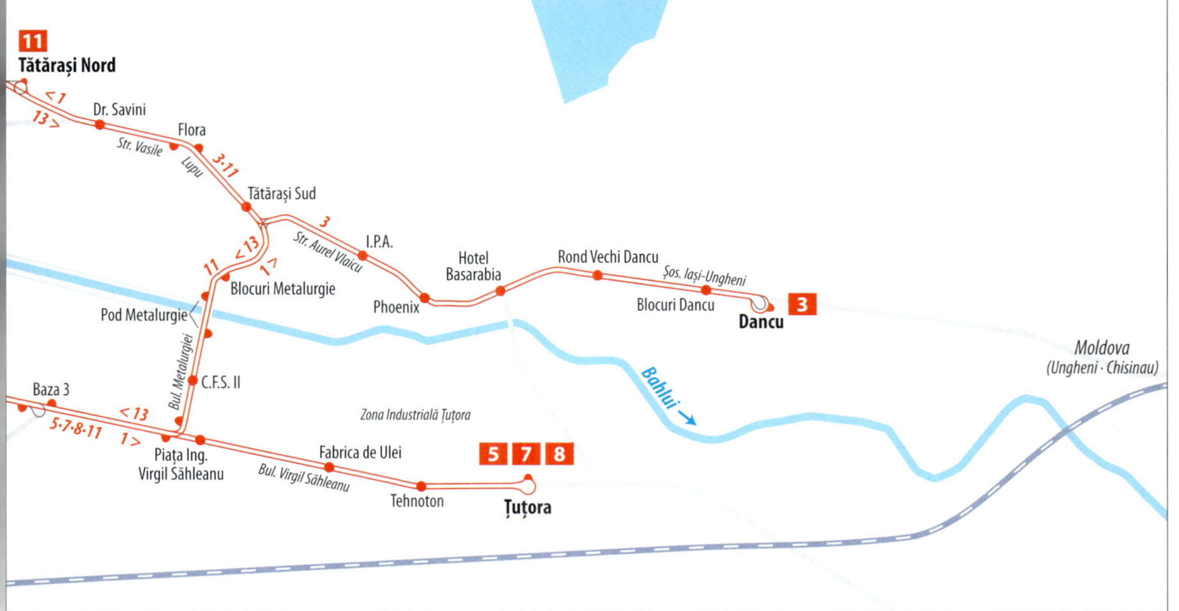

Diese Schließungen wurden jedoch durch die Eröffnung neuer Strecken ausgeglichen, beginnend 1964 mit der Linie von Podu Roş nach Baza 3 in der damals im Bau befindlichen neuen Industriezone Südost. Diese wurde 1966 zur Fabrica de Ulei und später zum Rond Ţuţora verlängert. In den 1970er und 80er Jahren entstanden zusätzliche Verbindungen ins Industriegebiet (über Tudor Vladimirescu und Pod Metalurgie) sowie neue Linien zu den Plattenbauvierteln Nicolina, Dacia, Canta und Dancu sowie zur Schwermaschinenfabrik CUG (*Combinatul de Utilaj Greu Iaşi*) im Süden der Stadt. Im Jahr 1985 wurde auch ein 23 km langes Obusnetz eingerichtet, das bis 2006 bestand.

1989 war das Straßenbahnnetz mit 20 Linien (einschließlich 5 verkürzten Linien) am größten, aber mangelnde Wartung wurde zu einem Problem. Der 3,4 km lange Abschnitt zwischen Podu Roş und CUG 2 (heute Tehno-

These closures were offset, however, by the opening of new lines, commencing in 1964 with the line from Podu Roş to Baza 3 in the new southeastern industrial zone, then under construction. This was extended to Fabrica de Ulei in 1966 and later to Rond Ţuţora. Further large-scale expansion took place in the 1970s and 80s with the opening of additional links to the industrial zone (via Tudor Vladimirescu and Pod Metalurgie) and new lines serving the Nicolina, Dacia, Canta and Dancu apartment block housing districts and the CUG (Combinatul de Utilaj Greu Iaşi) heavy equipment plant to the south of the city. In 1985, a 23 km trolleybus network was established which lasted until 2006.

By 1989 the tram network was at its greatest extent, served by 20 routes (including 5 short-workings) but lack of maintenance became a problem. The 3.4 km section

#278 (ex-Darmstadt #7602) @ Târgu Cucu

#298 (ex-Mülheim an der Ruhr #294) @ Dancu

polis) wurde 1997 wegen des schlechten Gleiszustands geschlossen und erst 2015 wiedereröffnet, nachdem hier zwischenzeitlich (2002-2006) Obusse fuhren. Die einzige dauerhafte Stilllegung der letzten Jahre war die 1,1 km lange Uferstrecke zwischen Podu Roş und Podu de Piatră.

Die meisten Gleise liegen straßenbündig ohne Trennung vom Individualverkehr. Die einzigen Ausnahmen sind der Abschnitt zwischen Tesătura und Rond Ţuţora im Industriegebiet auf dem begrünten Mittelstreifen einer mehrspurigen Straße sowie ein kurzer, der Straßenbahn vorbehaltener Abschnitt im hügeligen Viertel östlich von Pădurii.

Der Netzausbau der 1970er und 1980er Jahre ging einher mit der Beschaffung größerer Wagen als Ersatz für die bisherigen zweiachsigen Triebwagen und Beiwagen. 70 neue Tatra T4R-Wagen kamen zwischen 1977 und 1981, gefolgt von 48 Timiş 2-Einheiten, nachdem die Regierung weitere Importe ausländischer Fahrzeuge verboten hatte. 1992 lieferte ITB einen Prototyp des V2A-Gelenkwagens in Meterspur, woraufhin 24 gebrauchte Wagen dieses Typs aus Cluj-Napoca und Oradea übernommen und in Iaşi auf Meterspur umgebaut wurden. Zwischen 1997 und 2019 wurden Gebrauchtfahrzeuge aus Deutschland und der Schweiz importiert, darunter viele ursprünglich für Stuttgart gebaute GT4-Einheiten, die immer noch der häufigste Typ in Iaşi sind. Ein GT4 wurde 2013 von *Electroputere* modernisiert, aber es folgten keine weiteren. Seit 2021 erhält die Stadt ihre ersten Niederflurbahnen, sowohl von Pesa als auch von Bozankaya. Im Mai 2023 wurde der Kauf von weiteren 18 Niederflurbahnen (22 m lang) ausgeschrieben.

Das Verkehrsmuseum Iaşi besitzt eine Sammlung von elf historischen Straßenbahnen, die jedoch noch nicht öffentlich ausgestellt sind, lediglich Schneekehrwagen Nr. 2 ist im Stadtzentrum zu sehen. Allerdings sind der AEG-Nachbauwagen Nr. 1 sowie Triebwagen Nr. 100 vom Typ Vo56 (die „Tramvaiul Comunismului") zu besonderen Anlässen unterwegs. Die Bus/Trolleybus-Sparte des Museums ist im CTP-Busdepot (samstags geöffnet) in der Nähe der Straßenbahnhaltestelle Tudor Vladimirescu untergebracht.

between Podu Roş and CUG 2 (now Tehnopolis) was closed in 1997 due to the poor condition of the track and only reopened in 2015, having been served by trolleybuses for a few years in the interim (2002-06). However, the only permanent closure in recent years was the 1.1 km riverside line between Podu Roş and Podu de Piatră.

Most tracks run along the centre of single-carriageway roads, unsegregated from general traffic. The only exceptions are the dual-carriageway section between Tesătura and Rond Ţuţora in the industrial zone where the tracks are laid on the grassed central reservation and a short tram-only section in the hilly district just east of Pădurii.

The network expansion of the 1970s and 80s was accompanied by the acquisition of higher capacity cars to replace the previous two-axle cars and trailers. 70 new Tatra T4R cars arrived between 1977 and 1981 followed by 48 Timiş 2 sets, after the government banned further imports of foreign cars. In 1992, ITB supplied a prototype metre-gauge V2A articulated car and the company then acquired a further 24 used cars of the same type from Cluj-Napoca and Oradea which were converted to metre-gauge in Iaşi. Between 1997 and 2019, the company imported second-hand vehicles from Germany and Switzerland, including many GT4 units, originally from Stuttgart, that are still the most numerous type in the fleet. One of the GT4s was modernised by Electroputere in 2013 but no further examples followed. Since 2021 the city has received its first low-floor trams, with deliveries from both Pesa and Bozankaya, and in May 2023 a tender was launched for 18 additional 22 m long low-floor trams.

The Iaşi Public Transport Museum has a collection of 11 historic trams. These are not as yet on public display, except for snow sweeping car #2 in the city centre. However, replica AEG tram #1 and class Vo56 #100 (the 'Communist Tram') are operated for special events. The museum's Bus/Trolleybus Sector occupies premises within the CTP bus depot near Tudor Vladimirescu tram stop (open Saturdays).

IAŞI > Fahrzeuge | *Rolling Stock* (600 V DC)

Nummer *Number*	Anzahl *Quantity*	Hersteller *Manufacturer*	Typ *Class*	Länge *Length*	Breite *Width*	Ausgeliefert *Delivered*	Anmerkungen *Notes*
101...147, 324...459	73	Esslingen	GT4	18.8 m	2.2 m	1959-1965	ex-Stuttgart, Halle, Augsburg, Nordhausen 2000-12
275...282	6	Waggon-Union	ST10	21.4 m	2.4 m	1977	ex-Darmstadt 2007-08
285-288, 296...299	8	Duewag	M6D	20.4 m	2.3 m	1984-1992	ex-Essen-Mülheim 2018-19
289-295	7	Duewag	M8C	26.6 m	2.3 m	1990	ex-Essen-Mülheim 2018
801...812	10	MAN	GT8	25.4 m	2.2 m	1976	ex-Augsburg 2009/2012
2201-2216	16	Pesa	Swing 122NaJ	30.5 m	2.35 m	2021	
2217-2232	16	Bozankaya		30.0 m	2.35 m	2021-2023	

#131 (ex-Stuttgart #511 > Halle #870) @ Ţuţora

SIBIU – RĂŞINARI TRAMWAY

220 km nordwestlich von Bukarest in der historischen Provinz Siebenbürgen befindet sich die 7 km lange eingleisige meterspurige Sibiu-Răşinari-Straßenbahn. Es gibt keinen regelmäßigen Betrieb, die Strecke ist jedoch in betriebsbereitem Zustand und gelegentlich finden zu besonderen Anlässen Fahrten statt. Die Strecke verläuft am Straßenrand zwischen dem Dorf Răşinari und Dumbrava, einem bewaldeten Erholungsgebiet mit Zoo am südlichen Stadtrand von Sibiu (*dt.* Hermannstadt).

Die Strecke wurde 1948 als Verlängerung der städtischen Straßenbahn von Sibiu eröffnet, die jedoch 1970 stillgelegt wurde. Nach Ende des Überlandverkehrs im Jahr 2011 übernahm die Gemeinde Răşinari* die Strecke sowie drei Genfer Straßenbahnen (Baujahr 1951). 2017/18 wurden zwei Zweirichtungswagen aus Aigle-Bex und von der Atterseebahn (ursprünglich von der Birsigthalbahn, Basel) beschafft und 2018 ein reiner Sonntagsverkehr eingeführt, der jedoch nur etwa ein Jahr dauerte.

Da es kein Depot gibt, steht das einzige betriebsbereite Fahrzeug, ex-Attersee Tw. 26111, normalerweise vor dem Tourismusbüro von Răşinari. 2022 waren die außer Betrieb befindlichen Fahrzeuge aus Aigle-Bex und Genf an den Endstationen Dumbrava und Răşinari zu sehen.

Situated 220 km northwest of Bucharest, in the historical province of Transylvania, the 7 km 1000 mm gauge single-track Sibiu – Răşinari interurban tramway has no regular service but is maintained in operational condition and occasionally operated for special events. The line follows a roadside alignment between the village of Răşinari and Dumbrava, a forested recreational area with a zoo on the southern outskirts of Sibiu.

The line opened in 1948 as an extension of the Sibiu urban tramway which closed in 1970. Following the withdrawal of the interurban service in 2011, the Răşinari local authority took on responsibility for the line together with three ex-Geneva trams (built 1951). In 2017/18, two bi-directional cars were acquired from Aigle-Bex and Attersee (originally ex-Birsigthalbahn, Basel) and in 2018 a Sunday-only service was introduced, but it only lasted for about a year.*

There is no depot so the only operational car, ex-Attersee #26111, is normally parked outside the Răşinari tourist office. At the time of writing the out-of-service ex-Aigle-Bex and Geneva cars could be seen at the Dumbrava and Răşinari termini.

#26111 (ex-Stern & Hafferl, Atterseebahn) (Foto Bernhard Kußmagk)

*[primaria-rasinari.ro]

#307 @ Casa de Cultură > Emanuil Gojdu (mit elektrischer Güterlok Nr. 3 | *with electric freight loco no.3*)

ORADEA

Oradea (*dt.* Großwardein, *ung.* Nagyvárad) liegt in der Region Crişana (*dt.* Kreischgebiet), 435 km nordwestlich von Bukarest und nur 12 km von der ungarischen Grenze entfernt.

1692 ging die Herrschaft über die Stadt vom Osmanischen Reich an die Habsburger über, die ab Mitte des 18. Jahrhunderts begannen, sie im Barockstil umzubauen. Das Stadtzentrum liegt zu beiden Seiten des Flusses Crişul Repede, der historische Kern mit engen Einkaufsstraßen befindet sich nördlich des Flusses und die Piaţa Unirii, umgeben von Bürgerhäusern und Kirchen, am Südufer.

Mit Ende des Ersten Weltkriegs kam Oradea zu Rumänien, kehrte aber während des Zweiten Weltkriegs (1940-44) vorübergehend an Ungarn zurück. Unter kommunistischer Herrschaft (1945-89) wurde die Stadt ein wichtiger Industriestandort und ihre Bevölkerung stieg von 82.000 im Jahr 1948 auf einen Höchststand von 222.000 (1992). Die Zuwanderung vor allem in die großen Stadtrandsiedlungen veränderte das ethnische Gefüge der Stadt, denn Rumänen bildeten um 1970 erstmals die Mehrheit. Heute ist der Anteil ethnischer Ungarn auf etwa 25% gesunken.

Oradea hat mehrere tägliche Zugverbindungen zu den Straßenbahnstädten Arad, Cluj-Napoca und Timişoara, aber weniger häufige Fernverbindungen zu anderen Teilen Rumäniens sowie nach Budapest oder Wien.

Straßenbahn und Stadtbusse werden vom städtischen Unternehmen *Oradea Transport Local* (OTL) betrieben. Eine Einzelfahrt kostet 3,00 Lei, 2-Fahrt-Karten 6,00 Lei und Tageskarten 15,00 Lei.

Oradea (Hungarian - Nagyvárad) is situated in the Crişana region, 435 km northwest of Bucharest. The centre of the city is only 12 km from the Hungarian border.

In 1692 control of the city passed from the Ottoman Empire to the Habsburgs who, from the mid-18th century, set about rebuilding it in Baroque style. The city centre lies either side of the Crişul Repede River; the historic core with narrow shopping streets is on the north side of the river and the large Piaţa Unirii surrounded by civic buildings and churches is on the south side.

At the end of WW1 Oradea became part of Romania but was temporarily returned to Hungary during WW2 (1940-44). Under communist rule (1945-89), the city's industrial base was significantly expanded, and its population increased from 82,000 in 1948 to a peak of 222,000 (1992). The influx of new settlers, mostly accommodated in large peripheral housing estates, changed the city's ethnic balance with Romanians becoming the majority population around 1970. Today, the proportion of ethnic Hungarian residents has fallen to around 25%.

Oradea has several daily trains to the tramway cities of Arad, Cluj-Napoca and Timişoara and less frequent longer-distance services to other parts of Romania, Budapest and Vienna.

Local tram and bus services are operated by a municipal enterprise, Oradea Transport Local (OTL). Single-trip tickets cost 3.00 lei, 2-trip tickets 6.00 lei and 1-day passes 15.00 lei.

ORADEA
(Judeţul Bihor)

207 000

T 1906

1435 mm

T 20 km

T 3 (05/2023)

OTL
(Oradea Transport Local)
www.otlra.ro

#210 & #202 (ex-Berlin #6083 & #9072) @ Pod CFR

Stand Mai 2023: wegen Gleisbauarbeiten kein Straßenbahnbetrieb entlang der Str. Republicii, Str. Independenţei und Str. D. Cantemir! Es verkehren bis auf Weiteres die folgenden Linien:

As of May 2023, no tram service along Strada Republicii, Str. Independenţei and Str. D. Cantemir due to track work! Until further notice, the following routes are operating:

- **1S** Pod CFR – Sinteza (30′)
- **4** Pod CFR – Nufărul (4-6′)
- **8** Pod CFR – Ioşia (15′)

STRASSENBAHN

Wie in Ungarn üblich, wurde die Straßenbahn von Oradea viele Jahre sowohl für den Güter- als auch für den Personenverkehr genutzt. 1882 nahmen dampflokbespannte Güterzüge den Betrieb auf Straßengleisen auf, die Industrieanlagen südlich der historischen Festung mit dem Bahnhof Velenza (heute Oradea Est) auf der Hauptstrecke Oradea – Cluj verbanden. Bis zur Jahrhundertwende erreichte diese Güterbahn mit ihren zahlreichen Ästen eine Gesamtlänge von 6,7 km. 1905 erhielt ihr Betreiber NVV - *Nagyváradi Városi Vasút* [Großwardeiner Stadt-Bahn] die Genehmigung, die Strecke zu elektrifizieren und zusätzliche Linien für den Personenverkehr zu bauen.

Elektrische Straßenbahnen wurden 1906 auf einem 6,5 km langen Netz mit vier Linien, die von der Piaţa Szent László (der heutigen Piaţa Unirii) ausgingen, in Betrieb genommen. Eine Linie erstreckte sich nach Norden durch die historische Innenstadt zum Hauptbahnhof und eine andere verlief nach Osten zum Bahnhof Velenza und nutzte teilweise die Gleise der bestehenden Güterbahn.

Nachdem Oradea rumänisch geworden war, baute die nun als *Calea Ferată Orăşenească Oradea Mare* [Städtische Eisenbahn] bekannte Gesellschaft das Netz schrittweise aus, so dass 1940 acht Straßenbahnlinien auf einem 19,3 km langen Netz unterwegs waren, rund 6 km im Mischverkehr mit Güterzügen, dazu kamen 21,9 km nur für den Güterverkehr.

Nach dem 2. Weltkrieg integrierte das kommunistische Regime die Bahn in das kommunale Unternehmen *Întreprinderii Comunale „12 octombrie“*. Zwei neue Strecken in den Nordwesten der Stadt wurden 1948 eröffnet (heute größtenteils verschwunden), wodurch das Netz in den

TRAMWAY

As was common practice in Hungary, Oradea's tramway was used for both freight and passenger transport for many years. In 1882, steam-hauled freight trains commenced operating over street track linking industrial premises to the south of the city's historic fortress with Velenza station (now Oradea Est) on the Oradea – Cluj main line. By the turn of the century this freight line and its numerous branches extended to 6.7 km and in 1905 its operator, NVV - Nagyváradi Városi Vasút [Nagyvárad City Railway], gained permission to electrify the line and to construct additional lines for passenger use.

Electric trams commenced operating in 1906 over a 6.5 km network of four lines radiating from Piaţa Szent László (today's Piaţa Unirii); one line extended northwards through the historic city centre to the main station and another ran eastwards to Velenza station, partly sharing the tracks of the existing freight line.

The passenger and freight lines were gradually extended by the company, known as Calea Ferată Orăşenească Oradea Mare [Oradea City Railway] following the transfer from Hungary to Romania, so that by 1940 it operated eight tram routes over a 19.3 km network, around 6 km of which was shared by freight trains, together with an additional 21.9 km of freight-only lines.

After WW2, the communist regime merged the company into a municipal enterprise known as Întreprinderii Comunale '12 octombrie'. Two new lines were opened in 1948 serving the northwestern side of the city (now mostly discontinued), bringing the network to its maximum extent of 27.3 km with eleven routes in operation during the 1950s.

#225 (ex-Berlin #9478) & #307 @ Ioşia

1950er Jahren seine maximale Ausdehnung von 27,3 km mit elf Linien erreichte.

In den frühen 1960er Jahren wurde im Zuge der Stadterweiterung eine Umstrukturierung des Straßenbahnnetzes beschlossen, um zukünftige Industrie- und Wohngebiete anzuschließen. So verschwand die Straßenbahn nach und nach aus schmaleren, überlasteten Straßen im Zentrum und in den inneren Bezirken, während neue Strecken auf eigenem Gleiskörper entlang breiterer Straßen in den Außenbezirken entstanden. Die erste Stilllegung erfolgte 1960, die letzte 1994, als der Mischbetrieb zum Bahnhof Oradea Est und somit auch der Güterverkehr endete.

Das heutige Netz besteht aus einem 6,25 km langen, meist straßenbündigen Ring um die Innenstadt zwischen Piaţa Unirii im Süden und Gara Centrală [Hbf] im Norden; dazu kommen drei Äste sowie eine Tangentialstrecke im Süden. Der Nordwestast wurde schrittweise zwischen 1972 und 1982 eröffnet, um die große Wohnsiedlung Rogerius und das Industriegebiet Zona Vest anzuschließen. Der Südostast stammt von 1909-11, er wurde 1979 in die zweitgrößte Wohnsiedlung der Stadt, Nufărul, verlängert. Der Westast nach Ioşia aus dem Jahr 1972 führt durch ein Viertel mit traditionellen Einfamilienhäusern und verläuft auf eigenem Gleiskörper in Straßenmitte und nicht wie sonst üblich am Straßenrand. Im Jahr 2021 wurde eine 3,8 km lange Verbindung zwischen den Ästen nach Nufărul und Ioşia über die Universität in Betrieb genommen, davon 2,3 km mit Rasengleis.

Derzeit sind große Teile des Netzes zwecks Sanierung außer Betrieb, darunter die seit 1986 im Uhrzeigersinn mit schwarzen Liniennummern (1N/3N) und gegen den Uhrzeigersinn mit roten bezeichneten Ringlinien (1R/3R).

In the early 1960s, plans were approved for the expansion of Oradea and the restructuring of the tram network to focus on serving proposed new industrial and residential districts. Thus, trams were gradually removed from narrower congested streets in the historic centre and inner districts while new extensions were built on reserved track along wider roads in the suburbs. The first closure occurred in 1960 and the most recent in 1994 when the shared passenger/freight line to Oradea Est was lifted, also bringing the undertaking's freight operations to an end.

Today's network comprises a 6.25 km mainly on-street loop around the central area, linking Piaţa Unirii in the south with Gara Centrală in the north, together with three radial lines which feed into the loop and a southern orbital line. The northwestern line was opened in stages between 1972 and 1982 to serve the large Rogerius housing estate and the Zona Vest industrial area; the southeastern line opened in 1909-11 and was extended in 1979 to serve the city's second largest housing estate at Nufărul; and, the western line to Ioşia opened in 1972, serving an area of traditional low-rise housing. The latter runs on reserved track along the centre of the carriageway rather than the usual roadside arrangement. In 2021, a 3.8 km link was opened between the Nufărul and Ioşia lines via the university, of which 2.3 km is on grassed reservation.

At the time of writing a significant part of the network is out of service for modernisation resulting in the withdrawal of circular services around the central loop (since 1986 designated with either black route numbers (1N,3N) for clockwise or red numbers (1R, 3R) for anti-clockwise.

#44 (ex-Magdeburg #1206) @ Pod CFR (1S Shuttle)

Vor dem 2. Weltkrieg bestand der Wagenpark aus zweiachsigen Triebwagen und Beiwagen mit Holzaufbauten, von denen einige in umgebauter Form bis Mitte der 1970er Jahre überlebten. In den 1950er Jahren wurden vierachsige V54-Wagen von *Electroputere* und zweiachsige V56/V58-Triebwagen und Beiwagen von ITB (Bukarest) geliefert, doch in den 1970er Jahren wurden Wagen mit höherer Kapazität benötigt. So wurde der gesamte Fuhrpark zwischen 1975 und 1990 durch 4-achsige Timiş 2-Triebwagen und Beiwagen ersetzt. In den 1990er Jahren mangelte es diesen Fahrzeugen aufgrund der Schließung der *Electrometal Timişoara*-Werkstatt an Ersatzteilen, weshalb sie alle bis 1998 durch gebrauchte Tatra T4D/B4D- und KT4D-Fahrzeuge aus Deutschland ersetzt wurden. 2008/09 kaufte OTL zehn neue 24 m lange ULF-Bahnen von Siemens und wurde damit neben Wien der einzige Kunde dieses Fahrzeugtyps. Man kehrte dann zu Gebrauchtwagen zurück und importierte 2017-18 weitere 30 Berliner KT4D-Wagen. Es folgten 20 neue 3-teilige Niederflurwagen des Typs Astra Imperio, die 2020-21 in Dienst gestellt wurden.

Das Unternehmen betrieb insgesamt fünf elektrische Güterlokomotiven, von denen die letzte 1994 ausgemustert wurde. Die Lok Nr. 3 (Bj. 1905), die nach dem 1. Weltkrieg aus Deutschland kam, ist nahe der Straßenbahnhaltestellen Casa de Cultură/Emanuil Gojdu ausgestellt und eine der ursprünglichen Loks aus dem Jahr 1906 steht auf einem Sockel im Tramdepot.

Oradea's pre-WW2 tram fleet consisted of wooden-bodied two-axle motor cars and trailers, some of which survived in rebuilt form until the mid-1970s. The 1950s saw the arrival of four-axle V54 cars from Electroputere and two-axle V56/V58 cars and trailers from ITB (Bucharest) but by the 1970s higher capacity cars were needed. Thus between 1975 and 1990 the entire fleet was replaced by 4-axle Timiş 2 motor cars and trailers. By the 1990s these cars were suffering from a lack of spare parts due to the closure of the Electrometal Timişoara workshop and they were all withdrawn from service by 1998, being replaced by second-hand Tatra T4D/B4D and KT4D cars from Germany. OTL purchased ten new 24 m long Siemens ULF (ultra-low floor) trams in 2008-09, becoming only the second operator of this type, despite the large number delivered to Vienna. The company then reverted to second-hand cars, importing a further 30 ex-Berlin KT4D cars in 2017-18. These were followed by 20 new Astra Imperio 3-section low-floor cars which entered service in 2020-21.

The company operated a total of five electric freight locomotives, the last of which were retired in 1994. Loco No. 3, (built 1905), which came from Germany after WW1, is on display on a short length of track near Casa de Cultură/Emanuil Gojdu tram stops and one of the company's original locos dating from 1906 is on a plinth within the tram depot.

ORADEA > Fahrzeuge | *Rolling Stock* (600 V DC)

Nummer *Number*	Anzahl *Quantity*	Hersteller *Manufacturer*	Typ *Class*	Länge *Length*	Breite *Width*	Ausgeliefert *Delivered*	Anmerkungen *Notes*
6, 44	2	ČKD Tatra	T4DM, T4D-Z	14.0 m	2.2 m	1976-1978	ex-Magdeburg 2001-2013
50-59	10	Siemens	ULF 151	24.2 m	2.4 m	2008-2009	
200-229	30	ČKD Tatra	KT4DM	18.1 m	2.2 m	1980-1986	ex-Berlin 2017-2018
301-320	20	Astra	Imperio	27.2 m	2.4 m	2020-2021	

#308 @ Piaţa Unirii

Tram Parade @ Depot: #304, #19, #215, #58

#077 (ex-Potsdam #029) @ Piața Mihai Viteazul

PLOIEŞTI

Die weltweit erste große Ölraffinerie wurde 1857 in Ploieşti, 60 km nördlich von Bukarest, in Betrieb genommen, was die Stadt zwischen den beiden Weltkriegen zu Europas führendem Ölproduzenten und als solches zum Ziel schwerer alliierter Bombardierungen während des Zweiten Weltkriegs machte.

Nach dem 2. Weltkrieg war Ploieşti eine der ersten rumänischen Städte, die gemäß den „Systematisierungs"-Plänen des kommunistischen Regimes umgebaut wurden, darunter die Neugestaltung des Zentrums und der Bau zahlreicher Plattenbausiedlungen, insbesondere im Westen der Stadt, sowie mehrerer großer Industriegebiete an der Peripherie. In und um Ploieşti findet man immer noch vier Ölraffinerien, die über Pipelines mit Bukarest und den Häfen von Constanţa und Giurgiu verbunden sind.

Ploieşti ist ein Eisenbahnknotenpunkt, an dem sich die Hauptstrecken von Bukarest nach Siebenbürgen und Moldawien verzweigen. Ploieşti (Sud) wurde 1872 eröffnet, aber im Zweiten Weltkrieg zerstört und in den 1950er Jahren wieder aufgebaut. Ploieşti Vest wurde 1930 eröffnet, um zu vermeiden, dass die Züge von Bukarest nach Siebenbürgen in Ploieşti (Sud) Kopf machen müssen.

In Ploieşti gab es bis zur Einführung der Straßenbahn 1987 ausschließlich Dieselbusse, Obusse kamen 1997 hinzu. Betreiber ist die kommunale *Transport Călători Express*; eine einfache Fahrt kostet 2,50 Lei, eine Tageskarte 6,00 Lei.

The world's first large-scale oil refinery opened in Ploieşti, 60 km north of Bucharest, in 1857 and the city became Europe's leading oil producer between the two world wars. As such, it was the target of heavy Allied bombardment during WW2 which inflicted considerable damage on the city.

Post-WW2, Ploieşti was one of the first Romanian cities rebuilt in accordance with the communist regime's 'systematisation' plans, with a remodelled city centre, many prefabricated housing blocks particularly on the western side of the city, and several large industrial complexes on the periphery. Although less important than previously, there are still four oil refineries in and around Ploieşti, linked to Bucharest and the ports of Constanţa and Giurgiu by pipeline.

Ploieşti is a railway junction where the main lines from Bucharest to Transylvania and Moldavia diverge. Ploieşti (Sud) opened in 1872 but was destroyed during WW2 and rebuilt in the 1950s. Ploieşti Vest was opened in 1930 to avoid the need for Bucharest – Transylvania trains to reverse at Ploieşti (Sud).

Local transport in Ploieşti was provided entirely by diesel buses until trams were introduced in 1987, followed by trolleybuses in 1997. Services are operated by Transport Călători Express, owned by the municipality. Fares are 2.50 lei for a single trip and 6.00 lei for a day pass.

#102 (ex-Berlin #219 363/ex-Potsdam #102) @ Covurlui

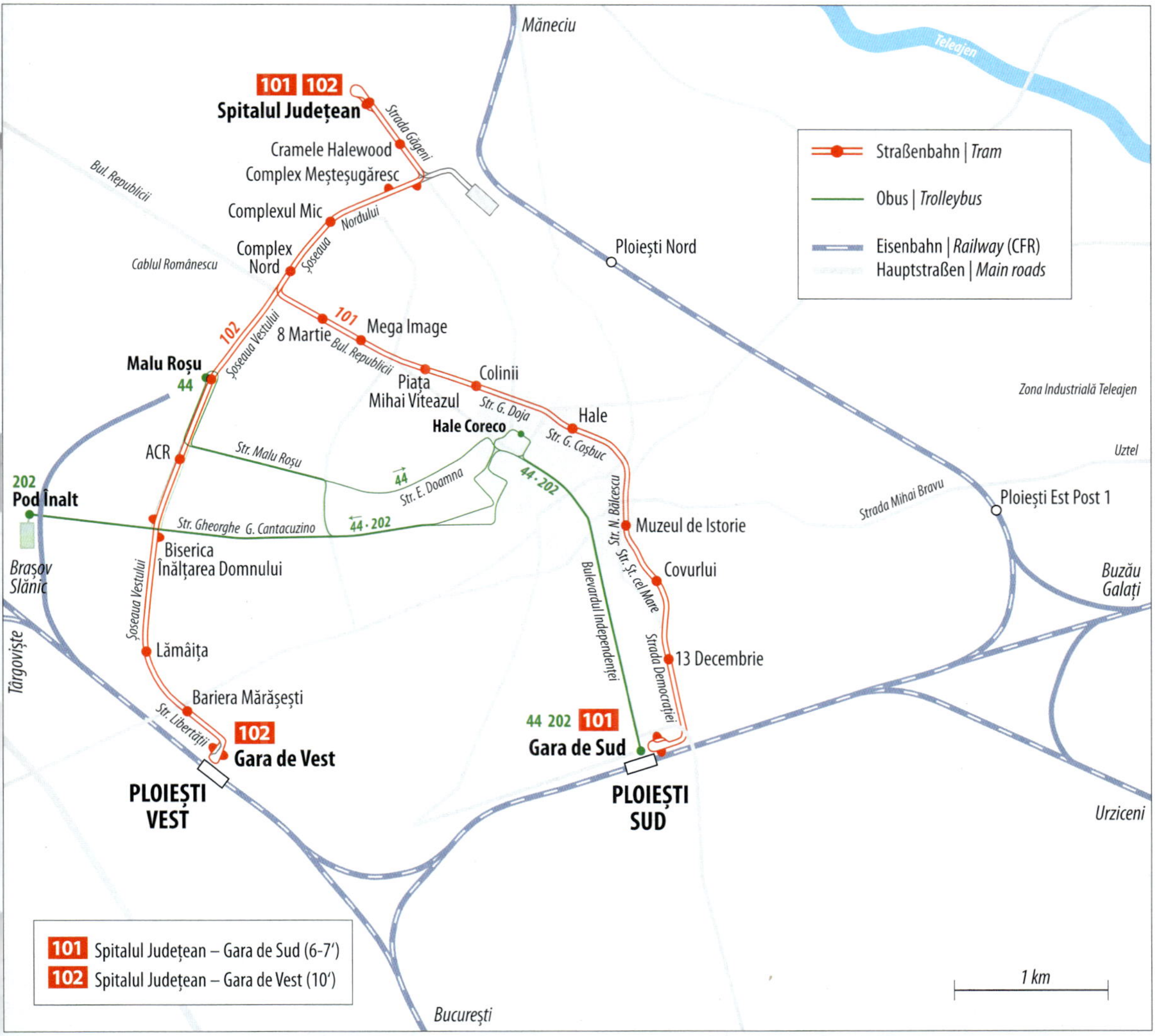

Straßenbahn | *Tram*

Obus | *Trolleybus*

Eisenbahn | *Railway* (CFR)

Hauptstraßen | *Main roads*

101 Spitalul Județean – Gara de Sud (6-7')

102 Spitalul Județean – Gara de Vest (10')

1 km

PLOIEŞTI > Fahrzeuge | *Rolling Stock* (600 V DC)

Nummer *Number*	Anzahl *Quantity*	Hersteller *Manufacturer*	Typ *Class*	Länge *Length*	Breite *Width*	Ausgeliefert *Delivered*	Anmerkungen *Notes*
070...099	23	ČKD Tatra	KT4D	18.1 m	2.2 m	1977-1983	ex-Potsdam 1996-2002
100-106	7	ČKD Tatra	KT4DM	18.1 m	2.2 m	1985	ex-Potsdam 2002
bestellt | *on order*	*20*	*Pesa*	*Jazz*	*18.0 m*			

#078 (ex-Potsdam #039) @ Gara de Sud

STRASSENBAHN

Die Straßenbahn von Ploieşti war eine von denen, die im Rahmen des Elektrifizierungsprogramms für öffentliche Verkehrsmittel unter Ceauşescu gebaut wurden, um die Abhängigkeit von Kraftstoffimporten zu verringern. Die erste Linie wurde im Oktober 1987 zwischen Spitalul Judeţean [Bezirkskrankenhaus] und Gara de Sud eröffnet, gefolgt von Linien zum Gara de Vest, zu Cablul Românescu [Kabelfabrik] sowie zu Uztel, einem der Betriebe neben der großen Ölraffinerie im weitreichenden Teleajen-Industriegebiet. Zur Blütezeit erreichte das Netz eine Länge von 16,2 km mit acht Linien. Wie andere rumänische Straßenbahnen dieser Zeit wurde sie jedoch schlecht gebaut, so dass Infrastruktur und Fahrzeuge Anfang der 2000er Jahre so heruntergekommen waren, dass es zu mehreren Entgleisungen kam.

Die 0,5 km lange Westverlängerung entlang des Bul. Republicii zum Kabelwerk wurde 1998 stillgelegt, 2003 folgte die 5,4 km lange Oststrecke entlang der Str. Mihai Bravu bis Uztel – beide hatten aufgrund der rückläufigen Industrietätigkeit Fahrgäste verloren. 2009 schlug der Bürgermeister vor, die Linie 101 zu schließen, aber nach Bürgerprotesten wurden EU-Mittel für die Sanierung der beiden verbliebenen Linien bereitgestellt. Das gesamte Netz ging

TRAMWAY

Ploieşti's tramway was one of those built as part of Ceauşescu's public transport electrification programme designed to reduce reliance on imported fuel supplies. The first line opened between Spitalul Judeţean [County Hospital] and Gara de Sud in October 1987 followed by lines to Gara de Vest, Cablul Românescu [cable factory], and Uztel, the latter serving the large oil refinery and associated enterprises within the extensive Teleajen industrial zone. At its peak, the network extended to 16.2 km and was served by eight routes. However, like other Romanian tramways of this era, it was built to a poor standard and the infrastructure and rolling stock had deteriorated badly by the early 2000s, with several derailments occurring due to the state of the track.

The 0.5 km western extension along Bul. Republicii to Cablul Românescu was closed in 1998 followed in 2003 by the 5.4 km eastern line along Str. Mihai Bravu to Uztel, both having lost passengers due to declining industrial activity in the areas served. In 2009 the mayor proposed to close route 101 but following public protests EU funding was secured for the rehabilitation of both remaining routes. The whole system was closed for

#103 (ex-Berlin #219 394/ex-Potsdam #109) @ Complex Meşteşugăresc

#5932 @ Pod Înalt

#5926 & #5932 @ Depou Pod Înalt

deshalb im April 2014 außer Betrieb, die Linie 101 wurde im Dezember 2015 und die Linie 102 im September 2016 wiedereröffnet.

Der größte Teil des Netzes ist straßenbündig, aber es gibt auch Abschnitte mit Rasengleis, darunter der zentrale Abschnitts der Linie 101 und das südliche Ende der Linie 102. Die Linie 101 führt nicht direkt durch das Stadtzentrum, sondern auf relativ engen Straßen östlich des Hauptboulevards, auf dem die Obusse verkehren. Die Linie 102 verbindet Wohn- und Industrieviertel an der westlichen Peripherie der Stadt.

Ploieşti nahm 1987 den Betrieb mit 12 ITB V3A-Gelenkwagen sowie 8 Timiş 2-Triebwagen + Beiwagen auf und erwarb 1988 weitere 17 V3A-Wagen sowie 12 Timiş-Einheiten. Diese Fahrzeuge wurden alle Anfang der 2000er Jahre ausgemustert und durch Potsdamer KT4D- und KT4DM-Gelenkwagen ersetzt, die alle zwischen 2015 und 2020 modernisiert wurden. 20 Pesa-Jazz-Niederflurbahnen (18 m lang) sind bestellt.

OBUS

In Ploieşti findet man Rumäniens jüngsten Trolleybusbetrieb. Der erste Abschnitt wurde 1997 zwischen dem Stadtzentrum (Hale Coreco) und Podul Înalt am westlichen Stadtrand eröffnet, 2001 folgte eine Verlängerung vom Stadtzentrum bis zum Südbahnhof. Im Jahr 2006 wurde die Buslinie 44, die das Plattenbauviertel Malu Roşu erschließt, auf Obusbetrieb umgestellt. Heute fahren Trolleybusse von Gara de Sud über das Stadtzentrum nach Podul Înalt (Linie 202) und Malu Roşu (Linie 44).

Der Betrieb begann mit fünf neuen ROCAR E312, zu denen 1999 fünf Berliets aus St. Etienne und 2005 15 FBW-Busse aus Genf kamen. Alle diese Fahrzeuge wurden 2011 durch 24 Neoplan N6121 Niederflur-Gelenkbusse mit Diesel-Hilfsantrieb (Baujahr 2001/02) aus Lausanne ersetzt. Diese waren in der Schweiz aus dem Dienst genommen worden, nachdem zwei Feuer gefangen hatten. Sie konnten billig erworben werden und gaben dem Betrieb ein modernes Image, doch einige Fahrzeuge mussten als Ersatzteilspender herhalten. Seit 2022 sind nur noch 20 im Jahr 2021 gelieferte Solaris Trollino IV im Einsatz.

reconstruction in April 2014, with route 101 reopening in December 2015 and route 102 in September 2016.

Most of the track is on-street, unsegregated from general traffic, but there are sections of grassed reservation including the central section of route 101 and the southern end of route 102. Route 101 skirts the city centre running on relatively narrow roads to the east of the main central boulevard, which is served by trolleybuses. Route 102 serves residential and industrial districts on the western periphery of the city.

Ploieşti commenced operations in 1987 with 12 ITB V3A articulated cars and 8 Timiş 2 motor + trailer sets, acquiring a further 17 V3A cars and 12 Timiş sets in 1988. These cars were all withdrawn by the early 2000s and replaced by ex-Potsdam KT4D and KT4DM articulated cars which were all modernised between 2015 and 2020. 20 Pesa Jazz 18 m long low-floor trams are on order.

TROLLEYBUS

Ploieşti has Romania's youngest trolleybus system. The first section opened between the city centre (Hale Coreco) and Podul Înalt on the western edge of the city in 1997 and this was followed in 2001 by an extension from the city centre to Gara de Sud. In 2006 bus route 44 serving the Malu Roşu apartment block district was converted to trolleybus operation. Today trolleybuses run from Gara de Sud via the city centre to Podul Înalt (route 202) and Malu Roşu (route 44).

Operations commenced with five new ROCAR E312s which were joined in 1999 by five ex-St Etienne Berliets and in 2005 by 15 ex-Geneva FBWs. All these vehicles were replaced in 2011 by a batch of 24 ex-Lausanne Neoplan N6121 low-floor articulated bi-mode trolleybuses (built 2001/02). These were withdrawn from service in Switzerland after two had caught fire. Although acquired cheaply and presenting a modern image, it became necessary to cannibalise some vehicles to provide spare parts and all were withdrawn by 2022. The current fleet comprises 20 Solaris Trollino IV 12s delivered in 2021.

Timiş TM69E #3 @ Strada Traian Lalescu (Foto © Bernhard Kußmagk, 1996)

REŞIŢA

Reșița (*dt.* Reschitz) liegt im Tal des Flusses Bârzava in der historischen Region Banat im Westen Rumäniens, etwa 70 km südöstlich von Timişoara. Es hat eine lange Geschichte als Zentrum der Stahlerzeugung und der Herstellung von Industriemaschinen, einschließlich Dampflokomotiven (1872-1964), woran in einem Eisenbahnmuseum unter freiem Himmel mit 16 Lokomotiven erinnert wird. Nach dem 2. Weltkrieg bauten die kommunistischen Behörden das Stadtzentrum um und entwickelten neue Industriegebiete und ein großes Plattenbauviertel nördlich der alten Besiedlung.

1988 wurde eine 10 km lange straßenbündige Straßenbahn eröffnet, die die Satellitenstadt Govândari um den Bul. Republicii mit dem Stadtzentrum, den Stahlwerken und älteren Wohnvierteln im Süden verband. 1994 wurde die gesamte Strecke wegen des schlechten Zustands der Strecke und der Fahrzeuge erstmals geschlossen, der Betrieb wurde jedoch 1995 wieder aufgenommen, mit Ausnahme des Abschnitts zwischen Piaţa Republicii und Stavila, der später nur kurzzeitig wieder in Betrieb war. Ab 1996 wurden die ursprünglichen Timiş-Wagen durch Duewag GT8 aus Dortmund und Duewag N-Wagen aus Frankfurt am Main ersetzt, bis der Betrieb 2011 abermals eingestellt wurde.

Die Gleise blieben jedoch liegen und 2019 wurden EU-Mittel für die Sanierung der Straßenbahn und die Anschaffung neuer Niederflurwagen zugesichert. Die Erneuerung der Gleise hat inzwischen begonnen und die erste von dreizehn 18 m langen Durmazlar-Bahnen traf am 29. Januar 2023 in Reșița ein, der Rest wird im Laufe des Jahres erwartet. Die Wiedereröffnung ist für 2024 geplant.

Reșița is situated in the Bârzava River valley in western Romania around 70 km southeast of Timişoara. It has a long history as a centre for iron and steel-making and for manufacture of industrial machinery including steam railway locomotives (1872-1964), as commemorated in an open-air railway museum containing 16 locomotives. After WW2, the communist authorities rebuilt the city centre and developed new industrial zones and a large residential district of apartment blocks to the north of the existing settlement.

In 1988 a 10 km on-street tramway was opened connecting the satellite residential district of Govândari around Bul. Republicii with the city centre, the steel works and older residential districts in the south. In 1994 the entire system was closed due to the poor condition of the track and rolling stock, but services were reinstated in 1995, apart from the section between Piaţa Republicii and Stavila, although there was a subsequent short-lived reopening of this section. From 1996 onwards, the original Timiş cars were replaced by Duewag GT8s from Dortmund and Duewag N cars from Frankfurt am Main, but the last trams ran in 2011.

However, the track remained in place and in 2019 EU funding was secured for the rehabilitation of the tramway and the acquisition of new low-floor cars. At the time of writing, work had started on track reconstruction and the first of thirteen 18 m long Durmazlar trams arrived in Reșița on 29 January 2023, with the rest expected during the year. Reopening is scheduled for 2024.

REŞIŢA > Fahrzeuge | *Rolling Stock* (600 V DC)

Nummer *Number*	Anzahl *Quantity*	Hersteller *Manufacturer*	Typ *Class*	Länge *Length*	Breite *Width*	Ausgeliefert *Delivered*
001-013	13	Durmazlar	Panorama	18 m		2023-

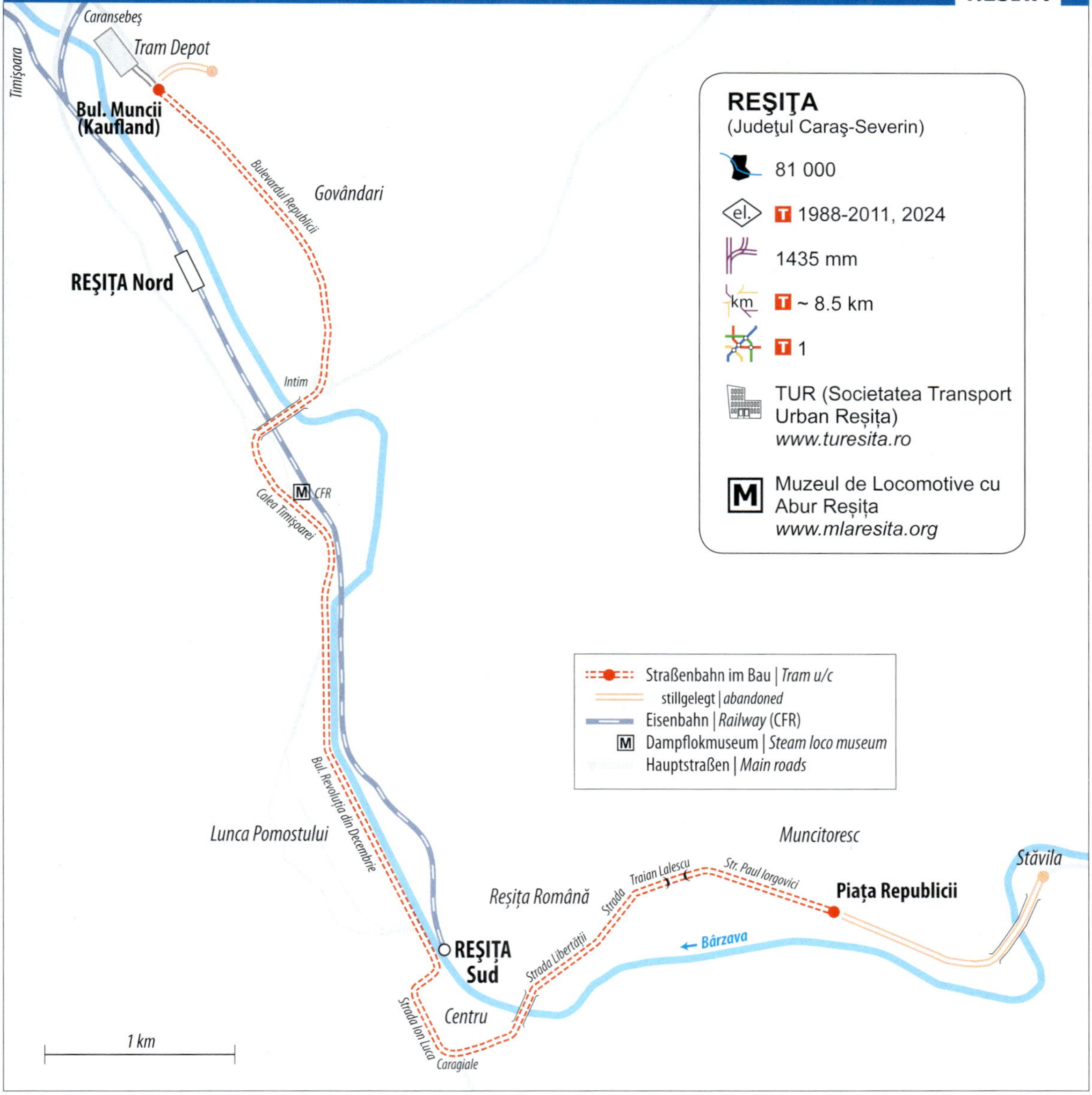

REŞIŢA
(Judeţul Caraş-Severin)

81 000

el. T 1988-2011, 2024

1435 mm

km T ~ 8.5 km

T 1

TUR (Societatea Transport Urban Reșița)
www.turesita.ro

M Muzeul de Locomotive cu Abur Reșița
www.mlaresita.org

Caransebeş
Tram Depot
Timişoara
Bul. Muncii (Kaufland)
Bulevardul Republicii
Govândari
REŞIŢA Nord
Intim
M *CFR*
Calea Timişoarei
Bul. Revoluţia din Decembrie
Lunca Pomostului
Muncitoresc
Reşiţa Română
Strada Traian Lalescu
Str. Paul Iorgovici
Piaţa Republicii
Stăvila
← Bârzava
REŞIŢA Sud
Strada Libertăţii
Centru
Strada Ion Luca Caragiale
1 km

Straßenbahn im Bau | *Tram u/c*
stillgelegt | *abandoned*
Eisenbahn | *Railway* (CFR)
M Dampflokmuseum | *Steam loco museum*
Hauptstraßen | *Main roads*

Timiş TM69E #9 @ Depot (Foto © Bernhard Kußmagk, 1996)

Panorama (Foto © Bülent Doğruyol/Durmazlar)

#10xx @ Piaţa Mocioni

TIMIŞOARA

Timişoara (*dt.* Temeswar/Temeschwar), die größte Stadt im Westen Rumäniens, liegt nahe der ungarischen und serbischen Grenze in der historischen Region Banat, 410 km von Bukarest entfernt. Die Stadt erstreckt sich beiderseits des Bega-Kanals mit zahlreichen Gebäuden, Plätzen und Gärten aus der Habsburgerzeit. 1989 lösten Proteste in Timişoara die rumänische Revolution aus, die zum Sturz des kommunistischen Regimes führte.

Nach der Eingliederung ins Habsburgerreich 1718 wurde ein Befestigungsring um die Stadt errichtet und die Bebauung innerhalb einer militärischen Sperrzone verboten. Auch wenn die Mauern zwischen 1891 und 1902 abgerissen wurden, ist ihr Verlauf noch an der kreisförmigen Struktur von Straßen und Parks erkennbar. Um die Altstadt mit neuen Stadtteilen außerhalb der Sperrzone zu verbinden, führte Timişoara 1869 Pferdestraßenbahnen ein. 1899 folgten elektrische Straßenbahnen und 1942 Obusse.

Das historische Zentrum von Timişoara entging den schlimmsten Auswüchsen der „Systematisierung", aber wie in den meisten rumänischen Städten entstanden in der kommunistischen Zeit große Industriegebiete und Wohnsiedlungen, die durch Straßenbahn- und Obuslinien erschlossen wurden.

Straßenbahn, Obusse und Busse werden von der kommunalen *Societatea de Transport Public Timişoara* (STPT), ehemals *Regia Autonomă de Transport Timişoara* (RATT), betrieben. 60-Minuten-Tickets kosten 4 Lei, Tageskarten 15 Lei. Seit 2018 gehört auch ein „Vaporetto" auf dem Bega-Kanal (V1 Ardealul – Mihai Viteazu, 6,6 km, 9 Haltestellen) zum ÖPNV-Angebot.

Timişoara, the largest city in western Romania, is situated close to the Hungarian and Serbian borders, 410 km from Bucharest. It lies on the Bega Canal and has an attractive array of Habsburg-era buildings, squares, parks and gardens. In 1989, anti-government protests in Timişoara sparked the Romanian revolution which led to the overthrow of the communist government.

Following its incorporation into the Habsburg Empire in 1718, circular fortifications were completed around the city and development was prohibited within a military exclusion zone around the city walls. Although the walls were demolished between 1891 and 1902, their location is still evident from the circular pattern of roads and parks around the city centre. To connect the city with new districts beyond the exclusion zone, Timişoara introduced horse trams in 1869. Electric trams started running in 1899 and trolleybuses in 1942.

Timişoara's historic centre escaped the worst excesses of 'systematisation', but as with most Romanian cities the suburbs expanded significantly in the communist period with the development of large industrial plants and high-density housing estates, served by extensions of the tram and trolleybus networks.

Tram, trolleybus, and bus services are operated by municipally-owned Societatea de Transport Public Timişoara (STPT), formerly Regia Autonomă de Transport Timişoara (RATT). Tickets valid for 60 minutes cost 4 lei; one-day passes cost 15 lei. Since 2018 the company has also operated a 'vaporetto' waterbus service on the Bega Canal (V1 Ardealul – Mihai Viteazu, 6.6 km, 9 stops).

#2013 (ex-München #2013) @ Piaţa 700 > Piaţa Libertatii

TIMIŞOARA (Judeţul Timiş)

315 000

el. T 1899 Tr 1942

1435 mm

km T 31.3 km Tr 35 km

T 6 Tr 9

STPT (Societatea de Transport Public Timişoara)
www.stpt.ro

M Muzeul de Transport Public Corneliu Mikloşi
www.ratt.ro/muzeuCM.html

Straßenbahn | *Tram*
- außer Betrieb (Wiederaufbau geplant)
- *currently out of service (reconstruction planned)*
- geplant | *planned*

Obus | *Trolleybus*
- ohne Oberleitung | *without overhead wires*

Eisenbahn | *Railway* (CFR)

Hauptstraßen | *Main roads*

Vaporetto Endstelle | *terminus*

Stand Mai 2023: wegen Gleisbauarbeiten kein Straßenbahnbetrieb auf dem Ast nach Torontal und entlang der Calea Stan Vidrighin!

As of May 2023, no tram service on the branch to Torontal and along Calea Stan Vidrighin due to track work!

1·8 normale Linienführung | *normal route*
6·8 aktuelle Umleitung | *current diversion*

1 Gara de Nord – Staţia Meteo (15-25′)
2 Shopping City – Staţia Meteo (15-25′)
4 Torontal – Ciarda Roşie (außer Betrieb | *out of service*)
6 Ringlinie | *Circle Line* (13-15′) (Ersatzlinie | *replacement line*)
7 Torontal – Dâmboviţa (13-14′)
8 Gara de Nord – Piaţa Gh. Domăşnean (12-13′)
9 Gara de Nord – Piaţa Gh. Domăşnean (12-16′)

1 km

#3523 (ex-Bremen #3523) & #2030 (ex-München #2030) @ Gara de Nord

STRASSENBAHN

1869 wurden zwei Pferdestraßenbahnen in Betrieb genommen, die das Stadtzentrum mit dem Fabric-Viertel im Osten und dem Losefin-Viertel im Südwesten verbanden. 1871 wurde die Losefin-Strecke bis Gara de Nord [Nordbahnhof] verlängert, wodurch die Gesamtnetzlänge auf 6 km wuchs. 1899 wurde das Netz elektrifiziert und mehrere Äste kamen hinzu, es verkehrten fünf Linien (10,3 km). 1904 kaufte die Stadt die Straßenbahn und baute das Netz bis 1915 größtenteils zweigleisig aus.

Von 1916 bis in die 1970er Jahre fuhren auch Güterzüge auf der Straßenbahnstrecke zwischen dem Bahnhof Fabric (heute Timişoara Est) und Banatim, wo insgesamt 4,2 km Abstellgleise verschiedener Industrieanlagen lagen, u.a. der Brauerei und des städtischen Schlachthofs. Eisenbahnwaggons wurden von straßenbahneigenen „Steeplecab"-E-Loks (L1-L3) gezogen. Die L2 aus dem Jahr 1928 wurde 2007 restauriert und auf einen Sockel in der Brauerei gestellt, während die L1 (Bj. 1916, zur Schienenschleifmaschine umgebaut) und L3 (Bj. 1954) im Freien im ehemaligen Ionescu-Depot stehen und auf eine Restaurierung warten.

Abgesehen von den Industrieanschlussgleisen gab es von 1899 bis in die 1920er Jahre keine größeren Veränderungen im Netz, bis eine Ringlinie entlang der Strada 1 Decembre 1918 sowie Verlängerungen nach Westen zum Mehala-Viertel, nach Süden bis Fratelelia und nach Osten bis UMT und Victor Babeş eröffnet wurden. Nach dem Zweiten Weltkrieg gab es eine weitere Ausbauphase mit Strecken bis Ronaţ (1948), Piaţa Veteranilor über Drubeta (1951-54), Freidorf (1954) sowie zwischen UMT und Victor Babeş, wodurch eine östliche Schleife entstand (1959).

Die nächste Netzerweiterung erfolgte in den 1970er Jahren mit der Eröffnung der Dâmboviţa-Betriebswerkstatt (1972), gefolgt von Neubaustrecken zur Piaţa Gheorghe

TRAMWAY

Two horse tram routes were inaugurated in 1869 linking the city centre with the Fabric district to the east and the Losefin district to the southwest. In 1871 the Losefin route was extended to Gara de Nord [North Station], taking the total route length to 6 km. In 1899 the system was electrified, and several branches were opened increasing the network to 10.3 km served by five routes. The municipality purchased the tramway in 1904 and commenced double-tracking which was mostly completed by 1915.

From 1916 until the 1970s, freight trains ran on the tramway between Fabric railway station (now Timişoara Est) and Banatim where 4.2 km of sidings served various industrial premises including the Timişoara brewery and the municipal abattoir. Railway wagons were hauled by tramway-owned steeplecab electric locomotives (L1-L3). L2, dating from 1928, was restored in 2007 and is displayed on a plinth at the brewery while L1 (1916), since converted to a rail grinder, and L3 (1954) are stored in the open at the former Ionescu depot awaiting possible restoration.

Apart from the industrial sidings, there were no major changes to the network from 1899 until the 1920s when a circular line opened along Strada 1 Decembre 1918 and lines were extended west to the Mehala district, south to Fratelelia and east to UMT and Victor Babeş. There was another period of expansion after WW2 including lines to Ronaţ (1948), Piaţa Veteranilor via Drubeta (1951-54), Freidorf (1954) and between UMT and Victor Babeş, forming an eastern loop (1959).

Further expansion commenced in the 1970s with the opening of Dâmboviţa depot and works (1972), followed by extensions to Piaţa Gheorghe Domăşnean (1973), Torontal (1974-76) and Ciarda Roşie (1987). The most

#3539 @ Catedrala

Domăşnean (1973), nach Torontal (1974-76) und Ciarda Roşie (1987). Nach der Verbindung zwischen Transilvania und Piaţa Gheorghe Domăşnean 1989-91 wurde zuletzt 2020 der Abzweig zur Shopping City Timişoara eröffnet.

1989 wurden die Straßenbahnen zwecks Schaffung einer Fußgängerzone im Stadtzentrum von der Piaţa Victoriei herausgenommen, sie fahren nun über Spitalul de Copii. Ebenso stillgelegt wurden eine 4,3 km lange Linie vom Depou Dâmboviţa nach Südwesten bis Freidorf/Abator (eröffnet 1954/88 – geschlossen 2009) und die eingleisige Ronaţ-Linie, die seit 2017 außer Betrieb ist, aber derzeit saniert wird.

In der Innenstadt ist die Straßenbahn meist straßenbündig, in den Außenbereichen steht jedoch meist ein eigener Gleiskörper, am Straßenrand oder auf dem Mittelstreifen, zur Verfügung. Seit 1995 wurde ein Großteil der Gleise erneuert, und zwischen 2004 und 2010 fand eine umfassende Sanierung statt. Derzeit sind die Abschnitte zwischen Banatim und Gh. Domășnean sowie zwischen Piaţa 700 und Torontal zwecks Gleiserneuerung außer Betrieb.

Am Ende des Ersten Weltkriegs befand sich der Vorkriegswagenpark in einem schlechten Zustand, so dass eine eigene Werkstatt gegründet wurde, um Wagen zu reparieren und ab 1922 neue zu bauen. Anfangs entstanden so zweiachsige Triebwagen und Beiwagen, ab 1950

recent extensions opened between Transilvania and Piaţa Gheorghe Domăşnean in 1989-91 and to Shopping City Timişoara in 2020.

In 1989 trams were diverted from Piaţa Victoriei in the city centre as part of a pedestrianisation scheme and now run via Spitalul de Copii. Other significant closures include a 4.3 km line southwest from Depou Dâmboviţa to Freidorf/Abator (opened 1954/88 – closed 2009) and the single-track Ronaţ line which closed in 2017 but is currently under reconstruction.

Most tracks are on-street in the inner city but reserved tracks, both roadside and median strip, predominate in outer areas. There has been extensive track replacement since 1995 with a major modernisation programme undertaken between 2004 and 2010. At the time of writing there was no service between Banatim and Gh. Domășnean and between Piaţa 700 and Torontal due to track replacement work.

By the end of WW1, the pre-war fleet was in poor condition and a company workshop was established to repair and build new cars, producing its first new car in 1922. Early vehicles were 2-axle trams and trailers with the first bogie cars built in 1950. Locally built cars were supplemented by Electroputere V54 bogie cars from 1955 and ITB V058 2-axle cars in the 1960s.

TIMIŞOARA > Fahrzeuge | *Rolling Stock* (600 V DC)

Nummer *Number*	Anzahl *Quantity*	Hersteller *Manufacturer*	Typ *Class*	Länge *Length*	Breite *Width*	Ausgeliefert *Delivered*	Anmerkungen *Notes*
1001-1021	21	Bozankaya		30.0 m	2.3 m	2021-2023	
2034, 3008	2	Rathgeber	P3.16, P3.17	16.7 m	2.35 m	1967-1968	ex-München 2001-2002
3426...3479, 3623...3648	27	Hansa	GT4	17.6 m	2.3 m	1963-1968	ex-Bremen 1995-1998
3502...3559	26	Astra, Electoputere	Armonia GT4	17.5 m	2.3 m	1973-1977*	ex-Bremen 2002-2010
3523, 3546**	2	Wegmann	GT4f	16.7 m	2.3 m	1976-1977	ex-Bremen 2007/2010
3738 (Beiwagen | *trailer*)	1	Wegmann	GT4f	16.7 m	2.3 m	1976	ex-Bremen 2010

* umgebaute Wegmann-Wagen | *rebuilt Wegmann cars* 2015-2019 ** 3546 Party Tram

#10xx @ Piaţa Traian

#3504 @ Piaţa Libertatii

auch Drehgestellwagen. Zu den Eigenbauten kamen ab 1955 V54-Drehgestellwagen von *Electroputere* und in den 1960er Jahren VO58-Zweiachser von ITB.

1972 begann der Straßenbahnbetrieb mit der Produktion von Timiş 2-Drehgestellwagen für den Einsatz in Timişoara und anderen rumänischen Städten (die Herstellung von Straßenbahnwagen wurde 1977 an *Electrometal Timişoara* übertragen). Insgesamt wurden in Timişoara bis zur Einstellung der Produktion im Jahr 1990 134 Timiş 2-Triebwagen und 123 Beiwagen in Dienst gestellt, die jedoch alle bis 2005 aus dem Fahrgastverkehr genommen wurden.

Ab den 1990er Jahren kamen deutsche Gebrauchtwagen, etwa aus Düsseldorf, Karlsruhe, Frankfurt am Main oder München, hauptsächlich aber Hansa- und Wegmann-Wagen aus Bremen nach Timişoara. Zwischen 2015 und 2019 wurden 30 Wegmann-Wagen von *Astra Vagoane* oder *Electroputere* zu Armonia-Wagen umgebaut. Die erste von 21 bestellten Niederflurbahnen des türkischen Herstellers Bozankaya wurde 2021 ausgeliefert.

2010 wurden alle betriebsbereiten Fahrzeuge ins Depot Dâmboviţa verlegt und das Depot Take Ionescu aus dem Jahr 1899 geschlossen; die dortige Haupthalle aus dem Jahr 1927 wurde 2017 als „Verkehrsmuseum Corneliu Mikloşi" wiedereröffnet und beherbergt rund 15 historische Fahrzeuge. Das Museum wurde jedoch 2021 geschlossen, denn es soll renoviert und in ein neues Kultur- und Ausstellungszentrum integriert werden. Eine Reihe anderer historischer Straßenbahnen, potenzielle Museumsexponate, lagern im Freien auf dem Ionescu-Gelände gegenüber dem Museum.

In 1972, the tramway company commenced the production of Timiş 2 bogie cars for use in Timişoara and other Romanian cities (tramcar manufacture was transferred to Electrometal Timişoara in 1977). In total, 134 Timiş 2 motor cars and 123 trailers entered service in Timişoara up until production ceased in 1990, but all were withdrawn from passenger service by 2005.

In the 1990s, the company started acquiring second-hand German cars including examples from Düsseldorf, Karlsruhe, Frankfurt am Main and Munich but mostly comprising Hansa and Wegmann cars from Bremen. Between 2015 and 2019, 30 Wegmann cars were rebuilt by Astra Vagoane or Electroputere as modernised Armonia cars. The first of 21 low-floor trams on order from Turkish manufacturer Bozankaya was delivered in 2021.

In 2010, all operational trams were moved to Dâmboviţa depot and Take Ionescu depot, originally established in 1899, was closed. The main Ionescu tram shed, dating from 1927, reopened in 2017 as the Corneliu Mikloşi Public Transport Museum housing around 15 historic vehicles but the museum closed in 2021 pending its renovation and incorporation into a cultural/exhibition centre to be built on the site. A number of other historic trams, retained as possible future museum exhibits, are in less-than-ideal open storage on part of the Ionescu site opposite the museum.

#3443 (ex-Bremen #3443) @ Podul Decebal (3 August 1919)

#3479 (ex-Bremen #3479) @ Gara de Nord

Škoda/Irisbus #08 @ Bul. Take Ionescu/Baader

OBUS

Die ersten Obusse fuhren 1942 von Gara de Nord zur Piaţa Bălcescu und 1943 über das Stadtzentrum zum Depou Ionescu. Ein Teil des Netzes wurde 1944 wegen Kriegsschäden geschlossen, aber später wieder in Betrieb genommen.

Die erste Nachkriegsstrecke wurde 1948 bis Ion Ionescu de la Brad eröffnet, andere Vorstadtlinien folgten, bis 1987 die letzten Strecken vor der Revolution zum Institutul Agronomic und Bul. Sudului entstanden. Bis 1990 wurden alle Obusse aus dem Stadtzentrum entfernt und auf die innere Ringstraße verbannt. Erst 2015 kamen zwei „Metropol"-Linien (M11 und M14) nach Dumbrăviţa und Ghiroda jenseits der Stadtgrenzen hinzu. 2022 wurden die äußeren Endpunkte der Linien 15/16 zu einer Schleife verknüpft.

Zu den sieben 1942 angeschafften Fiat-Trolleybussen gesellten sich 1953 fünf in Russland gebaute ZiU-Fahrzeuge. Später stammten alle Neufahrzeuge aus heimischer Produktion, bevor 1995 der Import von Gebrauchtwagen aus Eberswalde, Weimar, Winterthur, Lyon und Esslingen begann. 2008 wurde die gesamte Flotte durch 50 neue Škoda/Irisbus-Fahrzeuge des Typs 24Tr mit Diesel-Hilfsmotoren ersetzt. Diese verkehren auf dem äußeren Abschnitt der Linie 13 und auf einem Teil der Linien 15/16 ohne Oberleitung. 2022 wurde eine Ausschreibung für 25 neue Obusse angekündigt.

TROLLEYBUS

Trolleybuses started running from Gara de Nord to Piaţa Bălcescu in 1942 and via the city centre to Depou Ionescu in 1943. Part of the system was closed due to war damage in 1944 but later reinstated.

The first post-war extension opened to Ion Ionescu de la Brad in 1948 and other suburban extensions gradually followed, with the last pre-revolution routes opening to Institutul Agronomic and Bul. Sudului in 1987. By 1990 trolleybuses had been removed from the city centre and confined to the inner ring road. There were no further extensions until 2015 when two 'metropolitan' routes (M11 and M14) were introduced serving Dumbrăviţa and Ghiroda beyond the city boundary. In 2022 the outer termini of routes 15/16 were linked to form a loop.

Seven Fiat trolleybuses, acquired in 1942, were joined by five Russian-built ZiU vehicles in 1953. Subsequently, all new vehicles were of Romanian manufacture until 1995 when the company started importing second-hand vehicles (from Eberswalde, Weimar, Winterthur, Lyon and Esslingen). In 2008, the entire operational fleet was replaced by 50 new Škoda/Irisbus type 24Tr vehicles with auxiliary diesel motors. These run off-wire on the outer section of route 13 and on part of routes 15/16. A tender for 25 new trolleybuses was announced in 2022.

Güter-E-Lok L2 | *Electric freight loco L2* @ Fabrica de Bere

Timiş #263 (1975)
mit Wassertanks | *with water tanks* @ Podul Decebal

Sofia – Siemens Desiro DMU @ Sofia Central Station (Foto Wolfgang Wellige, 2010)

Bulgarien

Bulgarien hat Landgrenzen mit Rumänien, der Türkei, Griechenland, Nordmazedonien und Serbien und grenzt im Osten an das Schwarze Meer. Von den insgesamt 6,7 Mio. Einwohnern leben 1,2 Millionen in der Hauptstadt Sofia.

Das Land war von 1396 bis 1878 unter osmanischer Herrschaft, bis der nördliche Teil einschließlich Sofia und Varna ein unabhängiges Fürstentum wurde. 1885 kam die südliche Region Ostrumelien um Plovdiv hinzu, bevor Bulgarien 1908 ein völlig eigenständiger Staat wurde. Die heutigen Landesgrenzen wurden 1919 festgelegt, lediglich die südliche Dobrudscha kam 1940 von Rumänien an Bulgarien zurück.

Die kommunistische Volksrepublik Bulgarien bestand von 1946 bis 1990, heute ist das Land eine parlamentarische Demokratie. Es trat 2007 der Europäischen Union bei, aber nicht der Eurozone [1 bulgarischer Lew = 0,51 €; 0,44 £; 0,55 US-Dollar (05/2023)]. Bulgarien verwendet das kyrillische Alphabet, aber auf den meisten Schildern in der U-Bahn und auf einigen Straßenschildern ist auch eine lateinische Umschrift bzw. englische Übersetzung zu sehen – dieser Gebrauch wird in diesem Buch übernommen.

In Bulgarien gab es außer in Sofia nie Straßenbahnen, allerdings mehrere Obus-Betriebe. In den 1980er Jahren sollten Trolleybusse die Abhängigkeit vom Ölimport verringern, weshalb neben den damals bestehenden Netzen in Plovdiv (2012 stillgelegt) und Sofia 20 neue Netze geplant wurden – derzeit findet man jedoch nur acht (Burgas, Haskovo, Pazardzhik, Pleven, Ruse, Stara Zagora, Varna, Vratsa), denn sechs verschwanden inzwischen wieder und weitere sechs wurden nie vollendet. 2021 veröffentlichte die Stadt Varna Vorplanungen für eine teilweise unterirdische Stadtbahn, die u.a. den Flughafen anschließen soll.

Bulgaria

Bulgaria is bordered by the Black Sea in the east and has land borders with Romania, Turkey, Greece, North Macedonia and Serbia. It has a population of 6.7 million of whom 1.2 million live in the capital, Sofia.

The country was under Ottoman rule from 1396 until 1878, when the northern part including Sofia and Varna became an independent principality. In 1885, the principality gained the southern region of Eastern Rumelia, including Plovdiv, and in 1908 declared itself a fully independent state. The country's present-day borders were established in 1919, except that Bulgaria regained Southern Dobruja from Romania in 1940.

The communist-ruled People's Republic of Bulgaria existed from 1946 until 1990, since when the country has been a parliamentary democracy. It joined the European Union in 2007, but not the eurozone [1 Bulgarian lev = £0.44, US$0.55, €0.51 (05/2023)]. The Cyrillic alphabet is used in Bulgaria, but most metro station signs, and some street signs, have Latin transliterations or English as well.

There has only ever been one tramway system in Bulgaria, in Sofia, but electric traction is well represented by trolleybuses. In the 1980s there was a major drive to introduce trolleybuses to reduce reliance on imported oil. In addition to the then existing systems in Plovdiv (closed 2012) and Sofia, new systems were planned for 20 cities – though only eight of these are currently operational (Burgas, Haskovo, Pazardzhik, Pleven, Ruse, Stara Zagora, Varna, Vratsa), as six have since closed and a further six were only partially completed and never opened. In 2021, Varna municipality published preliminary proposals for a partly underground light rail system, including a link to the city's airport.

#2410 @ Metro Serdika (pl. Sveta Nedelya > Tsentralni hali) – Banya Bashi Moschee | *Mosque* & Largo Complex

Sofia Metro – M1 Aleksandar Malinov

#2332 @ Metro Serdika
(pl. Sveta Nedelya > Tsentralni hali)

SOFIA

Sofia liegt im Westen Bulgariens am Vitosha-Gebirge, das im Süden eine malerische Kulisse darstellt. Die Stadt hat eine lange Geschichte, die bis in die Antike zurückreicht (*Serdika* in der Römerzeit), war aber während der osmanischen Herrschaft kaum mehr als ein provinzieller Außenposten mit weniger als 20.000 Einwohnern, als sie 1879 zur bulgarischen Hauptstadt ernannt wurde.

Das osmanische Stadtzentrum wurde nach der Unabhängigkeit mit Boulevards im europäischen Stil, einer Ringstraße und einer Reihe öffentlicher Gebäude, in denen die Regierung und kulturelle Institutionen des neuen Staates untergebracht sind, umgebaut. Nach dem 2. Weltkrieg veränderte das kommunistische Regime das Stadtbild mit dem Bau neuer öffentlicher Gebäude, wie dem Regierungsgebäudekomplex „Largo" aus den 1950er Jahren im stalinistischen Stil und dem Nationalen Kulturpalast (NDK), einem Betongebäude von 1981. In der zweiten Hälfte des 20. Jahrhunderts wurden auch periphere Industriegebiete und großflächige Plattenbausiedlungen errichtet.

Das *Tsentar za gradska mobilnost* [Städtisches Mobilitätszentrum] ist für die Planung und das Tarifsystem des öffentlichen Nahverkehrs verantwortlich, den Betrieb führen drei städtische Unternehmen durch: *Metropolitan* (U-Bahn), *Stolichen* [Hauptstadt-] *Elektrotransport* (Straßenbahn und Obus) und *Stolichen Avtotransport* (Bus). Daneben findet man eine abnehmende Zahl privat betriebener „Marshrutka"-Minibusse mit festen Routen sowie die Regionalzüge der Bulgarischen Staatsbahn (BDZ). Eine Luftseilbahn und Sessellifte führen auf den Berg Vitosha.

Im Januar 2023 wurden herkömmliche Papier-Tickets für U-Bahn, Straßenbahn, Obus und Bus durch Smartcards

Sofia is situated in the western part of Bulgaria with the Vitosha Mountain range providing a scenic backdrop to the south. The city has a long history stretching back to antiquity (Serdika in Roman times) but was little more than a provincial outpost during the Ottoman occupation, having a population of less than 20,000 when it was designated as the Bulgarian capital in 1879.

The Ottoman city centre was rebuilt after independence with European-style boulevards, a ring road and a series of public buildings accommodating the government and cultural institutions of the new state. After WW2, the communist regime brought about significant changes with the construction of new public buildings, such as the 1950s Stalinist-style 'Largo' complex of government buildings in the city centre and the National Palace of Culture (NDK), a concrete edifice which opened in 1981. The second half of the 20th century also saw the construction of peripheral industrial zones and large-scale neighbourhoods of prefabricated panel apartment blocks.

The Sofia Urban Mobility Center is responsible for public transport planning and fares with operations contracted out to three city-owned companies: Metropolitan (metro), Stolichen [Capital] Elektrotransport (trams and trolleybuses) and Stolichen Avtotransport (buses). There are also a decreasing number of privately-operated 'marshrutka' fixed-route minibus services and Bulgarian State Railways' (BDZ) regional trains provide an infrequent service at several suburban stations. An aerial ropeway and chairlifts ascend Mount Vitosha.

As of January 2023, traditional paper tickets for metro, tram, trolleybus and bus have been replaced by

ersetzt. Beispieltarife: 30/60 Minuten (1,60/2,20 Lew); 24/72 Stunden (6,00/15,00 Lew) – plus 3,00 Lew für eine Sofia City Card aus Plastik oder 0,80 Lew für eine Ultralight-Papierkarte.

M3 Sv. Patriarh Evtimiy

SOFIA (Oblast Sofiya-grad)

1 480 000

el. T 1901 Tr 1941 M 1998

T 1009/1435 mm M 1435 mm

km T 74.3 km Tr 63.4 km M 49.1 km

T 15 Tr 10 M 4

Sofia Urban Mobility Center (Tsentar za gradska mobilnost)
www.sofiatraffic.bg

M Metropolitan EAD
www.metropolitan.bg

T Tr Stolichen Elektrotransport EAD
www.elektrotransportsf.com

smart cards. Sample fares: 30/60 minutes (1.60/2.20 lev); 24/72 hours (6.00/15.00 lev), plus 3.00 lev for a plastic Sofia City Card or 0.80 lev for an Ultralight paper card.

#1657 @ Bul. Praga

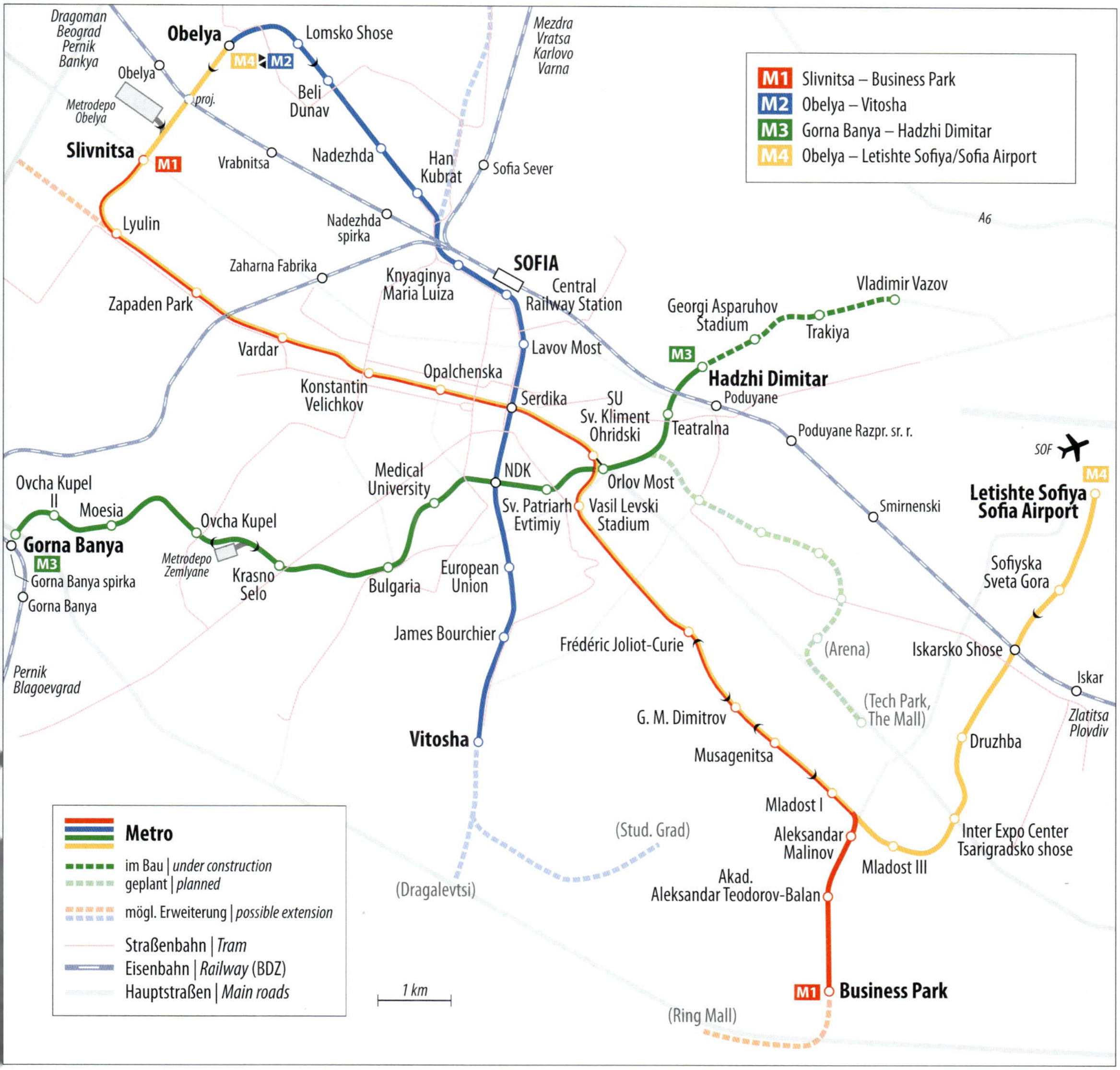

M1 Slivnitsa – Business Park
M2 Obelya – Vitosha
M3 Gorna Banya – Hadzhi Dimitar
M4 Obelya – Letishte Sofiya/Sofia Airport

Dragoman Beograd Pernik Bankya
Obelya
Metrodepo Obelya
Obelya
proj.
M4 M2
Lomsko Shose
Beli Dunav
Slivnitsa
M1
Vrabnitsa
Nadezhda
Han Kubrat
Sofia Sever
Mezdra Vratsa Karlovo Varna
Lyulin
Nadezhda spirka
Zaharna Fabrika
SOFIA
Knyaginya Maria Luiza
Central Railway Station
Zapaden Park
Vardar
Lavov Most
Opalchenska
Konstantin Velichkov
Serdika
SU Sv. Kliment Ohridski
Georgi Asparuhov Stadium
Trakiya
Vladimir Vazov
M3
Hadzhi Dimitar
Poduyane
Teatralna
Poduyane Razpr. sr. r.
A6
SOF
M4
Letishte Sofiya Sofia Airport
Medical University
NDK
Orlov Most
Ovcha Kupel II
Moesia
Ovcha Kupel
Sv. Patriarh Evtimiy
Vasil Levski Stadium
Smirnenski
Gorna Banya
M3
Gorna Banya spirka
Gorna Banya
Metrodepo Zemlyane
Krasno Selo
Bulgaria
European Union
Sofiyska Sveta Gora
James Bourchier
Frédéric Joliot-Curie
(Arena)
Iskarsko Shose
Iskar
Pernik Blagoevgrad
(Tech Park, The Mall)
Zlatitsa Plovdiv
Vitosha
G. M. Dimitrov
Musagenitsa
Druzhba
Mladost I
(Stud. Grad)
Aleksandar Malinov
Inter Expo Center Tsarigradsko shose
Mladost III
(Dragalevtsi)
Akad. Aleksandar Teodorov-Balan
M1 Business Park
(Ring Mall)
1 km

Metro
im Bau | *under construction*
geplant | *planned*
mögl. Erweiterung | *possible extension*
Straßenbahn | *Tram*
Eisenbahn | *Railway* (BDZ)
Hauptstraßen | *Main roads*

SOFIA

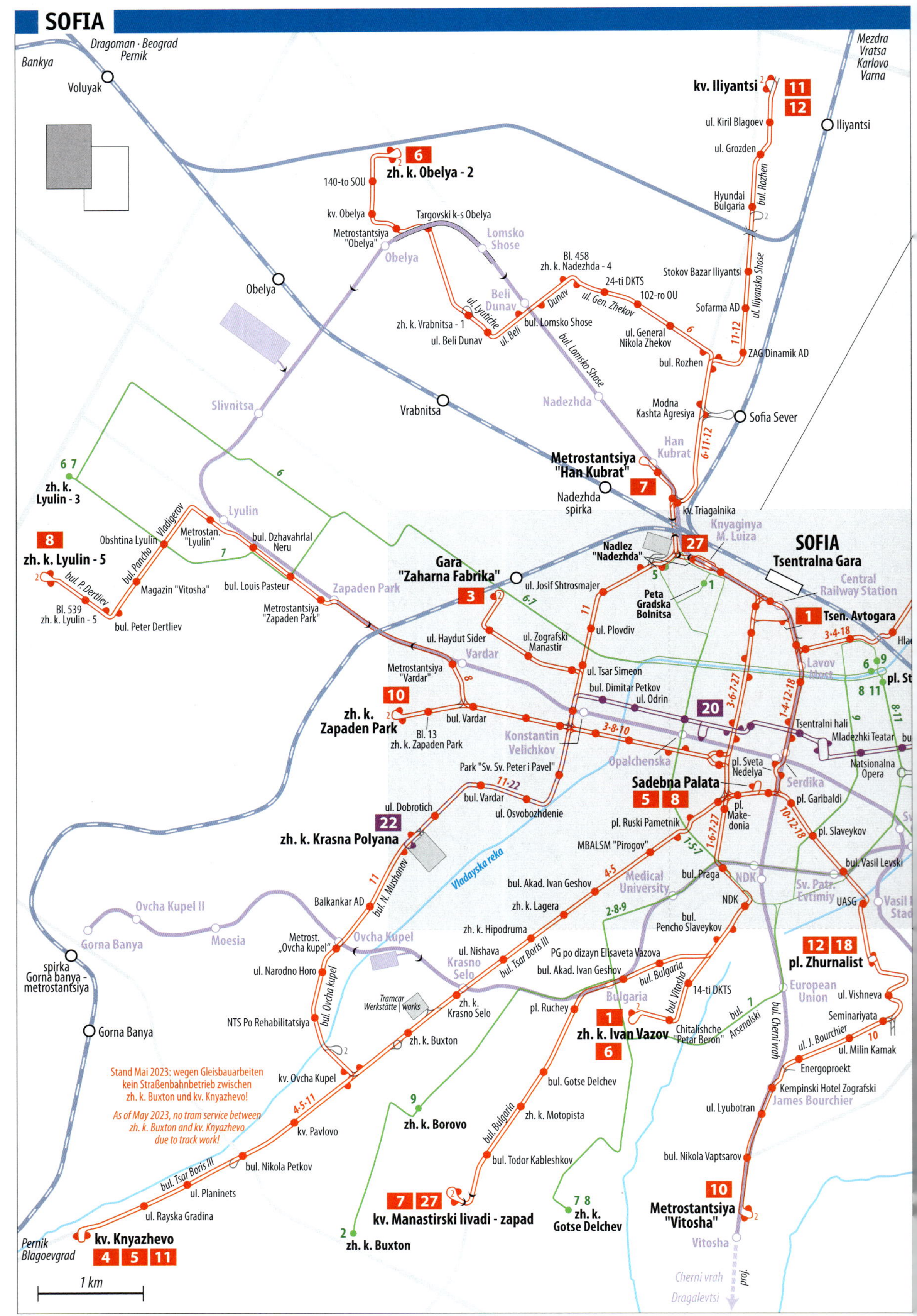

Dragoman · Beograd
Pernik
Bankya
Voluyak
Mezdra
Vratsa
Karlovo
Varna
kv. Iliyantsi
11
12
Iliyantsi
ul. Kiril Blagoev
ul. Grozden
bul. Rozhen
Hyundai Bulgaria
6
zh. k. Obelya - 2
140-to SOU
kv. Obelya
Targovski k-s Obelya
Metrostantsiya "Obelya"
Obelya
Lomsko Shose
Obelya
Bl. 458
zh. k. Nadezhda - 4
24-ti DKTS
102-ro OU
Stokov Bazar Iliyantsi
bul. Iliyansko Shose
Sofarma AD
Beli Dunav
zh. k. Vrabnitsa - 1
ul. Beli Dunav
ul. Lyutiche
ul. Beli
Dunav
ul. Gen. Zhekov
bul. Lomsko Shose
ul. General Nikola Zhekov
bul. Rozhen
ZAG Dinamik AD
11·12
Vrabnitsa
Slivnitsa
Nadezhda
Modna Kashta Agresiya
Sofia Sever
6·11·12
Metrostantsiya "Han Kubrat"
Han Kubrat
7
Nadezhda spirka
kv. Triagalnika
6 7
zh. k. Lyulin - 3
Lyulin
8
zh. k. Lyulin - 5
Obshtina Lyulin
bul. Vladigerov
Metrostan. "Lyulin"
bul. Dzhavahrlal Neru
bul. Pancho
bul. P. Dertliev
Magazin "Vitosha"
bul. Louis Pasteur
Bl. 539
zh. k. Lyulin - 5
bul. Peter Dertliev
Metrostantsiya "Zapaden Park"
Zapaden Park
Gara "Zaharna Fabrika"
3
ul. Josif Shtrosmajer
Nadlez "Nadezhda"
27
Knyaginya M. Luiza
SOFIA
Tsentralna Gara
Central Railway Station
Peta Gradska Bolnitsa
1
Tsen. Avtogara
3·4·18
ul. Plovdiv
ul. Haydut Sider
Vardar
ul. Zografski Manastir
Metrostantsiya "Vardar"
ul. Tsar Simeon
bul. Dimitar Petkov
ul. Odrin
Lavov Most
pl. St
10
zh. k. Zapaden Park
bul. Vardar
Bl. 13
zh. k. Zapaden Park
Konstantin Velichkov
3·8·10
20
3·6·7·27
1·4·12·18
Tsentralni hali
Mladezhki Teatar
Opalchenska
Natsionalna Opera
Park "Sv. Sv. Peter i Pavel"
pl. Sveta Nedelya
Sadebna Palata
5
8
Serdika
pl. Garibaldi
11·22
bul. Vardar
ul. Osvobozhdenie
ul. Dobrotich
22
zh. k. Krasna Polyana
pl. Ruski Pametnik
pl. Makedonia
1·6·7·27
10·12·18
pl. Slaveykov
MBALSM "Pirogov"
1·5·7
Vladayska reka
bul. N. Mushanov
bul. Akad. Ivan Geshov
Medical University
bul. Praga
NDK
Sv. Patr. Evtimiy
bul. Vasil Levski
UASG
Vasil Levski Stad
zh. k. Lagera
NDK
Balkankar AD
2·8·9
bul. Pencho Slaveykov
zh. k. Hipodruma
12
18
pl. Zhurnalist
Ovcha Kupel II
Gorna Banya
Moesia
Metrost. „Ovcha kupel"
Ovcha Kupel
ul. Nishava
Krasno Selo
bul. Tsar Boris III
PG po dizayn Elisaveta Vazova
bul. Akad. Ivan Geshov
bul. Bulgaria
European Union
ul. Vishneva
spirka Gorna banya - metrostantsiya
ul. Narodno Horo
bul. Ovcha kupel
Tramcar Werkstätte | works
zh. k. Krasno Selo
Bulgaria
pl. Ruchey
14-ti DKTS
bul. Vitosha
bul. Cherni vrah
Seminariyata
Gorna Banya
NTS Po Rehabilitatsiya
zh. k. Buxton
1
zh. k. Ivan Vazov
6
Chitalishche "Petar Beron"
bul. Arsenalski
ul. J. Bourchier
ul. Milin Kamak
Energoproekt
Stand Mai 2023: wegen Gleisbauarbeiten kein Straßenbahnbetrieb zwischen zh. k. Buxton und kv. Knyazhevo!
As of May 2023, no tram service between zh. k. Buxton and kv. Knyazhevo due to track work!
kv. Ovcha Kupel
bul. Gotse Delchev
Kempinski Hotel Zografski
James Bourchier
4·5·11
9
zh. k. Borovo
zh. k. Motopista
ul. Lyubotran
kv. Pavlovo
bul. Bulgaria
bul. Nikola Petkov
bul. Todor Kableshkov
bul. Nikola Vaptsarov
bul. Tsar Boris III
ul. Planinets
7
27
kv. Manastirski livadi - zapad
7 8
zh. k. Gotse Delchev
10
Metrostantsiya "Vitosha"
ul. Rayska Gradina
Pernik
Blagoevgrad
kv. Knyazhevo
4
5
11
2
zh. k. Buxton
Vitosha
1 km
Cherni vrah
Dragalevtsi
proj.

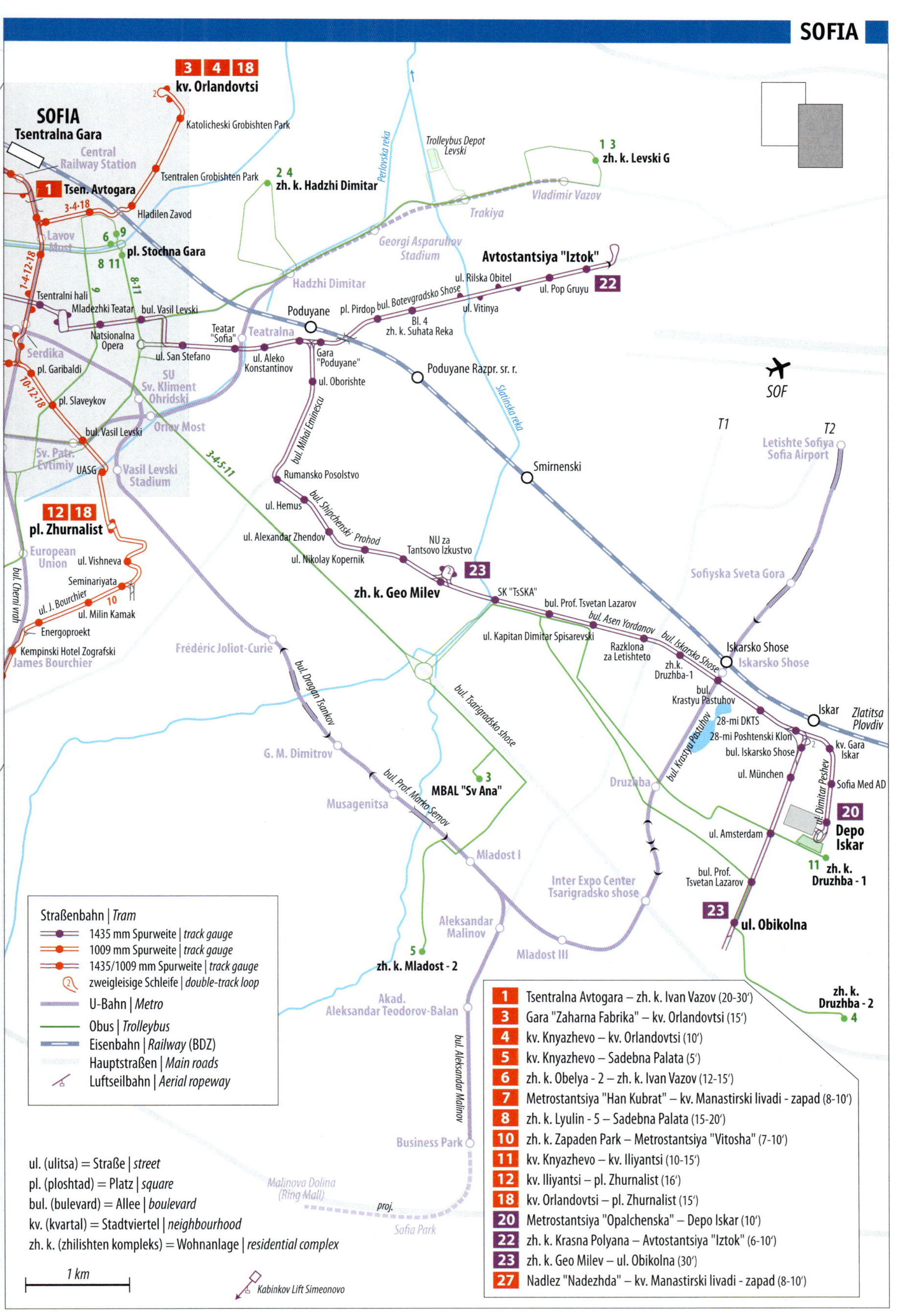
SOFIA
Tsentralna Gara
Central Railway Station
3 4 18 kv. Orlandovtsi
Katolicheski Grobishten Park
Tsentralen Grobishten Park
1 Tsen. Avtogara
3-4-18
Hladilen Zavod
Lavov Most
6 9
pl. Stochna Gara
8 11
1-4-12-18
Tsentralni hali
Mladezhki Teatar
bul. Vasil Levski
Natsionalna Opera
Serdika
pl. Garibaldi
10-12-18
pl. Slaveykov
bul. Vasil Levski
Sv. Patr. Evtimiy
UASG
SU Sv. Kliment Ohridski
Orlov Most
Vasil Levski Stadium
12 18 pl. Zhurnalist
European Union
ul. Vishneva
Seminariyata
ul. J. Bourchier
10
ul. Milin Kamak
Energoproekt
Kempinski Hotel Zografski
James Bourchier
bul. Cherni vrah
2 4 zh. k. Hadzhi Dimitar
Perlovska reka
Trolleybus Depot Levski
1 3 zh. k. Levski G
Vladimir Vazov
Trakiya
Georgi Asparuhov Stadium
Hadzhi Dimitar
Avtostantsiya "Iztok"
22
ul. Rilska Obitel
ul. Pop Gruyu
ul. Vitinya
pl. Pirdop
bul. Botevgradsko Shose
Bl. 4 zh. k. Suhata Reka
Poduyane
Teatar "Sofia"
Teatralna
ul. Aleko Konstantinov
ul. San Stefano
Gara "Poduyane"
ul. Oborishte
Poduyane Razpr. sr. r.
Slatinska reka
bul. Mihai Eminescu
Rumansko Posolstvo
3-4-5-11
Smirnenski
SOF
T1
T2
Letishte Sofiya Sofia Airport
ul. Hemus
bul. Shipchenski Prohod
ul. Alexandar Zhendov
ul. Nikolay Kopernik
NU za Tantsovo Izkustvo
23
zh. k. Geo Milev
SK "TsSKA"
bul. Prof. Tsvetan Lazarov
bul. Asen Yordanov
ul. Kapitan Dimitar Spisarevski
Razklona za Letishteto
bul. Iskarsko Shose
zh.k. Druzhba-1
Sofiyska Sveta Gora
Iskarsko Shose
Iskar
Zlatitsa Plovdiv
bul. Krastyu Pastuhov
28-mi DKTS
28-mi Poshtenski Klon
bul. Iskarsko Shose
kv. Gara Iskar
ul. München
Sofia Med AD
ul. Dimitar Peshev
20 Depo Iskar
ul. Amsterdam
11 zh. k. Druzhba - 1
bul. Prof. Tsvetan Lazarov
23 ul. Obikolna
zh. k. Druzhba - 2
4
Frédéric Joliot-Curie
bul. Dragan Tsankov
G. M. Dimitrov
bul. Tsarigradsko shose
3 MBAL "Sv Ana"
Musagenitsa
bul. Prof. Marko Semov
Mladost I
Druzhba
Inter Expo Center Tsarigradsko shose
Aleksandar Malinov
Mladost III
5 zh. k. Mladost - 2
Akad. Aleksandar Teodorov-Balan
bul. Aleksandar Malinov
Business Park
Malinova Dolina (Ring Mall)
proj.
Sofia Park
Kabinkov Lift Simeonovo
Straßenbahn | Tram
1435 mm Spurweite | track gauge
1009 mm Spurweite | track gauge
1435/1009 mm Spurweite | track gauge
zweigleisige Schleife | double-track loop
U-Bahn | Metro
Obus | Trolleybus
Eisenbahn | Railway (BDZ)
Hauptstraßen | Main roads
Luftseilbahn | Aerial ropeway
ul. (ulitsa) = Straße | street
pl. (ploshtad) = Platz | square
bul. (bulevard) = Allee | boulevard
kv. (kvartal) = Stadtviertel | neighbourhood
zh. k. (zhilishten kompleks) = Wohnanlage | residential complex
1 km
1 Tsentralna Avtogara – zh. k. Ivan Vazov (20-30′)
3 Gara "Zaharna Fabrika" – kv. Orlandovtsi (15′)
4 kv. Knyazhevo – kv. Orlandovtsi (10′)
5 kv. Knyazhevo – Sadebna Palata (5′)
6 zh. k. Obelya - 2 – zh. k. Ivan Vazov (12-15′)
7 Metrostantsiya "Han Kubrat" – kv. Manastirski livadi - zapad (8-10′)
8 zh. k. Lyulin - 5 – Sadebna Palata (15-20′)
10 zh. k. Zapaden Park – Metrostantsiya "Vitosha" (7-10′)
11 kv. Knyazhevo – kv. Iliyantsi (10-15′)
12 kv. Iliyantsi – pl. Zhurnalist (16′)
18 kv. Orlandovtsi – pl. Zhurnalist (15′)
20 Metrostantsiya "Opalchenska" – Depo Iskar (10′)
22 zh. k. Krasna Polyana – Avtostantsiya "Iztok" (6-10′)
23 zh. k. Geo Milev – ul. Obikolna (30′)
27 Nadlez "Nadezhda" – kv. Manastirski livadi - zapad (8-10′)

Nadlez "Nadezhda"
ul. Skopie
ul. Josif Shtrosmajer
Gara "Zaharna Fabrika"
3
ul. Haydut Sider
bul. Slivnitsa
ul. Gabrovo
ul. Plovdiv
ul. Haydut Sider
ul. Tsar Simeon
ul. Zografski Manastir
bul. Tsaritsa Yoanna
Vardar
Metrostantsiya "Vardar"
M1·M4
ul. Tsar Simeon
bul. Konstantin Velichkov
ul. Pirotska
bul. Dimitar Petkov
ul. Odrin
10
bul. Vardar
Metro st. "Konstantin Velichkov"
Konstantin Velichkov
bul. Todor Alexandrov
bul. Aleksandar Stamboliyski
Bl. 13
zh. k. Zapaden Park
zh. k. Zapaden Park
10-ti DKTS
bul. Konstantin Velichkov
bul. Dimitar Petkov
bul. Aleksandar Stamboliyski
ul. Odrin
bul. Vardar
bul. Vazkresenie
Park "Sv. Sv. Peter i Pavel"
bul. Nikola Mushanov
ul. Osvobozhdenie
ul. Dobrotich
22
zh. k. Krasna Polyana
Tram Depot Krasna Polyana
MBALSM "Pirogov"
bul. General Eduard I. Totleben
bul. Akad. Ivan Geshov
zh. k. Lagera
ul. Sv. Georgi Sofiyski
M3
500 m
Kartenhintergrund | Map background © OpenStreetMap Contributors

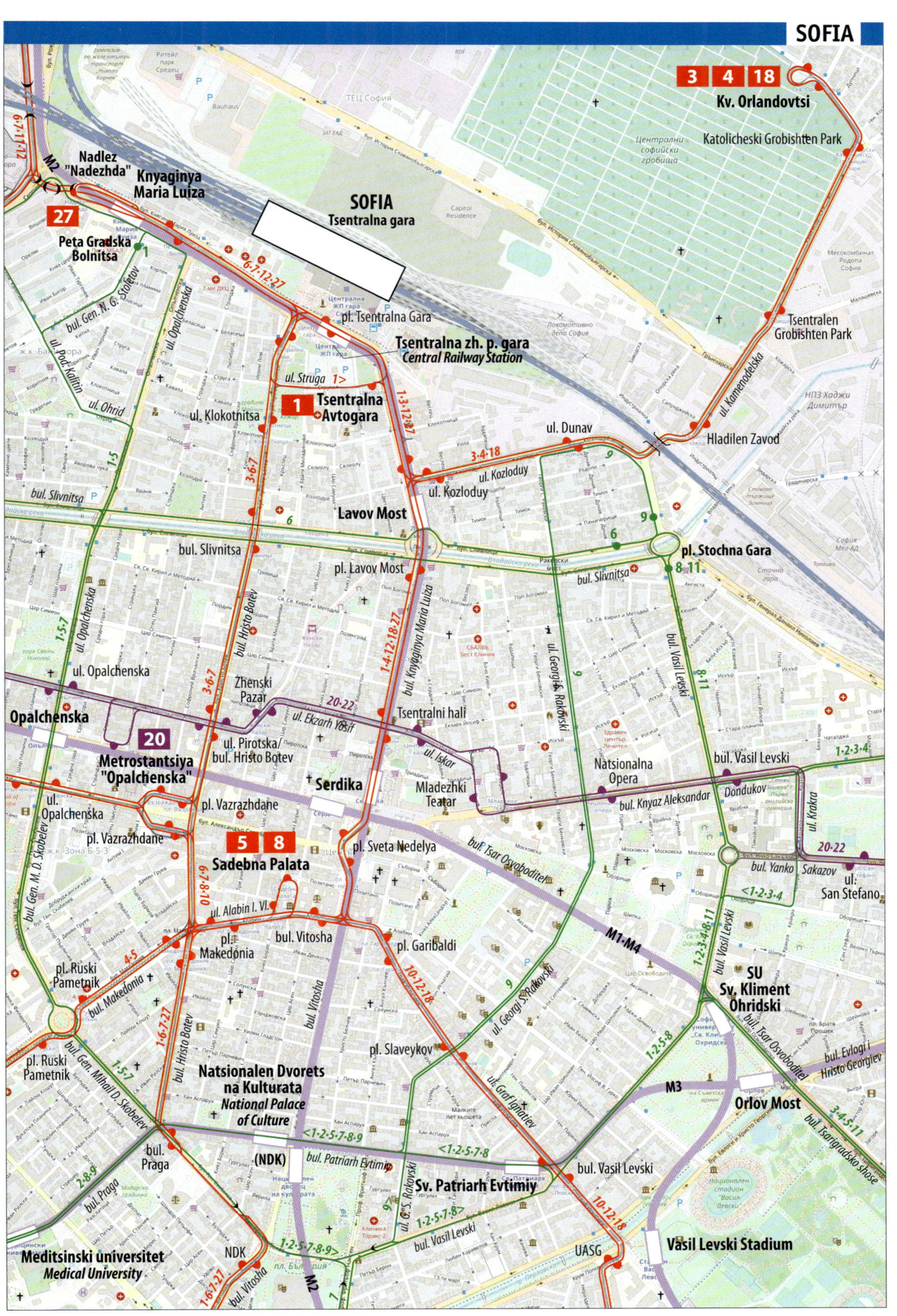
3
4
18
Kv. Orlandovtsi
Katolicheski Grobishten Park
SOFIA
Tsentralna gara
Nadlez "Nadezhda"
Knyaginya Maria Luiza
M2
27
Peta Gradska Bolnitsa
6·7·12·27
pl. Tsentralna Gara
Tsentralna zh. p. gara
Central Railway Station
ul. Struga
1
Tsentralna Avtogara
ul. Klokotnitsa
ul. Opalchenska
bul. Gen. N. G. Stoletov
ul. Pod Kaltin
ul. Ohrid
Tsentralen Grobishten Park
ul. Kamenodelska
Hladilen Zavod
ul. Dunav
3·4·18
ul. Kozloduy
Lavov Most
bul. Slivnitsa
pl. Lavov Most
pl. Stochna Gara
bul. Hristo Botev
bul. Knyaginya Maria Luiza
ul. Georgi S. Rakovski
bul. Vasil Levski
ul. Opalchenska
Zhenski Pazar
ul. Ekzarh Yosif
Tsentralni hali
20·22
Opalchenska
20
Metrostantsiya "Opalchenska"
ul. Pirotska/ bul. Hristo Botev
Serdika
ul. Iskar
Mladezhki Teatar
Natsionalna Opera
bul. Knyaz Aleksandar Dondukov
bul. Vasil Levski
ul. Krakra
pl. Vazrazhdane
ul. Opalchenska
pl. Vazrazhdane
5
8
Sadebna Palata
pl. Sveta Nedelya
bul. Tsar Osvoboditel
bul. Yanko Sakazov
ul. San Stefano
ul. Alabin
pl. Makedonia
bul. Vitosha
pl. Garibaldi
M1-M4
pl. Ruski Pametnik
bul. Makedonia
SU Sv. Kliment Ohridski
bul. Gen. M. D. Skobelev
pl. Ruski Pametnik
bul. Gen. Mihail D. Skobelev
pl. Slaveykov
ul. Graf Ignatiev
Natsionalen Dvorets na Kulturata
National Palace of Culture
M3
Orlov Most
bul. Evlogi i Hristo Georgiev
bul. Tsarigradsko shose
bul. Praga
(NDK)
bul. Patriarh Evtimiy
Sv. Patriarh Evtimiy
bul. Vasil Levski
ul. G. S. Rakovski
bul. Vasil Levski
Vasil Levski Stadium
UASG
Meditsinski universitet
Medical University
NDK
bul. Vitosha
M2

#2405 @ Bul. Vitosha > pl. Sveta Nedelya (Justizpalast | *Court House*)

STRASSENBAHN

1898 erteilte die Stadt französischen und belgischen Unternehmen Konzessionen für die Stromversorgung der Stadt und den Bau einer Straßenbahn. Elektrische Straßenbahnen verkehrten ab 1901 auf einem 23 km langen meterspurigen Netz mit sieben eingleisigen Linien, darunter eine Nord-Süd-Linie, die den Bahnhof mit dem Stadtzentrum verband, sowie eine 7,6 km lange Linie zum Dorf Knyazhevo, damals ein Ausflugsziel außerhalb der Stadt.

Während des Ersten Weltkriegs übernahm die Stadt den Betrieb der Straßenbahn, welche schließlich nach einem Schiedsverfahren im Jahr 1927 in ihr Eigentum überging. Der Zustand der Anlagen und des Fuhrparks hatte sich in der Zwischenzeit verschlechtert, so dass die Stadt begann, das Netz zu modernisieren und zu erweitern, wobei man wegen der abgenutzten Gleise die Fahrzeuge auf 1009 mm umspurte. Zwischen 1927 und 1939 stieg die Netzlänge von 27,9 km auf 38,7 km mit insgesamt 10 Linien.

Eine zweite Nord-Süd-Linie wurde 1949 westlich des Stadtzentrums entlang des Bul. Hristo Botev eröffnet, bevor in den 1960er Jahren die Durchmesserlinie 11 ins Industriegebiet Iliyantsi im Norden der Stadt errichtet wurde. Danach wurden hauptsächlich bestehende Radialstrecken verlängert, um wachsende Vorstädte anzuschließen. So erreichte die Straßenbahn in den 1980er Jahren große, im sozialistischen Stil erbaute Wohnsiedlungen, darunter die Linie 7 nach Borovo (1980), die Linie 8 nach Lyulin (1988) und die Linie 6 nach Obelya (1989).

1987 wurde eine neue Strecke, nun mit einer Spurweite von 1435 mm, von Geo Milev zum Depot in Iskar gebaut, um neue Wohn- und Industriegebiete anzuschließen. Zwischen 1989 und 2000 wurden das Normalspurnetz schrittweise von Ost nach West durch das Stadtzentrum

TRAMWAY

In 1898, the municipality granted concessions to French and Belgian companies to supply the city with electricity and construct a tramway. Electric trams commenced running in 1901 on a 23 km network of seven 1000 mm gauge single-track lines, including a north-south line linking the railway station with the city centre and a 7.6 km line to the village of Knyazhevo, then a destination for out-of-town excursions.

During WW1, the municipality took over the day-to-day operation of the tramway and finally gained ownership of the enterprise after arbitration in 1927. The infrastructure and rolling stock had deteriorated in the intervening period and the municipality set about modernising and extending the system, regauging trams to 1009 mm to correspond with the worn condition of the tracks. Between 1927 and 1939 the network length increased from 27.9 km to 38.7 km with ten routes in operation.

A second north-south line opened to the west of the city centre along Bul. Hristo Botev in 1949 and the 1960s saw the introduction of cross-suburban route 11 to the Iliyantsi industrial zone to the north of the city. Thereafter the emphasis was mainly on extending existing radial routes to serve growing outer suburban areas. During the 1980s in particular, several long extensions were opened to serve large socialist-style housing developments including route 7 to Borovo (1980), route 8 to Lyulin (1988) and route 6 to Obelya (1989).

In 1987, a 1435 mm gauge line was opened from Geo Milev to Depo Iskar to serve new residential and industrial districts, and between 1989 and 2000 standard-gauge tracks were gradually extended from east to west across the city: partly by regauging from 1009 mm (Geo Milev –

#4101 @ 28-mi Poshtenski Klon

ausgedehnt, teils durch Umspurung (Geo Milev – Rum. Posoltsvo und Gara Poduyane – Bul. K. Velichkov), teils als Neubaustrecke (Rum. Posoltsvo – Gara Poduyane) und teils mit 3-Schienen-Gleis (Bul. K. Velichkov – Krasna Polyana). Zwei Äste in Normalspurweite folgten 1995 zur Avtostantsiya Istok bzw. 2010 bis Ul. Obikolna.

Abgesehen von diesen Erweiterungen litt die Straßenbahn jedoch aufgrund der wirtschaftlichen Situation des Landes und des Vorrangs des U-Bahn-Baus unter mangelnden Investitionen, insbesondere in den 1990er und frühen 2000er Jahren. Die Umspurung des Netzes wurde nicht umgesetzt, die Infrastruktur wenig gewartet und es kamen lediglich modernisierte und gebrauchte Fahrzeuge zum Einsatz. Teile des Netzes wurden im Zusammenhang mit dem parallelen U-Bahn-Bau stillgelegt, darunter die ursprüngliche Nord-Süd-Strecke durch die Innenstadt entlang des Bul. Vitosha, der später zur Fußgängerzone wurde, ebenso zwischen den U-Bahn-Stationen F. Joliot-Curie und G.M. Dimitrov sowie zwischen Han Kubrat und Lomsko Shose. In den letzten Jahren wurden Straßenbahnen von Gara Sofia Sever [Nordbahnhof] und vom Bul. Arsenalski (hier ersetzt durch Obusse) abgezogen. Erst zur Verfügung gestellte EU-Mittel haben die Ertüchtigung einiger Strecken ermöglicht, darunter die Linie 5 entlang des Bul. Tsar Boris III und die Linie 7 entlang des Bul. Bulgaria.

Das Netz ist bis auf einen kurzen eingleisigen Abschnitt zwischen NDK und Bul. Praga zweigleisig. An allen Endstellen außer Ul. Obikolna gibt es Wendeschleifen. Die Straßenbahn verkehrt im Stadtzentrum meist straßenbündig, in den Vororten gibt es hingegen lange Abschnitte mit eigenem Gleiskörper, entweder in Seitenlage (z.B. Linie 5 am Bul. Tsar Boris III) oder in Straßenmitte (z.B. Linie 7 am Bul. Bulgaria oder Linie 22 am Bul. Botevgradsko Shose).

Rumansko Posoltsvo and Gara Poduyane – Bul. Konstantin Velichkov); partly on new alignment (Rumansko Posoltsvo – Gara Poduyane); and partly dual-gauge (Bul. Konstantin Velichkov – Krasna Polyana). A new 1435 mm gauge branch to Avtostantsiya Istok opened in 1995 and another to Ul. Obikolna in 2010.

However, apart from these changes, the tramway suffered from an overall lack of investment, particularly during the 1990s and early 2000s, due to the country's economic situation and the prioritisation of metro construction. As a result, the gauge conversion programme ceased, maintenance of infrastructure declined and there was an increasing reliance on modernised and second-hand vehicles. Parts of the network were closed in connection with parallel metro construction, including the original north-south route through the city centre on Bul. Vitosha, which was subsequently pedestrianised, as well as between F. Joliot-Curie and G.M. Dimitrov and between Han Kubrat and Lomsko Shose metro stations. In recent years, trams were withdrawn from Gara Sofia Sever [north station] and Bul. Arsenalski (the latter replaced by trolleybuses), but the availability of EU funds has permitted the reconstruction of some parts of the network, including route 5 along Bul. Tsar Boris III and route 7 along Bul. Bulgaria.

The network is double-track except for a short single-track section between NDK and Bul. Praga, with turning loops at all termini except Ul. Obikolna. Trams mostly run on-street in the city centre but there are long sections on reservation in the suburbs, either at the roadside (such as route 5 on Bul. Tsar Boris III) or on the central reservation of multi-lane highways (such as route 7 on Bul. Bulgaria and route 22 on Bul. Botevgradsko Shose). Noteworthy

#2308 @ Bul. Gen. Mihail D. Skobelev (NDK > Bul. Praga)

#702 @ Bul. Praga

Hervorzuheben sind die steile kurvenreiche Strecke durch den Wald auf der Linie 10 südlich des Pl. Zhurnalist, das Dreischienengleis auf dem gemeinsamen Abschnitt der Linien 11 und 22, ein Straßentunnel auf der Linie 8 zwischen Vardar und Zapaden [West] Park sowie eine unterirdische Schleife an der Avtostantsiya Istok, wo einst eine Überbauung des Geländes vorgesehen war. Ein Tram-/Straßentunnel mit einer unterirdischen Tram-Haltestelle am NDK wird heute nur noch von Obussen in Richtung Osten und dem allgemeinen Verkehr genutzt (siehe Foto Seite 126).

Es gibt drei Betriebshöfe sowie die *Tramcar*-Werkstätte in Krasno Selo. Sofia war zunächst von im Ausland gebauten Straßenbahnwagen abhängig, bis die Stadt in den 1930er Jahren begann, Fahrzeuge in eigener Werkstatt zu produzieren. Nach dem Zweiten Weltkrieg entstand daraus in Krasno Selo ein unabhängiges Unternehmen, *Tramvaen Zavod* [Straßenbahnfabrik]. Das Unternehmen, seit 1990 *Tramcar*, baute zwischen 1951 und 1990 alle Wagen für Sofia und ist heute hauptsächlich in der Modernisierung und Wartung des Fahrzeugbestands tätig.

Die letzten komplett neu in Bulgarien gebauten Wagen für die Spurweite 1009 mm waren die 6-Achser des zweiteiligen Typs T6M-700 (1986-1989). Viele dieser Wagen wurden später zu 8-achsigen dreiteiligen T8-Wagen, meist mit Niederflur-Mittelteilen, umgebaut, teils von *Tramcar* und teils von der tschechischen Firma *Inekon*. Alle noch in Betrieb befindlichen T6- und T8-Wagen wurden im Laufe der Zeit modernisiert. Zu den bulgarischen Wagen gesellten sich 1990 und 1999 zwei Lieferungen neuer Tatra T6A2B-Wagen, gefolgt von einer Lieferung von Tatra T4D-C und Anhängern aus Halle (Saale) im Jahr 2011 (inzwischen nicht mehr im Einsatz).

features include a curvaceous hill climb through woods on route 10 south of pl. Zhurnalist, dual-gauge track on the common section of routes 11 and 22, a road-tunnel section on route 8 between Vardar and Zapaden [West] Park and an underground turning circle at Avtostantsiya Istok, designed for an over-site development which has yet to materialise. A former tram/road tunnel with an underground tram stop at NDK is now only used by eastbound trolleybuses and general traffic (see photo on page 126).

There are three operational depots plus the Tramcar maintenance facility at Krasno Selo. Sofia initially relied on foreign-built tramcars, but the municipality started the production of home-built vehicles in its technical workshop in the 1930s. After WW2, the workshop was relocated to a new factory at Krasno Selo tram depot and reorganised into an independent company, Tramvaen Zavod [Tram Plant]. The company, which changed its name to Tramcar in 1990, built all of Sofia's trams between 1951 and 1990, since when its main activity has been the modernisation and maintenance of existing vehicles.

The last completely new Bulgarian-built cars for the 1009 mm gauge lines were the 6-axle two-section T6M-700 type which were delivered between 1986 and 1989. Many of these cars were subsequently rebuilt as 8-axle three section T8 type cars, some by Tramcar and some by Czech company Inekon, mostly with low-floor centre sections. All T6 and T8 types remaining in service have been modernised during their lifetime. The Bulgarian cars were joined by two batches of new Tatra T6A2B cars in 1990 and 1999, followed by a batch of ex-Halle Tatra T4D-C and trailers in 2011 (since retired).

#4405 (ex-Bonn) @ 28-mi Poshtenski Klon

#805 @
Targovski k-s Obelya (Metro-Viadukt)

#3014 @ Ul. Vishneva

#683 (ex-Basel) @ Bul. Vitosha

Bei der jüngsten Fuhrparkerneuerung kamen sowohl neue als auch gebrauchte Fahrzeuge hinzu: 2013 erhielt Sofia das erste von 38 neuen 5-teiligen Swing-Niederflurfahrzeugen von Pesa, die von der EU mitfinanziert wurden, und 2017 bekam Sofia 28 sogenannte „Guggummere" [Gurken] mit Niederflur-Mittelteil aus Basel, die im Rahmen eines bulgarisch-schweizerischen Kooperationsprogramms gespendet wurden. Die Auslieferung weiterer 29 Swing-Wagen von Pesa begann 2022.

Für den Einsatz auf den neuen Normalspurstrecken ab 1987 wurden 30 Gelenkwagen vom Typ T6MD-1000 mit recycelten Obusmotoren gebaut. Diese erwiesen sich jedoch als unzuverlässig und wurden nach zwei Jahren außer Dienst gestellt und durch neue Tatra T6B5-Wagen ersetzt. Hinzu kamen gebrauchte Duewag-Wagen aus Bonn und Tatra-Wagen aus Leipzig, die mittlerweile größtenteils ausgemustert und durch Tatra-T6A5-Wagen aus Prag ersetzt wurden. Aufgrund der Stumpfendstelle an der Ul. Obikolna sind weiterhin 6 Duewag-Zweirichtungsfahrzeuge vom Typ GT8 aus Bonn im Einsatz.

Der aktuelle Anstrich auf Sofias Fahrzeugen ist blau, weiß und gelb, aber einige Tatra T6-Fahrzeuge haben eine gelb-weiße Lackierung im Budapester Stil, während die Fahrzeuge aus Prag und Basel ihre jeweilige Lackierung in Rot-Anthrazit bzw. Grün behalten haben.

Recent fleet modernisation has seen the introduction of both new and used vehicles – in 2013 Sofia received the first of 38 new 5-section low-floor Pesa Swing vehicles, which were co-financed by the EU, and in 2017 acquired 28 ex-Basel cars with low-floor centre sections, known as 'Guggummere' [gherkins], which were donated as part of a Bulgarian-Swiss cooperation programme. Delivery of a further 29 Pesa Swing cars commenced in 2022.

30 T6MD-1000 articulated trams were constructed using recycled trolleybus motors for the commencement of 1435 mm gauge services in 1987. However, these proved unsatisfactory and were withdrawn from service after two years and replaced by new Tatra T6B5 cars. These were supplemented by second-hand Duewag cars from Bonn and Tatra cars from Leipzig, most of which have since been withdrawn and replaced by Tatra T6A5 cars from Prague. However, six ex-Bonn double-ended Duewag GT8s remain in service for route 23 owing to the stub terminus at Ul. Obikolna.

Sofia's current fleet livery is blue, white and yellow but Tatra T6 cars are in a Budapest-style yellow/white livery and the ex-Prague and Basel vehicles retain their respective red/anthracite and green liveries.

#4180 (ex-Praha) @ Kon. Velichkov

SOFIA Tram > Fahrzeuge | *Rolling Stock* (600 V DC)

Nummer *Number*	Anzahl *Quantity*	Hersteller *Manufacturer*	Typ *Class*	Länge *Length*	Breite *Width*	Ausgeliefert *Delivered*	Anmerkungen *Notes*
1009 mm Spurweite | *gauge*							
503-511	9	Tramcar	T8M-500F	26.5 m	2.25 m	2010-2014	1)
659...685	26	SWP	Be 4/6 S	--	--	1990-1991	ex-Basel, 2017
701...831	19	Tramcar	T6M-700F	20.7 m	2.25 m	2009-2013	2)
909...934	6	Tramcar	T8M-900F	26.5 m	2.25 m	2012-2014	3)
2041-2057, 3001-3040	57	ČKD Tatra	T6A2SF, T6A2B	14.5 m	2.2 m	1990, 1999	
2301-2367	67	Pesa	122NaSF *Swing*	30/30.1 m	2.3/2.35 m	2013-2023	
2401...2418, 3405...3417	18	Inekon	T8M-700IT	26.6 m	2.3 m	2007-2009	4)
1435 mm Spurweite | *gauge*							
4034...4080	6	ČKD Tatra	T4D-M2	14.9 m	2.2 m	1980-1982	ex-Leipzig, 2017
4101-4137	37	ČKD Tatra	T6B5B	15.3 m	2.5 m	1989	
4140-4194	55	ČKD Tatra	T6A5	14.7 m	2.2 m	1995-1997	ex-Praha, 2016-2020
4401...4415	6	Duewag	GT8	--	--	1960/65	ex-Bonn, 1995

1) Umgebaute | *re-built* T8M-900M | mit zwei Führerständen | *with two driving cabs* (vorwiegend | *mostly* ex-T6M-700, 1986-89)
2) Modernisierte | *modernised* T6M-700 (gebaut | *built* 1986-89)
3) Umgebaute T8M-900M (vorwiegend ehem. T6M-700M) | *Rebuilt T8M-900M (mostly ex-T6M-700)*
4) Umgebaute T6M-700M (1986-89) mit Niederflurmittelteil | *Rebuilt T6M-700 (1986-89) with low-floor centre section*

#1663 @ NDK

OBUS

Im Vorort Gorna Banya verkehrte zwar zwischen 1941 und 1944 eine 3,3 km lange Obuslinie, doch das heutige Netz wurde erst 1948 in Betrieb genommen. Bis Anfang der 1960er Jahre entstanden eine Ringlinie auf der inneren Ringstraße sowie vier Linien durch die inneren Vorstädte. Seitdem wurde das Netz in die äußeren Vororte ausgeweitet und besteht nun aus 10 Linien; auf nur wenigen Abschnitten überschneiden sich Straßenbahn- und Obuslinien, denn jedes Verkehrsmittel erschließt unterschiedliche Stadtteile und nur die Straßenbahn führt ins eigentliche Stadtzentrum.

Die innere Ringstraße ist weiterhin die Hauptstrecke des Obusnetzes, auf der abschnittsweise mehrere Linien verkehren, auch wenn es keine eigentliche Ringlinie mehr gibt. Die letzte Erweiterung erfolgte 2019, als die Linie 7 um 2,75 km verlängert wurde und den stillgelegten südlichen Abschnitt der Straßenbahnlinie 6 entlang des Bul. Arsenalski ersetzte.

Die Trolleybusse wurden zunächst aus der UdSSR importiert, bis 1951 die heimische Produktion des gleichen Modells begann. Seitdem war eine breite Palette von Fahrzeugen im Einsatz, hauptsächlich von ZiU, *Škoda* und *Ikarus*, aber auch Gebrauchtwagen aus Dortmund, Innsbruck und Linz (alle ausgemustert). 2010 wurden die ersten von 110 Niederflur-Fahrzeugen von *Škoda Solaris* sowohl als Solo- als auch als Gelenkwagen ausgeliefert, die heute den Großteil der Flotte bilden, ergänzt durch eine schwindende Zahl von Hochflur-Fahrzeugen des Typs Ikarus 280.92 aus den 1980er Jahren.

#2830 @ NDK > Bul. Praga

TROLLEYBUS

A 3.3 km trolleybus route served the suburb of Gorna Banya between 1941 and 1944 but the present-day network only commenced operation in 1948. By the early 1960s, a circular route was in operation around the inner ring road together with four routes extending into the inner suburbs. Since then, the network has expanded into the outer suburbs and is now served by 10 routes; there is relatively little duplication of tram and trolleybus routes as each mode serves mostly separate suburban corridors and only trams enter the heart of the city centre.

The inner ring road remains the hub of the trolleybus network, traversed in part by all routes though there is no longer a complete circular service around it. The most recent extension occurred in 2019 when route 7 was extended by 2.75 km, replacing the withdrawn southern section of tram route 6 along Bul. Arsenalski.

Trolleybuses were initially imported from the USSR until domestic production of the same model commenced in 1951. Since then, the undertaking has operated a wide range of vehicle types, the majority being of ZiU, Škoda and Ikarus manufacture, but also secondhand vehicles from Dortmund, Innsbruck and Linz (now withdrawn). In 2010, the first of 110 low-floor Škoda Solaris vehicles were delivered in both rigid and articulated form and these now form the bulk of the fleet, supplemented by a dwindling number of high-floor Ikarus 280.92 vehicles dating from the 1980s.

#1610 @ Hadzhi Dimitar

Higer-Elektrobus #5002 mit Ladevorrichtung an der Talstation der Simeonovo-Seilbahn
Higer Electric bus #5002 with charging station at the base station of the Simeonovo Cabin Lift

SEILBAHN

Von den südlichen Vororten führt die Simeonovo-Bahn auf den Berg Vitosha. Sie wurde 1983 für die Welt-Studenten-Winterspiele errichtet. Es handelt sich um eine Anlage mit 250 Sechs-Personen-Gondeln des österreichischen Herstellers Doppelmayr. Auf einer Länge von 6270 m wird ein Höhenunterschied von 1085 m überwunden. Die Fahrt dauert 30 Minuten. Die Talstation erreicht man mit der Elektrobus-Linie E123 von der Metro-Station G.M. Dimitrov aus.

AERIAL ROPEWAY

The Simeonovo Cabin Lift ascends Mt. Vitosha from Sofia's southern suburbs. It opened in 1983 for the World Student Winter Games. It is an Austrian Doppelmayr system with 250 six-person gondolas. The length is 6270 m, and the vertical displacement is 1085 m. The trip lasts 30 minutes. The base station can be reached by electric bus E123 from G.M. Dimitrov metro station.

'Rusich' sets A36 & A22 @ M4 Letishte/Airport

U-BAHN

Die Planung eines U-Bahn-Netzes begann in Sofia Ende der 1960er Jahre, bevor 1974 ein Masterplan mit drei Linien verabschiedet wurde. Nach sowjetischem Vorbild waren die Linien so konzipiert, dass sie im zentralen Bereich ein Dreieck mit drei Umsteigestationen bildeten.

Ein feierlicher erster Spatenstich fand 1978 statt, aber die schlechte Wirtschaftslage Bulgariens führte zu Budgetkürzungen und Bauverzögerungen. In den 1980er und 1990er Jahren wurde der Bau mehrmals begonnen und wieder gestoppt, so dass es 20 Jahre dauerte, bis 1998 die erste kurze Strecke eröffnet werden konnte.

Die Lage verbesserte sich jedoch nach dem Beitritt Bulgariens zur EU im Jahr 2007. Mit EU-Mitteln wurde der größte Teil der Linie 2 in nur vier Jahren gebaut und 2012 eröffnet. Weitere von der EU geförderte Erweiterungen folgten, darunter eine Verbindung zum Flughafen im Jahr 2015. Der Bau der Linie 3 begann 2016 und der erste Abschnitt wurde im Jahr 2020 eröffnet, wodurch das im Plan von 1974 vorgesehene Liniendreieck vervollständigt wurde. Gleichzeitig wurde der Abschnitt Obelya – Flughafen der Linie 2 in Linie 4 umbenannt, auch wenn die Züge von einer Linie auf die andere übergehen.

Der durchschnittliche Stationsabstand beträgt 1100 m. Die meisten Bahnsteige sind 105 m lang. Die Stationen der M1/M4 zwischen Slivnitsa und Sv. Kliment Ohridski haben Mittelbahnsteige, ebenso Sofia Airport (M4) sowie NDK und European Union (M2), alle anderen Bahnhöfe haben Seitenbahnsteige. In den Stationen der M3 wurden 1,6 m hohe transparente Bahnsteigtüren eingebaut, während einige Stationen der Linien M1 und M4 mit seilartigen Bahnsteigabgrenzungen nachgerüstet wurden.

Alle Stationen sind unterschiedlich, von einfacher Gestaltung der frühen Stationen der M1/M4 bis hin zu den im-

METRO

Planning for Sofia's metro system began in the late 1960s and a master plan for three lines was approved in 1974. Emulating Soviet practice, the lines were designed to form a triangle in the central area with three interchange stations.

A ceremonial ground-breaking took place in 1978 but Bulgaria's poor economic situation led to cost cutting and construction delays. Construction started and stopped several times in the 1980s and 1990s and it was 20 years before the first short stretch of line opened in 1998.

However, progress improved following Bulgaria's accession to the EU in 2007. With the benefit of EU funds, most of Line 2 was constructed in only four years, opening in 2012. Further EU-supported extensions followed, including a link to Sofia Airport which opened in 2015. Construction of Line 3 commenced in 2016 and the first section opened in 2020, completing the triangle of lines envisaged in the 1974 plan. In 2020, the Obelya – Sofia Airport section of Line 2 was renamed Line 4, but trains run through from one line to the other.

The average distance between stations is 1100 m; most platforms are 105 m long. The stations on M1 and M4 between Slivnitsa and Sv. Kliment Ohridski have island platforms as do Sofia Airport (M4) and NDK and European Union (M2). All other stations have side platforms; those on M3 were built with 1.6 m high transparent screen doors and around half of the stations on M1 and M4 have been retrofitted with rope-type screens.

All stations have individual decorative finishes, ranging from the fairly basic designs of the early Line 1/4 stations to the more grandiose designs of some of the later stations. The contrast between station styles is most obvious at Serdika, the main city centre

M3 Meditsinski Universitet/Medical University

posanteren Entwürfen der neueren Bahnhöfe. Am wichtigsten Verkehrsknotenpunkt Serdika, findet man oben (M1/M4) einen einfachen in offener Bauweise errichteten U-Bahnhof, unten (Serdika II, M2) hingegen ein beeindruckendes bergmännisch errichtetes Gewölbe; auf den Bahnsteigen befinden sich Glaskästen mit archäologischen Funden, die während des Baus der Station freigelegt wurden.

Die Linien 1, 2 und 4 verfügen über eine seitliche Stromschiene mit 825 V Gleichstrom und sind baulich und betrieblich miteinander verknüpft. Sie teilen sich dieselbe Betriebswerkstatt und die in Russland gebauten Fahrzeuge, bestehend aus 12 vierteiligen Zügen des Typs 81-717/714, die 1990, also acht Jahre vor Betriebsbeginn, geliefert wurden, sowie 40 Garnituren des Typs 81-740/741 „Rusich" aus drei 2-teiligen Gelenkwagen. Die Linie 3 wird unabhängig von den älteren Linien betrieben: Sie verfügt über eine 1500-V-Gleichstrom-Oberleitung und eine Flotte von 30 Siemens Inspiro-Zügen mit drei Wagen, ähnlich denen der Warschauer U-Bahn. Im Dezember 2022 wurde die Beschaffung von 16 neuen Zügen ausgeschrieben, jeweils 8 für die Linien 1/2/4 und die Linie 3.

Die Linien 1, 2 und 4 verkehren jeweils wochentags alle 6 Minuten und am Wochenende alle 12 Minuten; die Linie 3 wochentags alle 4 Minuten und am Wochenende alle 8 Minuten. Die Metro Sofia ist ein geschlossenes System mit Zu- und Ausgangssperren.

interchange where Line 2 passes beneath Lines 1 and 4. The upper-level station is a standard cut-and-cover design whereas the lower-level Line 2 station, known as Serdika II, has an impressive high vaulted ceiling constructed by NATM tunnelling, and platforms lined with glass cases displaying archaeological remains uncovered during construction of the station.

Lines 1, 2 and 4 have 825 V dc third-rail electrification and are physically and operationally interlinked, sharing the same depot and Russian-built rolling stock, comprising 12 four-car trains of type 81-717/714, which were delivered in 1990, eight years before entering service, and 40 type 81-740/741 'Rusich' sets, formed of three 2-section articulated cars. Line 3 operates independently of the earlier lines; it has 1500 V dc overhead electrification and a fleet of 30 Siemens Inspiro three-car trainsets similar to those on the Warsaw metro. In December 2022, bids were invited for the supply of 16 new trains, 8 each for Lines 1/2/4 and Line 3.

Lines 1, 2 and 4 each operate every 6 minutes on weekdays and every 12 minutes at weekends; Line 3 operates every 4 minutes on weekdays and every 8 minutes at weekends. The metro is a closed system with entry and exit barriers.

SOFIA Metro > Fahrzeuge | *Rolling Stock* (M1, M2, M4: 825 V DC; M3: 1500 V DC)

Nummer *Number*	Anzahl *Quantity*	Einsatz *In service*	Hersteller *Manufacturer*	Typ *Class*	Länge *Length*	Breite *Width*	Ausgeliefert *Delivered*
A1-A12: (1001-1024) */(5001-5024) **	12 x 4	M1, M2, M4	Metrovagonmash	81-717.4*/81-714.4**	19.2 m	2.67 m	1990 ****
A21-A60: (2001-2080) */(6001-6040) **	40 x 3	M1, M2, M4	Metrovagonmash	81-740.2*/81-741.2**	28.2 m/27.2 m	2.7 m	2005-2013
B1-B30: 3001-3060 */7001-7030 ***	30 x 3	M3	Siemens	Inspiro SF	60.0 m	2.65 m	2018-2020

* Triebwagen mit Führerstand | *Driving motor cars* ** Triebwagen ohne Führerstand | *Non-driving motor cars* *** Beiwagen | *Trailers*
**** Einheiten A1, A2, A6-A11 wurden 2019-21 modernisiert. | *Sets A1, A2, A6-A11 were modernised in 2019-21.*

M1/M4 Serdika – mit neuartigen Bahnsteigabgrenzungen | *with innovative platform edge protection*

M1 Slivnitsa – Business Park

Die erste U-Bahn-Strecke wurde 1998 zwischen Slivnitsa und Konstantin Velichkov eröffnet und erreichte schließlich zwei Jahre später Serdika im Stadtzentrum. Dieser Abschnitt wurde mit sowjetischer Unterstützung geplant und vollständig in offener Bauweise errichtet. Obwohl die Bahnhöfe ursprünglich als „unterirdische Paläste" im Moskauer Stil gedacht waren, führten finanzielle Beschränkungen zur Verwendung billigerer Materialien mit einem Minimum an dekorativen Elementen.

2003 wurde die Strecke nach Obelya verlängert und 2009 der südöstliche Abschnitt zwischen Serdika und Mladost 1 eröffnet. Japanische Baufirmen wandten den Schildvortrieb erstmals in Sofia zwischen Serdika und dem Vasil Levski Stadion an, wobei die Strecke den Fluss Perlovska unterquert. Um die Kosten zu senken, wurden Teile der Verlängerungen nach Obelya und Mladost oberirdisch gebaut, umschlossen von Polycarbonatröhren (Spitzname „blauer Darm"), um Lärmbelästigungen zu verringern und

M4 Obelya – Letishte/Airport

The metro opened between Slivnitsa and Konstantin Velichkov in 1998 and eventually reached Serdika in the city centre two years later. This section was designed with Soviet technical assistance and was built entirely in cut-and-cover tunnel. Although the stations were originally intended to be Moscow-style 'underground palaces', budgetary constraints led to the use of cheaper materials with minimum decorative elements.

In 2003, the line was extended to Obelya and in 2009 the southeastern leg opened between Serdika and Mladost 1. Japanese contractors constructed the first section of shield tunnelling on the system between Serdika and Vasil Levski Stadion which passes beneath the Perlovska River. To reduce costs, parts of both the Obelya and Mladost extensions were built above ground, enclosed by polycarbonate tubes, nicknamed 'blue intestines', to reduce noise and provide protection from the elements. Further savings were achieved by making

Modernised A11 (*l.*) @ M1 Business Park

M1+M4 26.1 km (4.2 km oberirdisch | *above ground**)
23 Bahnhöfe | *stations* (4 oberirdisch | *above ground*)

28-01-1998: M1/M4 Slivnitsa – Konstantin Velichkov (5.3 km)
17-09-1999: M1/M4 Konstantin Velichkov – Opalchenska (1.0 km)
31-10-2000: M1/M4 Opalchenska – Serdika (0.8 km)
20-04-2003: M4 Slivnitsa – Obelya (1.9 km)
08-05-2009: M1/M4 Vasil Levski Stadium – Mladost 1 (4.9 km)
08-09-2009: M1/M4 Serdika – Vasil Levski Stadium (2.2 km)
25-04-2012: M4 Mladost 1 – Tsarigradsko Shose (2.2 km)
02-04-2015: M4 Tsarigradsko Shose – Letishte/Airport (5 km)
08-05-2015: M1 Mladost 1 – Business Park Sofia (2.8 km)

* meist eingehaust, teils aufgeständert | *mostly covered, partly on viaduct*

M1/M4 Musagenitsa

die Bahn vor Witterungseinflüssen zu schützen. Außerdem konnte zwischen dem Vasil Levski Stadion und F. Joliot-Curie ein Tunnel genutzt werden, der ursprünglich für die Straßenbahn gebaut, aber nie genutzt wurde. Der oberirdische Abschnitt zwischen F. Joliot-Curie und G.M. Dimitrov wurde auf der Trasse einer eingestellten Straßenbahnlinie errichtet.

Mit EU-Mitteln wurde die Linie 2012 vorwiegend bergmännisch von Mladost 1 bis Tsarigradsko Shose verlängert, 2015 ging es weiter bis zum Flughafen. Im selben Jahr kam auch der Ast von Mladost 1 zum Business Park hinzu. Die Flughafenverlängerung verläuft größtenteils im Tunnel, teils in einem kurzen abgedeckelten Einschnitt, während der aufgeständerte Abschnitt vor dem Flughafen wieder größtenteils eingehaust wurde. Die Stationen Sofiyska Sveta Gora und Sofia Airport befinden sich beide in Hochlage, letzterer neben Terminal 2. Am U-Bahnhof Iskarsko Shose entstand gleichzeitig ein neuer Halt an der Bahnstrecke Sofia – Plovdiv. Der Ast zum Business Park ist vollständig unterirdisch und soll in Zukunft zur Sofia Ring Mall erweitert werden.

use of an existing tunnel between Vasil Levski Stadion and F. Joliot-Curie that was originally built for trams but never used. The above-ground section between F. Joliot-Curie and G.M. Dimitrov was built on the track bed of a discontinued tram line.

With EU funding, the line was extended from Mladost 1 to Tsarigradsko Shose in 2012, mostly by NATM tunnelling, and to Sofia Airport in 2015, when a branch from Mladost 1 to Business Park was also added. The airport extension is mostly in tunnel but with a short stretch in covered cutting and a mostly encased elevated section on the approach to the airport. Sofiyska Sveta Gora and Sofia Airport stations are both elevated, the latter being situated adjacent to Terminal 2. At Iskarsko Shose, a new interchange station was built on the Sofia – Plovdiv main line to coincide with the opening of the metro extension. The Business Park branch is entirely underground and may be extended to the Sofia Ring Mall in the future.

Original A5 @ M1/M4 Vasil Levski Stadium

M1/M4 Maldost I

M2 Vitosha

M2 Obelya – Vitosha

Die Linie 2 sollte ursprünglich eine eigenständige Linie werden, deren nördlicher Endpunkt und Betriebshof im Industriegebiet Iliyantsi (in der Nähe der aktuellen Straßenbahnhaltestelle Hyundai Bulgaria) liegen sollten, wobei zu einem späteren Zeitpunkt ein nordwestlicher Ast nach Nadezhda gebaut werden sollte. Letztendlich wurde dieser Ast zuerst umgesetzt und in Obelya mit der ersten Linie (heute M4) verbunden, wodurch das bestehende Depot mitgenutzt werden konnte und die beiden Linien durchgehend betrieben werden konnten.

Der Bau der Linie 2 begann 2008 mit Hilfe von EU-Mitteln. Die Linie verbindet den Stadtteil Nadezhda mit Sofias Hauptbahnhof und Busbahnhof und führt dann Richtung Süden durch das Stadtzentrum, unterquert die Linie 1 bei Serdika und erreicht schließlich die wohlhabenderen südlichen Vororte der Stadt. Von Obelya aus verläuft sie auf einem eingehausten Viadukt, bevor die Züge nach

Line 2 was to have been an independent line with its northern terminus and depot located in the Iliyantsi industrial zone (near the current Hyundai Bulgaria tram stop), with a northwestern branch to Nadezhda to be built at a later stage. However, it was decided to construct the branch first with a connection to the first line (now Line 4) at Obelya, allowing shared use of the existing depot with through running between the two lines.

Construction commenced in 2008 with the aid of EU funding. The line links the Nadezhda district with Sofia's central railway and bus stations and then heads due south through the city centre, passing beneath Line 1 at Serdika, and continues into the city's more affluent southern suburbs. From Obelya it runs on a covered viaduct, passing through Lomsko Shose station before descending into cut-and-cover tunnel through the Nadezhda district.

M2 James Bourchier

M2 Lomsko Shose

M2 Evropeyski sayuz/European Union – so benannt als Dank für die EU-Gelder | *named in gratitude for the EU support*

dem Hochbahnhof Lomsko Shose in einem offen gebauten Tunnel durch den Bezirk Nadezhda verschwinden.

Der mittlere Abschnitt von Han Kubrat bis zum NDK wurde im Schildvortrieb aufgefahren, wobei der tiefste Punkt der Strecke bei Serdika 26 m unter der Erde liegt. Der Abschnitt zwischen NDK und European Union war in offener Bauweise zusammen mit den Rohbauten der beiden Bahnhöfe lange vorher im Zuge des Baus des 1981 eröffneten Nationalen Kulturpalastes errichtet worden. Der Rest der Strecke von European Union durch Lozenets bis Vitosha wurde bergmännisch gebaut.

Es gibt Pläne für nördliche und südliche Erweiterungen (Netzplan S. 117) sowie für einen Umsteigebahnhof mit der Staatsbahn zwischen Obelya und Slivnitsa. Dies würde die Endstation für die M2 und M4 werden; eine neue Verbindung zum Depot würde es ermöglichen, die beiden Linien unabhängig voneinander zu betreiben.

The central section of the line from Han Kubrat to NDK was constructed by shield tunnelling, the lowest point on the line being 26 m below ground at Serdika. There follows a further section of cut-and-cover tunnel between NDK and European Union stations which was built, together with core sections of the two stations, well in advance of the rest of the line during the construction of the National Palace of Culture (NDK), which opened in 1981. The remainder of the line from European Union to Vitosha through Lozenets was constructed by NATM tunnelling.

Plans exist for northern and southern extensions (map p.117) and a new interchange station with the national railway between Obelya and Slivnitsa. This would become the terminus for Lines 2 and 4 and a new link from here to the metro depot would allow the two lines to be operated independently.

M2 Nadezhda

M2 11.4 km, 13 Bahnhöfe | *stations*
(1.45 km, 2 Bahnhöfe | *stations* oberird. | *above ground*)*

31-08-2012: Obelya – James Bourchier (10.1 km)
20-07-2016: James Bourchier – Vitosha (1.3 km)

* eingehaust, teils aufgeständert | *covered, partly on viaduct*

M2 Serdika II

M3 Orlov Most

M3 Gorna Banya – Hadzhi Dimitar

Obwohl seit den 1970er Jahren eine U-Bahn-Linie von Südwest nach Nordost geplant war, beschloss die Stadt 2009 stattdessen eine Stadtbahn zu bauen. Diese sollte vorwiegend oberirdisch verlaufen und die Trassen der Tramlinien 5 nach Knyazhevo und 22 zur Avtostantsiya Istok übernehmen, die durch einen kurzen Tunnelabschnitt im Stadtzentrum verbunden werden sollten. Das Projekt war jedoch umstritten, so dass man 2016 den Bau der Linie 3 doch als klassische U-Bahn startete.

Die Linie verläuft in einem zweigleisigen Tunnel, abgesehen von einem kurzen Abschnitt im Freien entlang des Zemlyane-Depots westlich des U-Bahnhofs Krasno Selo. Sie liegt am südlichen Rand des Stadtzentrums unter den älteren Linien. Die Station Orlov Most bietet einen Übergang zur Station Sv. Kliment Ohridski auf der M1/M4 und

M3 Teatralna

Although plans for a southwest-northeast metro line had existed since the 1970s, Sofia municipality decided in 2009 to pursue a light rail scheme instead. This was to have run mainly on the surface, incorporating the reserved-track sections of tram routes 5 to Knyazhevo and 22 to Avtostantsiya Istok, linked by a short tunnel section in the city centre. However, this proposal proved controversial, and the classic metro concept was resurrected, with construction of Line 3 commencing in 2016.

The line runs in twin-track tunnel apart from a short surface section alongside Zemlyane depot to the west of Krasno Selo station. It passes beneath the earlier lines on the southern fringe of the city centre. Orlov Most station provides interchange with Sv. Kliment Ohridski station on Lines 1 and 4 and NDK station with Line 2. As part of the project, a new halt was added at Gorna Banya on the Sofia – Pernik main line to allow interchange with the metro via a 100 m long covered walkway.

All stations have 105 m long side platforms fitted with 1.6 m high transparent screen doors. Each station has a distinctive decorative style. The line is equipped for driverless automatic train operation.

Construction of a 3 km eastwards extension from Hadzhi Dimitar to Vladimir Vazov commenced in March 2022 but a further 1.4 km extension to Bul. Botevgradsko

M3 11.6 km (0.6 km oberird. | *above ground*), 12 Bahnhöfe | *stations*

26-08-2020: Krasno Selo – Hadzhi Dimitar (7.8 km)
24-04-2021: Krasno Selo – Gorna Banya (3.8 km)
im Bau | *u/c: Hadzhi Dimitar – Vladimir Vazov (3.0 km)*

M3 Ovcha Kupel II

und die Station NDK zur M2. Als Teil des Projekts wurde an der Bahnlinie Sofia – Pernik in Gorna Banya eine neue Haltestelle eingefügt, um das Umsteigen zur U-Bahn über einen 100 m langen überdachten Gehweg zu ermöglichen.

Alle Bahnhöfe haben 105 m lange Seitenbahnsteige, die mit 1,6 m hohen transparenten Bahnsteigtüren ausgestattet sind. Jede Station ist unterschiedlich gestaltet. Die Strecke ist für den fahrerlosen automatischen Zugbetrieb ausgerüstet.

Der Bau einer 3 km langen östlichen Verlängerung von Hadzhi Dimitar bis Vladimir Vazov begann im März 2022, aber eine weitere 1,4 km lange Strecke bis zum Bul. Botevgradsko Shose, nahe der Endstation der Straßenbahnlinie 22, wurde zurückgestellt. Es wird jedoch nach einer Finanzierung für einen 6 km langen Südost-Ast von Orlov Most zu The Mall, einem Einkaufszentrum am Bul. Tsarigradsko Shose, gesucht.

Shose, near the terminus of tram route 22, is now uncertain. However, funding is being sought for a planned 6 km southeastern branch from Orlov Most to The Mall, a shopping centre on Bul. Tsarigradsko Shose.

M3 Moesia

M3 NDK

3x Citadis: # 20045, 20042 & 20054 @ Asklipiio Voulas

Griechenland

Griechenland, offiziell die Hellenische Republik (*Ellinikí Dimokratía*), ist das südlichste Land der Balkanhalbinsel mit einer Fläche von 131.957 km² und 10,4 Mio. Einwohnern, von denen rund ein Drittel in der Hauptstadt Athen und der umliegenden Region Attiki lebt.

Nach fast vier Jahrhunderten osmanischer Herrschaft wurde Griechenland 1832 ein kleiner unabhängiger Staat, dessen Gebiet allmählich wuchs, bis sich mit Übergabe der Dodekanes-Inseln von Italien an Griechenland im Jahr 1947 die heutigen Grenzen festigten. Griechenland trat 1981 der EU bei und führte 2001 den Euro als Währung ein.

Mehrere griechische Städte hatten einst elektrische Straßenbahnen: Patras (1902-1917), Kalamata (1910-1940), Thessaloniki (1907-1957), Athen/Piräus (1908-1960), Piräus – Perama (1936-1977). In Vorbereitung auf die Olympischen Spiele 2004 wurde jedoch in Athen eine moderne Straßenbahn der zweiten Generation eröffnet, die 2021 bis in die benachbarte Stadt Piräus verlängert wurde. In Athen und Piräus findet man auch ein U-Bahn-Netz und den einzigen Obusbetrieb Griechenlands.

Im Norden des Landes befindet sich in Thessaloniki eine fahrerlose U-Bahn im Bau (ex-FS-Pendolino-Züge benötigen für die 530 km lange Ausbaustrecke zwischen Athen und Thessaloniki 4 Stunden). Außerdem wurden 2022 die technischen Parameter für ein geplantes Tramnetz in Heraklion, der größten Stadt Kretas, beschlossen.

Neben dem griechischen Alphabet findet man auf Schildern und in Info-Materialien des ÖPNV meist auch eine lateinische Umschrift (allerdings sehr uneinheitlich!) bzw. eine englische Übersetzung.

Greece

Greece, officially the Hellenic Republic (Ellinikí Dimokratía), is the southernmost country of the Balkan peninsula covering an area of 131,957 km² with a population of 10.4 million, of whom around a third live in the capital Athens and the surrounding Attiki region.

Greece became a small independent state in 1832 after nearly four centuries of Ottoman rule. It gradually extended its territory, establishing its present-day borders when the Dodecanese islands were ceded by Italy in 1947. Greece joined the EU in 1981 and the eurozone in 2001.

Several Greek cities had first-generation electric tramways, none of which have survived: Patras (1902-1917), Kalamata (1910-1940), Thessaloniki (1907-1957), Athens/Piraeus (1908-1960), Piraeus – Perama (1936-1977). However, a modern second-generation tramway opened in Athens in preparation for the 2004 Olympic Games and this was extended to the adjoining city of Piraeus in 2021. Athens and Piraeus are also served by a metro system and Greece's only trolleybuses.

Elsewhere in Greece, a driverless metro is under construction in the northern city of Thessaloniki (ex-FS Pendolino trains operate on the upgraded railway between Athens and Thessaloniki taking around 4 hours for the 530 km journey). Also, a technical specification was agreed in 2022 for a proposed tram network serving Heraklion, the largest city in Crete.

For those unfamiliar with the Greek alphabet, most public transport signage and publicity is replicated in romanised form (although transliteration styles are rather inconsistent!) or English translation.

Metro - Line 1: Thissio > Monastiraki (Foto R. Schwandl, 2006)

Metro - Line 1: Viktoria (Victoria)

Citadis #20050 @ Edem

ATHEN

Im ausgedehnten Ballungsraum von Athen mit rund 3,1 Mio. Einwohnern sind die Großräume Athen und Piräus miteinander verschmolzen. Mittendrin erhebt sich die Akropolis, der Mittelpunkt des klassischen Athens mit seinen weltberühmten antiken Denkmälern und seinem reichen Schatz an archäologischen Überresten. Das „moderne" Stadtzentrum nördlich der Akropolis wurde nach der Ernennung Athens zur Hauptstadt des neuen griechischen Staates im Jahr 1834 mit geplanten Boulevards, Plätzen und öffentlichen Gebäuden im neoklassizistischen Stil angelegt. Mit Anstieg der Bevölkerung entwickelten sich im 20. Jahrhundert weitläufige Vororte.

Athen und die einst räumlich getrennte Hafenstadt Piräus wurden 1869 mit einer Eisenbahn verbunden, ab 1882/83 verkehrten in beiden Städten Straßenbahnen, die jedoch zwischen 1948 und 1960 durch Busse bzw. Obusse ersetzt wurden. In den 1980er Jahren litt Athen stark an Luftverschmutzung und Staus, die den öffentlichen Verkehr auf den Straßen behinderten. Der Zuschlag für die Olympischen Spiele 2004 gab jedoch einen Anstoß für die Modernisierung der Bus- und Trolleybusflotte und den Bau von U-Bahn-, Straßenbahn- und S-Bahn-Linien, die alle in den Folgejahren verlängert wurden.

OASA S.A. (Athener Stadtverkehr bzw. „*transport for athens*") ist für die Planung und Tarife des öffentlichen Verkehrs zuständig, wobei mit dem Betrieb zwei Tochterunternehmen beauftragt werden: STASY S.A. „Urban Rail Transport S.A." (U-Bahn/Straßenbahn) und OSY S.A. „Road Transport S.A." (Bus/Obus). Die *Proastiakos* [Vorort]-Bahnen werden von *Hellenic Train* auf der Infrastruktur der staatlichen *Hellenic Railways Organization* (OSE) betrieben. Eine Standseilbahn, die vom griechischen nati-

ATHENS

The Athens Urban Area is a sprawling conurbation comprising Greater Athens and Greater Piraeus with a combined population of 3.1 million. At its heart is the Acropolis, the focal point of classical Athens with its world-famous ancient monuments and rich legacy of archaeological remains. The 'modern' city centre, to the north of the Acropolis, was laid out with planned boulevards, squares and neo-classical style public buildings following the designation of Athens as the capital of the new Greek state in 1834. Beyond this central core, lie extensive suburbs developed as the city's population increased significantly during the 20th century.

Athens and the then separate port city of Piraeus were connected by rail in 1869 and trams operated in both cities from 1882/83 until replaced by buses and trolleybuses between 1948 and 1960. By the 1980s, Athens was suffering from serious congestion and air pollution problems and its mainly road-based public transport system was struggling to cope. However, the decision to hold the 2004 Olympic Games in Athens provided a stimulus for the replacement of the city's ageing bus and trolleybus fleets and the construction of new metro, tramway and suburban rail lines, all of which have been extended in subsequent years.

OASA S.A. (Athens Urban Transport Organisation - 'transport for athens') is responsible for public transport planning and fares, with services operated by two subsidiary companies: STASY S.A. 'Urban Rail Transport S.A.' (metro/tram) and OSY S.A. 'Road Transport S.A.' (bus/trolleybus). Proastiakos [suburban] rail services are operated by Hellenic Train on the infrastructure of the state-owned Hellenic Railways Organisation (OSE). A

Metro - Line 2: Peristeri

onalen Fremdenverkehrsamt gebaut wurde, führt auf den Berg Lycabettus.

Mit OASA besteht im Großraum von Athen ein Verkehrsverbund (außer Airport Express Bus sowie U-Bahn zwischen Koropi und Flughafen; S-Bahn nur Magoula – Piräus – Koropi). Aufladbare ATH.ENA-Tickets: 90 Minuten (1,20 €), 1 Tag (4,10 €) und 5 Tage (8,20 €). Ein 90-Minuten-Ticket inklusive Flughafen mit U-/S-Bahn kostet 9,00 €. Ein 3-Tages-Touristenticket (20,00 €) beinhaltet auch je eine Hin- und Rückfahrt vom/zum Flughafen mit U-Bahn, S-Bahn oder Expressbus.

funicular built by the Greek National Tourist Organisation ascends Mt Lycabettus.

The OASA ticketing system uses reloadable ATH.ENA tickets and cards. 90-minute (€1.20), Daily (€4.10) and 5-Day tickets (€8.20) are valid on all OASA trolleybuses, trams, buses (except Airport Expresses), metros (except between Koropi and the airport), and suburban rail (Magoula – Piraeus – Koropi only). A 90-minute ticket including the airport by metro/suburban rail costs €9.00. A 3-day Tourist Ticket (€20.00) also includes 2-way travel to/from the airport by metro, suburban rail or express bus.

ATHINA (Periféria Attikís)

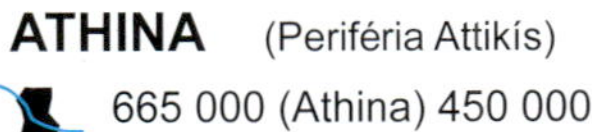

665 000 (Athina) 450 000 (Piraeus)

3 100 000

T 1908/2004 Tr 1948 (Piraeus)/1953 (Ath.) M 1904

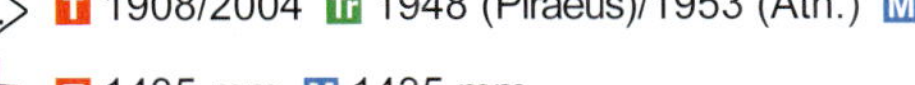

T 1435 mm M 1435 mm

T 27 km Tr ~100 km M 68.2 km

T 2 Tr 20 M 3

OASA S.A. (transport for athens) - *www.oasa.gr*

T M STASY S.A. - *www.stasy.gr*
Tr OSY S.A. - *www.osy.gr*

Hellenic Train (Proastiakos) - *www.hellenictrain.gr*

M Electric Railways Museum @ Piraeus Metro Station

M OSE Railway Museum (Piraeus Depot)
ose.gr/en/culture/railway-museum

Neoplan Trolleybus @ Syntagma

ATHINA

Chalkida
Thessaloniki
Magoula
Korinthos
Kiato
(Acharnes)
Acharnes
Ano
Zefyri
Acharnes SKA
(Nea Erythrea)
proj.
Kifissia
KAT
(Lykovrysi)
Metamorfosi
Irakleio
(Kamatero)
proj.
Kamatero 25
Kato Acharnes
Nea Filadelfia
(Trolleybus Depot)
(Pefki)
Marousi
(OTE)
(Ag. Nikolaos)
Iraklio
Neratziotissa
Petroupoli 24
(Petroupoli)
Pyrgos Vasilissis
Nea Filadelfia
Nea Ionia
Irini
Kifisias
proj.
Peristeri
(Ag. Ierotheos)
12
(Ilion)
Pefkakia
(Nea Ionia)
(Olympiako Stadio)
Pentelis
Perissos
(Palatiani)
Ano Patissia
Lamprini
(Sidera)
19B Halandri 10 18
Halandri
Agioi Anargyroi
Aghios Eleftherios
Alsos Veikou
19
Anthoupoli
(Filothei)
Aghia Paraskevi
Peristeri
Kato Patissia
Galatsi
Aghios Nikolaos
Elikonos
Nomismatokopio
Aghios Antonios
24 25
Ano Kypseli
(Faros)
Nea Psychiko
Holargos
Sepolia
Kypseli
Agia Marina
Attiki
Girokomio
Ethniki Amyna
ATHINA
Larissa Station
Viktoria
Dikastiria
Panormou
Katehaki
Egaleo
Agia Varvara
Eleonas
Ambelokipi
Metaxourghio
Omonia
Panepistimio
Goudi
Korydallos
Keramеikos
Monastiraki
Megaro Moussikis
Zografou
Rouf
Thissio
Evangelismos
T6
Syntagma
Ilisia
Tavros
Akropoli
Kaisariani
Petralona
Zappio
Nikaia
Tavros
E. Venizelos
Sygrou-Fix
L. Vouliagmenis
(Pangrati)
Panepistimioupoli
17 Ag. Georgios
Rentis
Ag. Ioannis Rentis
Kasomouli
Maniatika
Kallithea
(Chamosternas)
Neos Kosmos
(Vyronas)
Lefka
Aghios Ioannis
Moschato
(Pl. Davaki)
proj.
Piraeus
Neo Faliro
Baknana
Dafni
proj.
(Lofos Filaretou)
Aegeou
(Ano Ilioupoli)
Drapetsona
Neo Faliro
Aghias Fotinis-Platia
T7
Dimotiko Theatro
Moschato
(K.P.I.S.N.)
Megalou Alexandrou
Aghios Dimitrios
Alexandros Panagoulis
Kallithea
Tzitzifies
Aghia Paraskevi
Delta Falirou
Medeas-Mykalis
Aghia Skepi
Evangeliki Scholi
Trocadero
Achilleos
Ilioupoli
Grigoris Lambrakis
Parko Flisvou
Amfitheas
Panagitsa
Flisvos
Batis
Mousson
Edem
Pikrodafni
Alimos
T6
Marina Alimou
Saronikós kólpos
Saronischer Golf (Golf von Ägina)
Saronic Gulf (Gulf of Aegina)
Kalamaki
Zefyros
Tram Depot
Loutra Alimou
Argyroupoli
Elliniko
1st Aghiou Kosma
Elliniko
2nd Aghiou Kosma
(Ano Glyfada)
Aghios Alexandros
Ellinon Olymbionikon
Kentro Istioploias
proj.
Platia Vergoti
Paralia Glyfadas
(Glyfada)
(Gr. Lampraki)
Paleo Dimarhio
Aghelou Metaxa
Platia Vaso Katraki
Platia Esperidon
Kolymvitirio
5 km
Asklipiio Voulas
T7
Metro
1 Piraeus – Kifissia
2 Anthoupoli – Elliniko
3 Dimotiko Theatro – Doukissis Plakentias – Athens International Airport
4 Alsos Veikou – Goudi (im Bau | under construction)
Tram
T6 Syntagma – Pikrodafni (9′)
T7 Akti Posidonos – Asklipiio Voulas (9′)

PIRAEUS

17
20
17·20
3
Piraeus
Piraeus
1
16
Akti Posidonos
T7
Eth. Antistaseos
Platia Ippodamias
Aghia Triada
Dimotiko Theatro
Leof. V. Georgiou
Dimarhio
Mpoumpoulinas
2as Merarchias
Skouze
17
Dikastiria
17·20
20
Akti Moutsopoulou
Akti Kountouriotou
16
34ou Syntagmatos
Androutsou
Lambraki
Omiridou Skilitsi
Lampraki
Grigoriou
Evangelistria
Platia Deligianni
Mikras Asias
Skylitsi
20
Neo Faliro
S.E.F.
Leof. Al. Papanastasiou
Neo Faliro
D
Neo Faliro
T7
Ethnarchou Makariou
Gipedo Karaiskaki
1
500 m

Doukissis Plakentias
3
D
Pallini
Paiania-Kantza
Koropi
Athens International Airport
3

Kolpos Petalion
Petalischer Golf
Petalioi Gulf

Straßenbahn | *Tram*
U-Bahn | *Metro*
- im Bau | *under construction*
- geplant | *planned*

Obus | *Trolleybus*
- ohne Fahrgastbetrieb | *without passenger service*
Eisenbahn | *Railway* (OSE)

Metro - Line 3 @ Athens International Airport

Proastiakos @ Athens International Airport

ATHINA

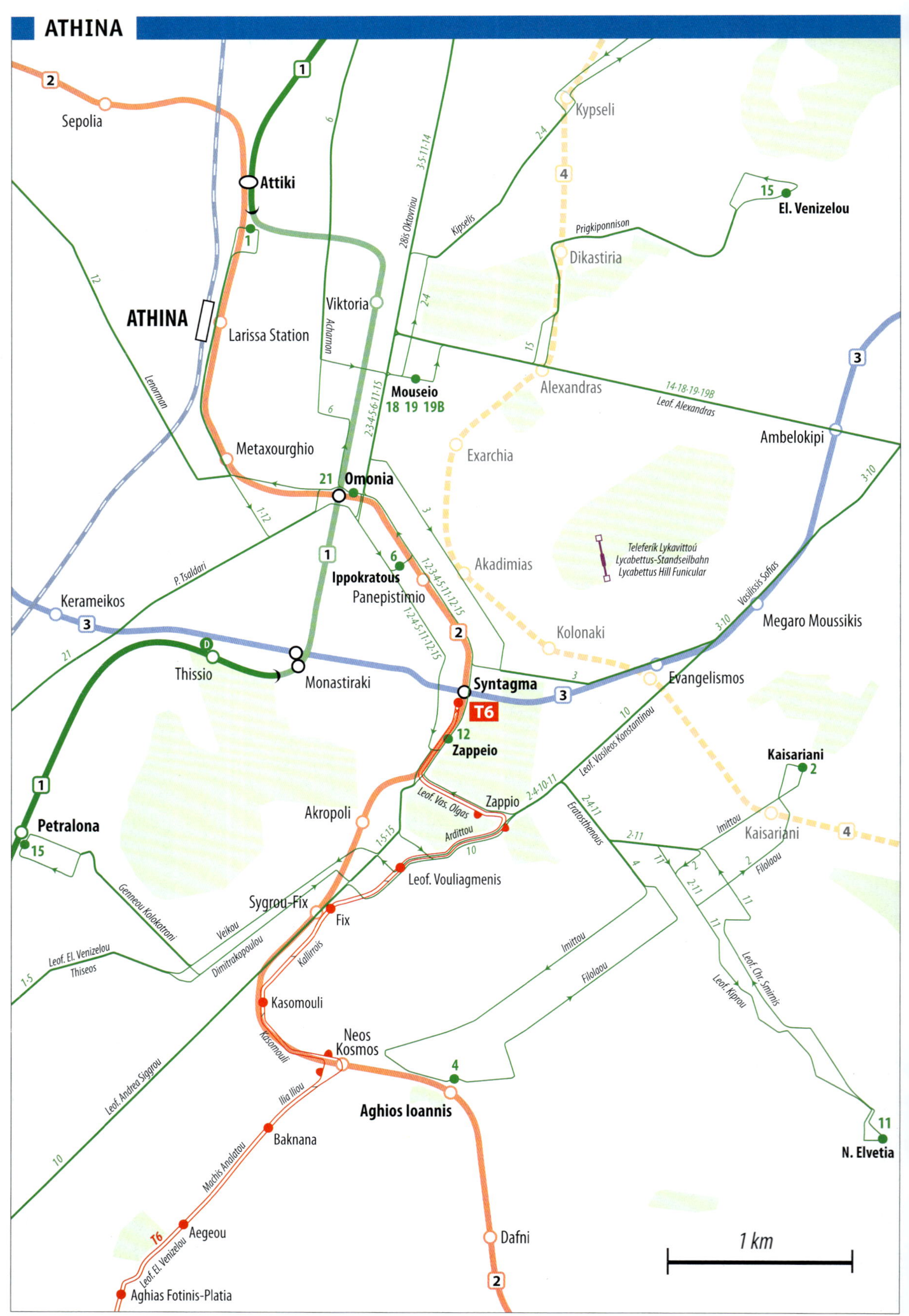
2
Sepolia
1
Attiki
1
ATHINA
Larissa Station
Viktoria
Acharnon
6
28is Oktovriou
3·5·11·14
Kipselis
2·4
Kypseli
4
Prigkiponnison
Dikastiria
15
El. Venizelou
12
Lenormant
2·4
15
Alexandras
14·18·19·19B
Leof. Alexandras
Mouseio
18 19 19B
2·3·4·5·6·11·15
6
Metaxourghio
Exarchia
Ambelokipi
3
3·10
21
Omonia
3
1·12
Teleferik Lykavittoú
Lycabettus-Standseilbahn
Lycabettus Hill Funicular
1
6
Ippokratous
1·2·3·4·5·11·12·15
Akadimias
P. Tsaldari
Panepistimio
1·2·4·5·11·12·15
Kerameikos
3
Vasilissis Sofias
Megaro Moussikis
2
Kolonaki
3·10
D
21
Thissio
Monastiraki
Syntagma
3
3
Evangelismos
T6
10
12
Zappeio
Leof. Vasileos Konstantinou
Kaisariani
2
1
Petralona
15
Akropoli
Leof. Vas. Olgas
Zappio
2·4·10·11
2·4·11
Eratosthenous
Imittou
Kaisariani
4
1·5·15
Ardittou
10
2·11
4
11
2
2·11
2
Filolaou
Leof. Vouliagmenis
Genneou Kolokotroni
Sygrou-Fix
Fix
11
11
Veikou
Kallirrois
Leof. El. Venizelou
Thiseos
Dimitrakopoulou
Imittou
1·5
Filolaou
Leof. Chr. Smirnis
Leof. Kiprou
Kasomouli
Kasomouli
Neos
Kosmos
Leof. Andrea Siggrou
4
Aghios Ioannis
Ilia Iliou
11
N. Elvetia
Baknana
10
Machis Analatou
T6
Aegeou
Dafni
1 km
Leof. El. Venizelou
2
Aghias Fotinis-Platia

Sirio #10032 @ Edem > Mousson (Gleisdreieck | *triangular junction*)

STRASSENBAHN

Das belgische Unternehmen ETAPP (*Athen-Piräus-Vorort-Straßenbahn*) nahm 1882 in Athen eine meterspurige Pferdestraßenbahn in Betrieb und errichtete bis 1901 ein Netz mit neun Linien, die die Stadt und ihre damaligen Vororte erschlossen. In Piräus startete die SAP (*Athen-Piräus-Eisenbahngesellschaft*) 1883 eine normalspurige Pferdebahn, die ihren Bahnhof mit dem Hafen und der Zollstation verband (Küstenstraßenbahn).

1887 eröffnete ETAPP auch zwei separate dampfbetriebene Straßenbahnlinien, die erste zwischen Athen (Akademia) und Tzitzifies mit Ästen entlang der Saronischen Küste nach Neo Faliro und Paleo Faliro, und die zweite zwischen Piräus (Agios Vassilios) und Neo Faliro. Die SAP war Eigentümerin des zwischen den beiden ETAPP-Endstellen in Neo Faliro liegenden Grundstücks und hinderte den Konkurrenten ETAPP daran, seine beiden Linien zu verbinden.

ETAPP stellte seine Pferde- und Dampflinien ab 1908 auf elektrischen Betrieb um und SAP elektrifizierte 1909/10 ihre Küstenstraßenbahn, die 1907 bis zum Bahnhof Aghios Dionysius verlängert worden war.

Das belgische Unternehmen erweiterte sein Netz schrittweise auf 65 km mit 21 Linien – 16 in Athen und 5 in Piräus, doch immer noch ohne Verbindung dazwischen.

1925 wurden ETAPP und SAP von der in britischem Besitz befindlichen *Power, Finance and Traction Company* übernommen, die zwei Tochtergesellschaften gründete: die *Electric Transport Company* für die meterspurigen Straßenbahnnetze in Athen und Piräus und die *Hellenic Electric Railways* für die normalspurige Eisenbahn Athen – Piräus sowie die Küstenstraßenbahn. Als Teil des Übernahmevertrags verpflichtete sich *Hellenic Electric Railways*, eine 9,7 km lange Lokalbahn zwischen Piräus und den Werften in Perama zu bauen, die 1936 eröffnet wurde.

Einige Straßenbahnstrecken wurden während der deutschen Besatzung Griechenlands im Zweiten Weltkrieg abgebaut; das gesamte Netz der *Electric Transport Company* wurde stillgelegt und bis 1960 durch Busse

TRAMWAY

A Belgian company (ETAPP - Athens-Piraeus-Suburbs Tram Company) introduced metre-gauge horse-drawn trams to Athens in 1882 and by 1901 had built up a network of nine routes, serving the city and its then suburbs. In Piraeus, the Athens-Piraeus Railway Company (SAP) started running standard-gauge horse-drawn trams in 1883, connecting its railway terminus with the port and customs post (the beach tramway).

In 1887, ETAPP also opened two separate steam-powered tram lines, the first between Athens (Akademia) and Tzitzifies with branches along the Saronic coast to Neo Faliro and Paleo Faliro, and the second between Piraeus (Agios Vassilios) and Neo Faliro. The Athens-Piraeus Railway owned the land located between the two ETAPP termini at Neo Faliro and prevented ETAPP from connecting its two lines so as to limit competition with its railway service.

ETAPP converted its horse-drawn and steam lines to electric traction from 1908 and SAP electrified its beach tramway in 1909/10, having extended it to Aghios Dionysius railway station in 1907.

The Belgian company gradually extended its network to 65 km with 21 routes (16 in Athens and 5 in Piraeus) but still without a connection between its Athens and Piraeus systems.

In 1925, ETAPP and SAP were acquired by the British-owned Power, Finance and Traction Company which formed two new subsidiaries - the Electric Transport Company which took over the metre-gauge tram networks in Athens and Piraeus and Hellenic Electric Railways which took over the standard-gauge Athens – Piraeus railway and beach tramway. As part of the takeover deal, Hellenic Electric Railways undertook to build a 9.7 km light railway between Piraeus and the naval dockyards at Perama which opened in 1936.

Some tram lines were dismantled during the German occupation of Greece in WW2 and the entire Electric

Citadis #20044 @ Akti Posidonos > Dimarhio (Dreifaltigkeitskathedrale | *Holy Trinity Cathedral*)

Sirio #10032 @ Aghias Fotinis-Platia

bzw. Obusse ersetzt. Die Küstenstraßenbahn von Piräus wurde ebenfalls 1960 aufgegeben, doch die Lokalbahn von Perama überlebte bis 1977.

44 Jahre später kehrte die Straßenbahn 2004 anlässlich der Olympischen Spiele nach Athen zurück. Bei der Eröffnung umfasste das neue 23,4 km lange Netz eine Strecke (die teilweise eine Obuslinie ersetzte) von Syntagma im Zentrum Athens bis Mousson mit Ästen nach Kolymvitirio und zum Stadio Irinis & Filias (SEF), so dass verschiedene olympische Austragungsorte entlang der Saronischen Küste erschlossen werden konnten.

2007 wurde der Südast um 0,8 km von Kolymvitirio zum neuen Endpunkt in Asklipiio Voulas verlängert, doch erst 2021 wurde der andere Ast um 2,5 km von SEF über eine große Schleife bis nach Piräus hinein erweitert. Gleichzeitig ersetzten die neuen Linien T6 (Syntagma – Pikrodafni) und T7 (Aghia Triada – Asklipiio Voulas) die früheren Linien T3 (SEF – Asklipiio Voulas), T4 (Syntagma – SEF) und T5 (Syntagma – Asklipiio Voulas). Bei Redaktionsschluss war die Stumpfendstelle Akti Posidonos in Piräus noch nicht in Betrieb, so dass Aghia Triada als Fahrtziel fungiert.

Der größte Teil des Netzes verfügt über einen eigenen, meist begrünten Gleiskörper, entweder am Straßenrand (der größte Teil der Küstenlinie) oder auf dem Mittelstreifen von mehrspurigen Straßen. Es gibt auch einige straßenbündige Abschnitte, die teilweise vom allgemeinen Verkehr abgetrennt sind, insbesondere auf der Schleifenfahrt durch Piräus sowie zwischen Leoforos Vouliagmenis und Syntagma. Der Betriebshof befindet sich in Elliniko auf dem Gelände des ehemaligen Flughafens von Athen und ist über einen 2,25 km langen Abzweig von der Haltestelle 2nd Ag. Kosma angeschlossen.

Betreiber war anfangs TRAM SA, eine Tochtergesellschaft von Attiko Metro, die 2011 in STASY SA integriert wurde. Zu den 35 AnsaldoBreda-Wagen von 2004 kamen 2020-21 für die Eröffnung der Piräus-Erweiterung 25 Alstom-Wagen hinzu. Zwei Ernesto-Breda-Fahrzeuge von der Perama-Linie aus dem Jahr 1936 sind in schlechtem Zustand erhalten – das eine an der Tramhaltestelle Kasomouli und das andere im Straßenbahndepot Elliniko.

Transport Company network was closed and replaced by buses and trolleybuses by 1960. The Piraeus beach tramway also closed in 1960 but the Perama light railway survived until 1977.

After a gap of 44 years, trams returned to Athens in 2004 for the Olympic Games of that year. Upon opening, the new 23.4 km network comprised a line from Syntagma in central Athens to Mousson (partly replacing a trolleybus route) with branches to Kolymvitirio and Stadio Irinis & Filias (SEF), serving various Olympic venues along the Saronic coast.

In 2007, the line was extended 0.8 km from Kolymvitirio to a new southern terminus at Asklipiio Voulas and in 2021 the line was extended 2.5 km from SEF to Piraeus by means of a one-way loop. Upon opening of the Piraeus extension, new routes T6 (Syntagma – Pikrodafni) and T7 (Aghia Triada – Asklipiio Voulas) replaced previous routes T3 (SEF – Asklipiio Voulas), T4 (Syntagma – SEF) and T5 (Syntagma – Asklipiio Voulas). At the time of writing, the stub terminus at Akti Posidonos in Piraeus had not been commissioned and Aghia Triada was acting as an interim terminus.

Most of the network is on reserved track, extensive sections of which are grassed, either at the roadside (most of the coastal line) or on the median strip of dual-carriageway roads. There are also some on-street sections, in part segregated from general traffic, notably the one-way loop in Piraeus and between Leoforos Vouliagmenis and Syntagma. The depot is at Elliniko on part of the former Athens Airport site, reached via a 2.25 km spur from 2nd Ag. Kosma.

The tramway was operated by TRAM SA, a subsidiary of Attiko Metro, until it was incorporated into STASY SA in 2011. The fleet comprises 35 AnsaldoBreda trams delivered in 2004 and 25 Alstom trams delivered in 2020-21 for the opening of the Piraeus extension. Two ex-Perama Ernesto Breda tramcars dating from 1936 survive in poor condition - one on static display at Kasomouli tram stop and the other within Elliniko tram depot.

ATHINA Tram > Fahrzeuge | *Rolling Stock* (750 V DC)

Nummer *Number*	Anzahl *Quantity*	Hersteller *Manufacturer*	Typ *Class*	Länge *Length*	Breite *Width*	Ausgeliefert *Delivered*
10001-10035	35	AnsaldoBreda	Sirio	32.3 m	2.40 m	2004
20036-20060	25	Alstom	Citadis 305	33.0 m	2.65 m	2020-2021

Neoplan Gelenk-Obus | *articulated trolleybus* @ Leoforos Alexandras

OBUS

Athen und Piräus verfügen jeweils über eigene Trolleybusnetze, die zwar durch Betriebsstrecken, aber derzeit ohne reguläre Linien verknüpft sind. Beide Netze zusammen ergeben eine Länge von etwa 100 km mit 19 Linien (16 in Athen, 3 in Piräus) und 362 Fahrzeugen.

Die *Electric Transport Company* führte 1948 in Piräus eine einzige Obuslinie als Ersatz für die Straßenbahn ein, ab 1953 folgten mehrere Linien in Athen. Nach der Verstaatlichung des Unternehmens als ILPAP (*Elektrische Busse von Athen und Piräus*) im Jahr 1970 wurde das Netz in den 1980er Jahren erweitert, indem mehrere Dieselbuslinien sowohl in Athen als auch in Piräus auf Obusbetrieb umgestellt wurden, um die Luftverschmutzung zu verringern. Eine weitere bedeutende Erweiterung des Athener Netzes erfolgte im Vorfeld der Olympischen Spiele einschließlich der Einführung neuer Linien (18, 19, 24, 25) in die nördlichen Vororte. Zuletzt kam 2007 die Linie 10 zwischen Halandri im Norden und Tzitzifies an der Küste hinzu. 2011 fusionierte ILPAP mit dem Dieselbusbetreiber ETHEL zur OSY S.A. („Road Transport S.A.“) .

Bis Mitte der 1970er Jahre fuhren in Athen Trolleybusse von Fiat, Alfa Romeo und Lancia, größtenteils neu, aber einige auch gebraucht aus Florenz und Caserta. Nach der Gründung von ILPAP erhielt Athen zwischen 1977 und 1991 insgesamt 359 in Russland gebaute ZiU-Fahrzeuge, von denen einige erst vor den Olympischen Spielen 2004 ersetzt wurden. Die aktuelle Flotte umfasst 110 Van Hool A 300T-Fahrzeuge (1999-2001) und 252 Neoplan Electroliner (1999-2004), davon 50 als Gelenk-Obusse.

Van Hool *trolleybus* @ Omonia

TROLLEYBUS

Athens and Piraeus each have trolleybus networks that are connected by non-revenue wiring but currently without any through services between them. The combined networks extend to approximately 100 km with 19 routes (16 Athens, 3 Piraeus) served by 362 vehicles.

The Electric Transport Company introduced a single tram replacement trolleybus route in Piraeus in 1948 followed by several routes in Athens from 1953 onwards. Following nationalisation of the company as ILPAP (Electric Buses of Athens and Piraeus Area) in 1970, the network was expanded in the 1980s with conversion of several diesel bus routes in both Athens and Piraeus to trolleybus operation to counter the effects of air pollution. A further significant expansion of the Athens network took place in the run up to the Olympic Games including the introduction of new routes (18, 19, 24, 25) in the northern suburbs. The most recent extension occurred in 2007 with the introduction of route 10 between Halandri in the north and Tzitzifies on the Saronic coast. In 2011, ILPAP was merged with diesel bus operator ETHEL as OSY S.A. 'Road Transport S.A.'.

Until the mid-1970s, Athens operated Fiat, Alfa Romeo and Lancia trolleybuses, mostly new but some second-hand from Florence and Caserta. Following the establishment of ILPAP, 359 Russian-built ZiU vehicles entered the fleet between 1977 and 1991, the last of which remained in service until replaced by new vehicles in advance of the 2004 Olympics. The current fleet comprises 110 Van Hool A 300T (1999-2001) and 252 Neoplan Electroliners (1999-2004), 50 of which are articulated.

Line 1 - Piraeus – Bahnhof von 1928 | *1928 station building*

U-BAHN

Das Athener U-Bahn-Netz besteht derzeit aus drei Linien. Bei der Linie 1 handelt es sich um eine modernisierte Eisenbahn aus dem 19. Jahrhundert, die bis auf einen Tunnelabschnitt im Zentrum von Athen oberirdisch verkehrt. Die Linien 2 und 3 sind hingegen moderne unterirdische Metro-Linien, wobei die Linie 3 auf dem Weg zum Flughafen Athen die oberirdischen S-Bahn-Gleise mitbenutzt. Alle U-Bahn-Linien haben eine Spurweite von 1435 mm und eine seitliche Stromschiene mit 750 V Gleichstrom, lediglich die Flughafenstrecke ist mit einer 25-kV-Oberleitung elektrifiziert. 2021 begann der Bau einer vierten Linie.

Die Linie 1, die 1976 als *Ilektrikoi Sidirodromoi Athinon Peiraios* [Elektr. Eisenbahn] (ISAP) verstaatlicht wurde, wurde erst 2011 mit den anderen U-Bahn-Linien, die anfangs von AMEL (Tochter von Attiko Metro) betrieben worden waren, zur STASY (*Städt. Bahnen*) fusioniert. Für die Planung und den Bau neuer Linien und Verlängerungen ist weiterhin die staatliche *Attiko Metro* [ametro.gr] verantwortlich.

Ab den späten 1950er Jahren wurden verschiedene U-Bahn-Projekte ausgearbeitet, die 1978 im Baubeschluss für zwei Linien gipfelten, eine Nord-Süd-Linie von Sepolia nach Dafni (Linie 2) und eine Ost-West-Linie von Egaleo bis Doukissis Plakentias (Linie 3). Eine neue Regierung stellte das Projekt Anfang der 1980er Jahre zurück, doch zunehmende Verkehrsprobleme und Umweltverschmutzung sowie die Verfügbarkeit von EU-Mitteln führten Ende des Jahrzehnts zu seiner Wiederbelebung. *Attiko Metro* wurde 1991 gegründet, so dass der Bau der Linie 2 und einer verkürzten Linie 3 im Jahr 1992 beginnen konnte. Bauschwierigkeiten und die Entdeckung bedeutender archäologischer Überreste verzögerten die Eröffnung bis ins Jahr 2000.

Vor den Olympischen Spielen 2004 wurde die Linie 1 modernisiert und die Linien 2 und 3 verlängert, wobei

METRO

The metro currently comprises three lines. Line 1 is an upgraded 19th century railway running mainly on the surface but with a tunnel section beneath central Athens. Lines 2 and 3 are modern purpose-built metro lines running underground, but with through running from Line 3 over suburban railway surface tracks to Athens International Airport. All metro lines are 1435 mm gauge, 750 V dc third rail, but the Airport extension is 25 kV overhead. Construction of a fourth line commenced in 2021.

Line 1, nationalised as the Athens-Piraeus Electric Railway (ISAP) in 1976, continued in separate ownership from the other metro lines until ISAP and the Attiko Metro Operations Company (AMEL), operator of Lines 2 and 3, were merged into the Urban Rail Transport Company (STASY) in 2011. Responsibility for the planning and construction of new metro lines and extensions remains with state-owned Attiko Metro [ametro.gr].

Various metro plans were drawn up from the late 1950s onwards culminating in government approval in 1978 for two lines running broadly north-south from Sepolia to Dafni (Line 2) and east-west from Egaleo to Doukissis Plakentias (Line 3). A newly-elected government suspended the project in the early 1980s but increasing traffic problems and pollution (and the availability of EU funds) led to its revival later in the decade. Attiko Metro was established in 1991 to manage the project, and construction of Line 2 and a shortened version of Line 3 commenced in 1992. Construction difficulties and the discovery of significant archaeological remains delayed opening until 2000.

Line 1 was modernised and Lines 2 and 3 were extended, with a through service to Athens Airport, in

Line 2 - Sygrou-Fix – Zug der 2. Generation | *2nd generation train*

letztere auf den Gleisen der S-Bahn zum Flughafen Athen durchgebunden wurde. Die Linie 2 wurde 2013 erneut an beiden Enden verlängert, während die Linie 3 schrittweise zwischen 2007 und 2022 Piräus erreichte.

Die U-förmige Linie 4 entstand aus ursprünglich geplanten Ästen der Linie 2 (Panepistimio – Alsos Veikou) bzw. der Linie 3 (Panormu – Marousi), die später zu einer eigenständigen Linie verknüpft wurden. Der erste Abschnitt zwischen Goudi und Alsos Veikou (12,8 km, 15 Stationen) soll 2029-30 fertiggestellt sein, weitere vier Etappen sind geplant; nach Fertigstellung soll die Linie 4 38,2 km lang sein und 35 Stationen bedienen.

Die Züge werden weiterhin wie früher bei ISAP als „Lieferung" und bei AMEL als „Generation" klassifiziert. Die meisten Wagen der Linie 1 sind stark mit Graffiti bedeckt, nicht so die der Linien 2 und 3. Sieben der Einheiten der 2. Generation aus Korea sind Zweisystemzüge und verfügen über zusätzlichen Gepäckraum für die Fahrten zum Flughafen.

2022 erhielt CAF den Auftrag, 14 Einheiten der 8. Lieferung für weitere 25 Jahre zu ertüchtigen. Eine Ausschreibung für die Lieferung von 7 zusätzlichen Zweisystemzügen soll 2023 erfolgen. Für die Linie 4 liefert Alstom 20 Metropolis-Züge mit vier Wagen, die mit CBTC Urbalis 400 für den fahrerlosen Betrieb ausgerüstet sind.

Die meisten Bahnhöfe haben Zu- und Ausgangssperren, aber neuere Stationen der Linie 3 haben lediglich Fahrscheinentwerter. Archäologische Funde sind an mehreren Stationen ausgestellt, insbesondere im U-Bahnhof Syntagma, während moderne Kunst vorwiegend in Stationen der Linien 2 und 3 zu sehen ist.

advance of the 2004 Olympics. More recently, Line 2 was extended again at both ends in 2013 and Line 3 was extended from central Athens to Piraeus in stages between 2007 and 2022.

U-shaped Line 4 was originally conceived as separate branches of Line 2 (from Panepistimio to Alsos Veikou) and Line 3 (from Panormu to Marousi) which were subsequently combined as an independent line. The initial section between Goudi and Alsos Veikou (12.8 km, 15 stations) is due for completion in 2029-30 and a further four stages are planned which, if completed, would extend the line to 38.2 km with 35 stations.

Rolling stock continues to be classified under the former ISAP 'batch' and AMEL 'generation' designations. Most Line 1 cars are heavily covered in external graffiti but cars on Lines 2 and 3 are not similarly affected. Seven of the Korean-built 2nd generation sets are dual-voltage and have extra luggage space for use on airport services.

In 2022 CAF was awarded a contract to refurbish 14 8th batch sets for a further 25 years' service and a tender for the supply of 7 additional dual-voltage sets for use on Line 3 is due to be announced in 2023. For Line 4, Alstom is to supply 20 four-car fully automated Metropolis trains compatible with its Urbalis 400 driverless CBTC technology.

Most stations have entry and exit barriers, but more recent Line 3 stations have ticket validators but no barriers. Archaeological findings are on display at several stations, notably Syntagma, and other stations, mainly on Lines 2 and 3, feature contemporary art installations.

ATHINA Metro > Fahrzeuge | *Rolling Stock* (750 V DC; * 750 V DC/25 kV AC)

Nummer *Number*	Anzahl *Quantity*	Linie *Line*	Hersteller *Manufacturer*	Typ *Class*	Länge *Length*	Breite *Width*	Ausgeliefert *Delivered*
	15x5	1	MAN, Siemens	8. | *8th* **			1983-85
	10x5	1	MAN, Siemens, Hellenic Shipyards	10. | *10th* **			1993-95
	20x6	1	Adtranz, Bombardier, Siemens, Hell. Shipyards	11. | *11th* **	106.7 m	2.8 m	2000-04
001-056	28x6	1, 2, 3	Siemens, Daimler-Benz, Alsthom	1. | *1st* ***	106 m	2.8 m	2000
201-228	7x6*, 14x6	2, 3	Hanwha-Rotem, Mitsubishi, Knorr-Bremse	2. | *2nd* ***	102 m	2.8 m	2003
301-334	17x6	2,3	Hyundai Rotem, Siemens	3. | *3rd* ***	106 m	2.8 m	2014
bestellt | *on order*	*20x4*	*4*	*Alstom*	*Metropolis*			*2028-*

* Zweisystemfahrzeuge | *Dual-voltage trains* ** Lieferung | *batch* *** Generation

Nea Ionia – 1956 eröffnet, 2003 umgebaut | *opened in 1956 and rebuilt in 2003* (Foto R. Schwandl, 2006)

1 Piraeus – Kifissia

Die *Athen-Piräus-Eisenbahn* (SAP) eröffnete 1869 eine eingleisige dampfbetriebene Eisenbahn zwischen Thissio in Athen und Piräus. Die Strecke war vollständig oberirdisch, bis sie 1895 teilweise in einem offen gebauten Tunnel bis Omonia verlängert wurde. Die Bahn wurde 1904 zweigleisig ausgebaut, elektrifiziert und fortan als „Ilektrikós" bekannt. 1926 erwarb die *Hellenic Electric Railways* die Strecke und verpflichtete sich, sie zu modernisieren und im Tunnel von Omonia nach Attiki und dann oberirdisch auf der Trasse einer Meterspurbahn von *Attica Railways* bis nach Kifissia zu verlängern. Neue Bahnhöfe wurden 1928 in Piräus und 1930 am Omonia-Platz eröffnet, bevor die Dampfzüge der *Attica Railways* 1938 zum letzten Mal verkehrten. Dann kam der Zweite Weltkrieg dazwischen und die Eröffnung des Omonia-Attiki-Tunnels verzögerte sich bis 1948/49 und die Attiki-Kifissia-Verlängerung bis 1956/57.

Weitere Zwischenstationen wurden nach und nach mit fortschreitender Bebauung eröffnet, bevor Ende der 1990er Jahre in Vorbereitung auf die Eröffnung der Linien 2 und 3 sowie die Olympischen Spiele 2004 eine Modernisierung begann. Dazu gehörten die Erneuerung eines Großteils der Anlagen aus den 1950er Jahren, der Umbau von Bahnhöfen sowie die Schaffung von Umsteigemöglichkeiten mit der Linie 2 in Attiki und Omonia, mit der Linie 3 in Monastiraki und mit der Flughafen-S-Bahn in Neratziotissa (neue Station auf einer Brücke).

Bemerkenswert sind die weitgehend im Original restaurierten Bahnhöfe Piräus und Viktoria, die Bahnsteige der Linie 1 in Omonia und Monastiraki und das traditionelle Eingangsgebäude in Monastiraki. Seit 2022 kann man zur Linie 3 auch in Piräus umsteigen.

The Athens - Piraeus Railway Company (SAP) opened a single-track steam-operated railway between Thissio in Athens and Piraeus in 1869. The line originally ran entirely above ground but was extended partly in cut-and-cover tunnel to Omonia in 1895 and was electrified and double-tracked in 1904, becoming known as the 'Ilektrikós'. In 1926, Hellenic Electric Railways acquired the line and undertook to modernise it and extend it in tunnel from Omonia to Attiki and then on the surface to Kifissia over the route of Attica Railways' existing metre-gauge line. New stations were opened at Piraeus in 1928 and Omonia in 1930 and Attica Railways' steam trains ceased operating in 1938. However, WW2 intervened, delaying the opening of the Omonia – Attiki tunnel until 1948/49 and the Attiki – Kifissia extension until 1956/57.

Additional intermediate stations were gradually opened as suburban development increased along the line and a major upgrading project commenced in the late 1990s in preparation for the opening of Lines 2 and 3 and the 2004 Olympic Games. This included renewal of much of the 1950s infrastructure, the rebuilding of stations, the creation of interchanges with Line 2 at Attiki and Omonia, Line 3 at Monastiraki, and the suburban railway Airport Line at Neratziotissa (a new station on a bridge).

Of note are the stations at Piraeus and Viktoria, the Line 1 platforms at Omonia and Monastiraki, and the traditional station building at Monastiraki, which were renovated with most of their original features restored. Since 2022, interchange has been available with extended Line 3 at Piraeus.

Omonia – U-Bahnhof von 1930 | *1930 underground station*

Die meisten Bahnhöfe sind zweigleisig mit Seitenbahnsteigen, aber Piräus, Faliro und Omonia haben einen Mittelbahnsteig zum Einsteigen sowie zwei Seitenbahnsteige zum Aussteigen; Tavros hat einen Mittelbahnsteig und Kifissia hat einen Mittelbahnsteig und einen Seitenbahnsteig; Irini, der einzige dreigleisige Bahnhof, hat zwei Mittelbahnsteige.

Zukünftig sollen ein Ast von Thissio zum Kulturzentrum der Stavros Niarchos Foundation (K.P.I.S.N.) und eine nördliche Verlängerung zum P&R-Gelände Komvos Barympompis gebaut werden, wofür der Bahnhof Kifissia in den Untergrund verlegt werden müsste.

Most stations have two tracks and two side platforms but Piraeus, Faliro and Omonia have two tracks with a central platform for boarding and two side platforms for alighting, Tavros has an island platform, and Kifissia has a central platform and a side platform. Irini, the only station with three tracks, has two island platforms.

Possible future developments include a branch from Thissio to the Stavros Niarchos Foundation Cultural Centre (K.P.I.S.N.) and a northern extension to a park and ride site at Komvos Barympompis which would involve the construction of a new underground station at Kifissia.

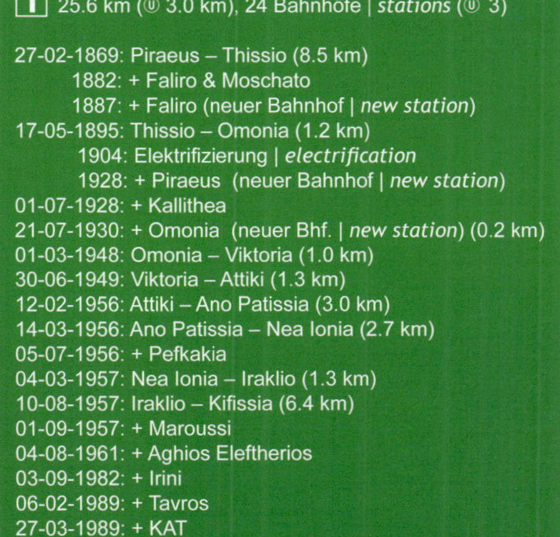

1 25.6 km (Ⓤ 3.0 km), 24 Bahnhöfe | *stations* (Ⓤ 3)

27-02-1869: Piraeus – Thissio (8.5 km)
1882: + Faliro & Moschato
1887: + Faliro (neuer Bahnhof | *new station*)
17-05-1895: Thissio – Omonia (1.2 km)
1904: Elektrifizierung | *electrification*
1928: + Piraeus (neuer Bahnhof | *new station*)
01-07-1928: + Kallithea
21-07-1930: + Omonia (neuer Bhf. | *new station*) (0.2 km)
01-03-1948: Omonia – Viktoria (1.0 km)
30-06-1949: Viktoria – Attiki (1.3 km)
12-02-1956: Attiki – Ano Patissia (3.0 km)
14-03-1956: Ano Patissia – Nea Ionia (2.7 km)
05-07-1956: + Pefkakia
04-03-1957: Nea Ionia – Iraklio (1.3 km)
10-08-1957: Iraklio – Kifissia (6.4 km)
01-09-1957: + Maroussi
04-08-1961: + Aghios Eleftherios
03-09-1982: + Irini
06-02-1989: + Tavros
27-03-1989: + KAT
06-08-2004: + Neratziotissa

Thissio – urspr. Eingangsgebäude | *original station building*

Alimos

2 Anthoupoli – Elliniko

Die Linie 2 verkehrt von den nordwestlichen Vororten Athens über das Stadtzentrum in den Süden des Großraums. Sie hält dabei am Hauptbahnhof Larissa, an der Universität (Panepistimio), am Parlament (Syntagma) und am Akropolis-Museum (Akropoli). Umsteigen zur Linie 1 ist an den U-Bahnhöfen Omonia und Attiki, wo es eine Gleisverbindung zwischen den beiden Linien gibt, möglich. Ein Übergang zur Linie 3 besteht am U-Bahnhof Syntagma, wo es ebenfalls eine Gleisverbindung gibt.

Der erste Abschnitt der Linie 2 wurde im Jahr 2000 zwischen Sepolia im Nordwesten und Syntagma im Stadtzentrum eröffnet, doch bereits im selben Jahr wurde eine südliche Verlängerung nach Dafni fertiggestellt. Die Strecke wurde sowohl 2004 als auch 2013 an beiden Enden verlängert. Die südliche Verlängerung von Aghios Dimitrios nach Elliniko war ursprünglich als Hochbahn geplant, wurde aber schließlich vollständig unterirdisch gebaut.

Alle Stationen der Linie 2 befinden sich rund 18 m unter der Oberfläche, mit Ausnahme von Omonia, die in einer Tiefe von 33 m unterhalb der Linie 1 liegt. Aghios Dimitrios hat einen Mittelbahnsteig, alle anderen Stationen haben Seitenbahnsteige.

Der U-Bahnhof Syntagma ist für sein archäologisches Museum bekannt, in dem antike Gegenstände ausgestellt sind, die während des Baus der U-Bahn ausgegraben wurden. Archäologische Funde sind auch an anderen Stationen der Linie 2 zu sehen, darunter Panepistimio und Akropoli, während zeitgenössische Kunst in Stationen wie Larissa oder Sygrou-Fix installiert wurde.

Das Depot in Sepolia wurde ursprünglich zum Abstellen und für die Wartung aller Züge der Linien 2 und 3 genutzt, bis die Linie 3 ihre eigene Betriebswerkstätte erhielt.

Line 2 runs between Athens' northwestern and southern suburbs via the city centre. It links the main railway station, Larissa, with the city centre and serves the University (Panepistimio), Parliament (Syntagma) and the Acropolis Museum (Akropoli). Interchange is available with Line 1 at Omonia and at Attiki, where there is a track connection between the two lines. Interchange is available with Line 3 at Syntagma, where there is also a track connection.

The first section of Line 2 opened in 2000, between Sepolia in the northwest and Syntagma in the city centre and a southern extension to Dafni was completed later the same year. The line was extended at both ends in 2004 and again in 2013. The southern extension from Aghios Dimitrios to Elliniko was initially planned as an elevated line but was eventually built fully underground.

All stations on the line are underground, at around 18 m below the surface except for Omonia, which is 33 m below the surface, beneath Line 1. Aghios Dimitrios has an island platform, but all other stations have side platforms.

Syntagma station is notable for its archaeological museum which features historical items unearthed during

2 17.7 km (Ⓤ), 20 Bahnhöfe | *stations*

28-01-2000: Sepolia – Syntagma (4 km)
16-11-2000: Syntagma – Dafni (5 km)
05-06-2004: Dafni – Aghios Dimitrios/A. Panagoulis (1 km)
09-08-2004: Sepolia – Aghios Antonios (1 km)
06-04-2013: Aghios Antonios – Anthoupoli (1.2 km)
26-07-2013: Aghios Dimitrios/A. Panagoulis – Elliniko (5.5 km)

Syntagma

Der Athener U-Bahn-Ausbauplan enthält zwei mögliche Verlängerungen für die Linie 2: Im Norden soll sie von Anthoupoli bis Acharnes führen und im Süden von Elliniko bis Glyfada an der Küste.

construction of the metro. Archaeological finds are also on display at several other Line 2 stations including Panepistimio and Akropoli and a number of stations feature contemporary art installations including Larissa Station and Sygrou-Fix.

The depot at Sepolia was originally used for stabling and overhaul of all Line 2 and 3 trains until Line 3 gained its own facilities.

The Athens Metro Lines Development Plan shows two possible Line 2 extensions as 'under design': north from Anthoupoli to Acharnes and south from Elliniko to Glyfada.

Larissa

Akropoli

Peristeri

Kerameikos

3 Dimotiko Theatro – Doukissis Plakentias (– Athens International Airport)

Seit ihrer Verlängerung nach Piräus im Jahr 2022 ist die Linie 3 die längste U-Bahn-Linie Athens. Zur Linie 1 kann in Piräus und Monastiraki und zur Linie 2 am U-Bahnhof Syntagma umgestiegen werden. Die erste Etappe sollte von Kerameikos bis Ethniki Amyna führen, wurde aber dann aufgrund der Entdeckung eines alten Friedhofs und Tunnelbauschwierigkeiten, die auch die Fertigstellung des Abschnitts Syntagma – Monastiraki verzögerten, gekürzt.

Pünktlich zu den Olympischen Spielen 2004 war die Verlängerung von Ethniki Amyna bis Doukissis Plakentias fertig, auch wenn erst 2009/10 alle Zwischenstationen auf diesem Abschnitt eröffnet werden konnten. Die meisten Züge enden in Doukissis Plakentias, doch zwei pro Stunde wechseln von seitlicher Stromschiene auf Oberleitung mit 25 kV Wechselstrom und fahren oberirdisch auf S-Bahn-Gleisen 21 km weiter bis zum Internationalen Flughafen Athen. Das mittlere Gleis am Flughafenbahnhof musste für die U-Bahn abgesenkt werden, da diese eine höhere Einstiegshöhe haben als die S-Bahnen. Die U-Bahn konnte an den drei Zwischenstationen der S-Bahn erst 2006 halten, nachdem Teile ihrer Bahnsteige angehoben worden waren.

Am westlichen Ende wurden die geplante Trassierung und die Lage des U-Bahnhofs Kerameikos geändert, um den historischen Friedhof zu umfahren. Die Linie 3 wurde 2007 bis Egaleo und dann schrittweise bis zum Dimotiko Theatro in Piräus verlängert. Dort sollte sie ursprünglich um eine Station weiter bis Evangelistria führen, was jedoch aufgrund lokaler Proteste verworfen wurde.

Die Züge der Linie 3 wurden ursprünglich im Sepolia-Depot auf der Linie 2 abgestellt und gewartet, doch später bekam die Linie 3 ihre eigenen Betriebshöfe in Doukissis Plakentias und Eleonas.

Since being extended to Piraeus in 2022, Line 3 is Athens' longest metro line. It provides interchange with Line 1 at Piraeus and Monastiraki and Line 2 at Syntagma. The first stage of the line was due to run from Kerameikos to Ethniki Amyna but was cut back from Kerameikos to Monastiraki due to the discovery of an ancient cemetery and tunnelling difficulties, which also delayed completion of the Syntagma – Monastiraki section.

The extension from Ethniki Amyna to Doukissis Plakentias was completed just in time for the 2004 Olympic Games, but it was not until 2009/10 that all the intermediate stations on this section were opened. Most trains terminate at Doukissis Plakentias but 2 tph change from third rail to 25 kV overhead and continue a further 21 km on the surface along suburban railway tracks to Athens International Airport. The centre track at the Airport station had to be lowered to accommodate metro trains as they have a higher floor level than suburban trains. Also, metro trains were unable to serve the three intermediate stations on the suburban railway until parts of their platforms were raised in 2006.

At its western end, the proposed route and location of Kerameikos station were altered to avoid the historic cemetery and the line was extended to Egaleo in 2007 and then by stages to Dimotiko Theatro in Piraeus. As originally planned, the line was to have extended one station further to Evangelistria but this was cancelled due to local objections.

Line 3 trains were originally stabled and maintained at Sepolia depot on Line 2, but Line 3 now has dedicated depots at Doukissis Plakentias and Eleonas.

Holargos

Die Bahnhöfe Ethniki Amyna, Egaleo und Monastiraki haben Mittelbahnsteige, ebenso wie die Bahnhöfe des S-Bahn-Abschnitts, alle anderen haben Seitenbahnsteige. Archäologische Funde sind an mehreren Stationen ausgestellt, darunter Syntagma, Evangelismos, Egaleo und Dimotiko Theatro, letztere mit einer Dauerausstellung über die Wasserversorgung des antiken Piräus.

Ethniki Amyna, Egaleo and Monastiraki stations have island platforms, as do the stations on the suburban railway extension, but all others have side platforms. Archaeological findings are on display at several Line 3 stations including Syntagma, Evangelismos, Egaleo and Dimotiko Theatro, the latter featuring a permanent exhibition of the water supply system of ancient Piraeus.

Ethniki Amyna

3 28.5 km (Ⓤ) + 21 km*, 23 Ⓤ + 4* Bahnhöfe | *stations*

28-01-2000: Syntagma – Ethniki Amyna (8.5 km)
22-01-2003: Syntagma – Monastiraki (1.0 km)
24-07-2004: Ethniki Amyna – Halandri (4.1 km)
28-07-2004: Halandri – Doukissis Plakentias (1.1 km)
30-07-2004: D. Plakentias – Athens International Airport (21 km)*
10-07-2006: + Peania-Kantza** & Koropi**
09-2006: + Pallini**
26-05-2007: Monastiraki – Egaleo (4.4 km)
02-09-2009: + Nomismatokopio
23-07-2010: + Holargos
30-12-2010: + Aghia Paraskevi
14-12-2013: Egaleo – Aghia Marina (1.5 km)
07-07-2020: Aghia Marina – Nikaia (4.3 km)
10-10-2022: Nikaia – Dimotiko Theatro (3.6 km)

* oberirdisch gemeinsam mit S-Bahn | *above ground, shared with Suburban Rail*
** zuvor nur S-Bahn | *previously only Suburban Rail*

Katehaki

Athina – Hauptbahnhof (bekannt als Larissa-Bahnhof) | *Athens' main railway station (known as Larissa Station)*

S-BAHN

Der *Proastiakos* [Vorort]-Schienenverkehr wird seit der Privatisierung im Jahr 2017 von *Hellenic Train* (ehemals *TrainOSE*) betrieben, einer Tochtergesellschaft der Italienischen Staatsbahnen (FS). Die Züge werden von der staatlichen *Hellenic Railways Organization* (OSE) geleast, die auch Eigentümerin der Bahninfrastruktur ist.

Die erste Proastiakos-Linie wurde 2004 mit Dieseltriebwagen pünktlich zu den Olympischen Spielen zwischen Athen und dem Internationalen Flughafen „Eleftherios Venizelos" eingerichtet. Sie führte auf bestehenden Gleisen vom Athener Hauptbahnhof nach Norden und dann auf einer neuen 33 km langen Strecke im Mittelstreifen der Autobahn Attiki Odos zum Flughafen. Das Netz wurde schrittweise bis Korinth (2005), Piräus und Kiato (2007), Chalkida (2009) und Aigio (2020) erweitert und umfasst nun insgesamt 298 km mit 53 Stationen. Der größte Teil des Netzes wurde zwischen 2010 und 2018 mit einer 25-kV-Oberleitung elektrifiziert, so dass heute Desiro-Elektrotriebwagen der Baureihe 460 von Siemens mit 5 Wagen eingesetzt werden können (außer auf dem noch nicht elektrifizierten Abschnitt Kiato – Aigio).

Gewöhnliche ATH.ENA-Tickets (ohne Flughafen) gelten bei der S-Bahn nur bis Magoula, Piräus und Koropi. Derzeit werden fünf Linien betrieben:

Linie 1: Piräus – Athen – Flughafen (stündlich) 48 km
Linie 2: Piräus – Athen – Kiato (stündlich) 121 km
Linie 3: Athens – Chalkida (1-2 mal pro Stunde) 83 km
Linie 4: Ano Liosia – Flughafen (stündlich) 33 km, mit HVZ-Verstärkerzügen bis Peania-Kantza
Linie 5: Kiato – Aigio (6 Züge pro Tag) 70 km

SUBURBAN RAIL

Proastiakos [suburban] rail services are operated by Hellenic Train (formerly TrainOSE), a subsidiary of Italian State Railways (FS) since privatisation in 2017. Rolling stock is leased from the state-owned Hellenic Railways Organisation (OSE) which also owns the railway infrastructure.

The first Proastiakos service commenced between Athens and Athens International Airport 'Eleftherios Venizelos' in 2004 in time for the Olympic Games, operated by DMUs over existing tracks from Athens and thence via a newly built 33 km line along the median strip of the Attiki Odos motorway to the airport. The network was extended to Corinth (2005), Piraeus and Kiato (2007), Chalkida (2009) and Aigio (2020) and now totals 298 km with 53 stations. Most of the network was electrified at 25 kV AC overhead between 2010 and 2018 with services now operated by 5-car Class 460 Siemens Desiro EMUs (except Kiato – Aigio which is not yet electrified).

Standard (non-Airport) ATH.ENA tickets and cards are valid for the Magoula – Piraeus – Koropi sections only. Five services are operated:

Line 1: Piraeus – Athens – Athens Airport (hourly) 48 km
Line 2: Piraeus – Athens – Kiato (hourly) 121 km
Line 3: Athens – Chalkida (1-2 hourly) 83 km
Line 4: Ano Liosia – Athens Airport (hourly) 33 km, plus peak short workings to Peania-Kantza
Line 5 - Kiato – Aigio (6 trains/day) 70 km

Blick vom Berg Lycabettus über das Stadtzentrum und die Akropolis bis nach Piräus rechts hinten im Bild
View from Mount Lycabettus of the city centre, the Acropolis and all the way to Piraeus in the top right corner of the photo

STANDSEILBAHN
Der Berg Lycabettus (277 m) ist der höchste Punkt im Zentrum Athens und ein beliebtes Ausflugsziel mit einem Panoramablick auf die Stadt und die Küste. Die 1965 vom Griechischen Nationalen Fremdenverkehrsamt eröffnete Lycabettus-Seilbahn (Teleferík Lykavittoú) wurde 2002 umfassend renoviert und mit neuen Wagen griechischer Herstellung ausgestattet. Seitdem wird sie vom Betreiber des Restaurants auf dem Gipfel betrieben. Die 210 m lange eingleisige Strecke mit Ausweiche liegt komplett im Tunnel und hat eine maximale Steigung von 28 Grad. Jeder der beiden Wagen hat eine Kapazität von 34 Personen. Die Bahn verkehrt alle 30 Minuten, in Spitzenzeiten auch häufiger, die Fahrt dauert 3 Minuten. Eine Einzelfahrt kostet 7 €, Hin- und Rückfahrt 10 €. Die Talstation erreicht man von der U-Bahn-Station Evangelismos aus über einen 600 m langen steilen Fußweg.

FUNICULAR
Mount Lycabettus (277 m) is the highest point in central Athens and a popular tourist destination offering panoramic views of the city and coastline. The Lycabettus Cable Car (Teleferík Lykavittoú) was opened by the Greek National Tourist Organistion in 1965 and was extensively refurbished and equipped with new cars of Greek manufacture in 2002. Since then, it has been operated by the company which manages the restaurant at the summit. The 210 m long single-track line, with passing loop, runs entirely in tunnel and has a maximum gradient of 28 degrees. Each of the two cars has a capacity of 34 passengers. Services operate every 30 minutes, more frequently at peak times, taking 3 minutes. Single/return fares are €7/€10. The base station is a steep 600 m uphill walk from Evangelismos metro station.

Pylaia Depot (Foto Ioannis Vasileiou)

THESSALONIKI

Thessaloniki war früher Teil des Osmanischen Reiches und wurde 1913 nach dem Zweiten Balkankrieg in den griechischen Staat eingegliedert. Im Jahr 1917 zerstörte ein Großbrand ungefähr zwei Drittel der Stadt, danach wurde sie rasterförmig neu aufgebaut, wodurch ihr einstiger orientalischer Charakter verloren ging. Heute ist Thessaloniki die zweitgrößte Stadt und zweitgrößter Hafen Griechenlands.

1893 nahm ein belgisches Unternehmen eine Pferdebahn auf einem 10 km langen Netz in Betrieb, das 1908 elektrifiziert und schrittweise auf 15 km erweitert wurde. 1940 wurde die Straßenbahn vom griechischen Staat übernommen, der alle Strecken zwischen 1954 und 1957 stilllegte, seither waren Busse das einzige öffentliche Verkehrsmittel der Stadt. 2007 wurde auf dem Eisenbahnnetz ein Vorort- bzw. Regionalbahnverkehr eingeführt. Eine fahrerlose U-Bahn soll 2024 eröffnet werden.

U-BAHN

Bereits nach dem Großbrand von 1917 schlug die mit der Neugestaltung der Stadt beauftragte Kommission eine U-Bahn-Linie vom Stadtzentrum zu neuen Vororten im Südosten vor, doch daraus wurde nichts, genauso wenig wie aus einer Idee aus dem Jahr 1968 für eine Ringlinie, die den Flughafen anschließen und den Thermaischen Golf in einem Tunnel unterqueren sollte. 1988 wurden schließlich Pläne für eine 7,8 km lange Linie mit 14 Stationen bekannt, die Neos Sidirodromikos Stathmos [Neuer Bahnhof] und Nea Elvetia verbinden sollte. 1989 begann zwar im Stadtzentrum der Bau eines ersten 650 m langen Abschnitts eines flach liegenden Tunnels, doch finanzielle Schwierigkeiten und mangelnde Unterstützung durch die Zentralregierung führten zur Einstellung der Bauarbeiten.

Das Projekt wurde 2003 mit EU-Mitteln wiederbelebt und ein griechisch-italienisches Konsortium wurde beauftragt,

Formerly part of the Ottoman Empire, Thessaloniki was incorporated into the Greek state in 1913 following the Second Balkan War. In 1917 a major fire destroyed approximately two thirds of the city which was rebuilt on a grid pattern eradicating most of its previous oriental character. Today, Thessaloniki is Greece's second largest city and second largest port.

In 1893, a Belgian company started running horse trams on a 10 km network which was electrified in 1908 and gradually extended, reaching 15 km at its maximum extent. In 1940 ownership was transferred to the Greek state which closed the system between 1954 and 1957, since when buses have been the sole form of public transport in the city, though a limited suburban/regional rail service was introduced in 2007. An automated driverless metro system is scheduled to open in 2024.

METRO

The commission appointed to redesign the city after the 1917 Great Fire proposed a metro line linking the city centre with new suburbs to the southeast, but no progress was made on this or on a 1968 plan for a circular line serving the airport and crossing the Thermaic Gulf in a tunnel. However, in 1988 plans were published for a 7.8 km line with 14 stations linking Neos Sidirodromikos Stathmos [New Railway Station] and Nea Elvetia. Construction commenced in 1989 on an initial 650 m section of cut-and-cover tunnel in the city centre but financial difficulties and lack of central government support led to abandonment of the project.

The project was revived in 2003 with EU funding and a Greek-Italian consortium was appointed to build the system, modelled on the Copenhagen Metro, under the direction of Attiko Metro (the state-owned company

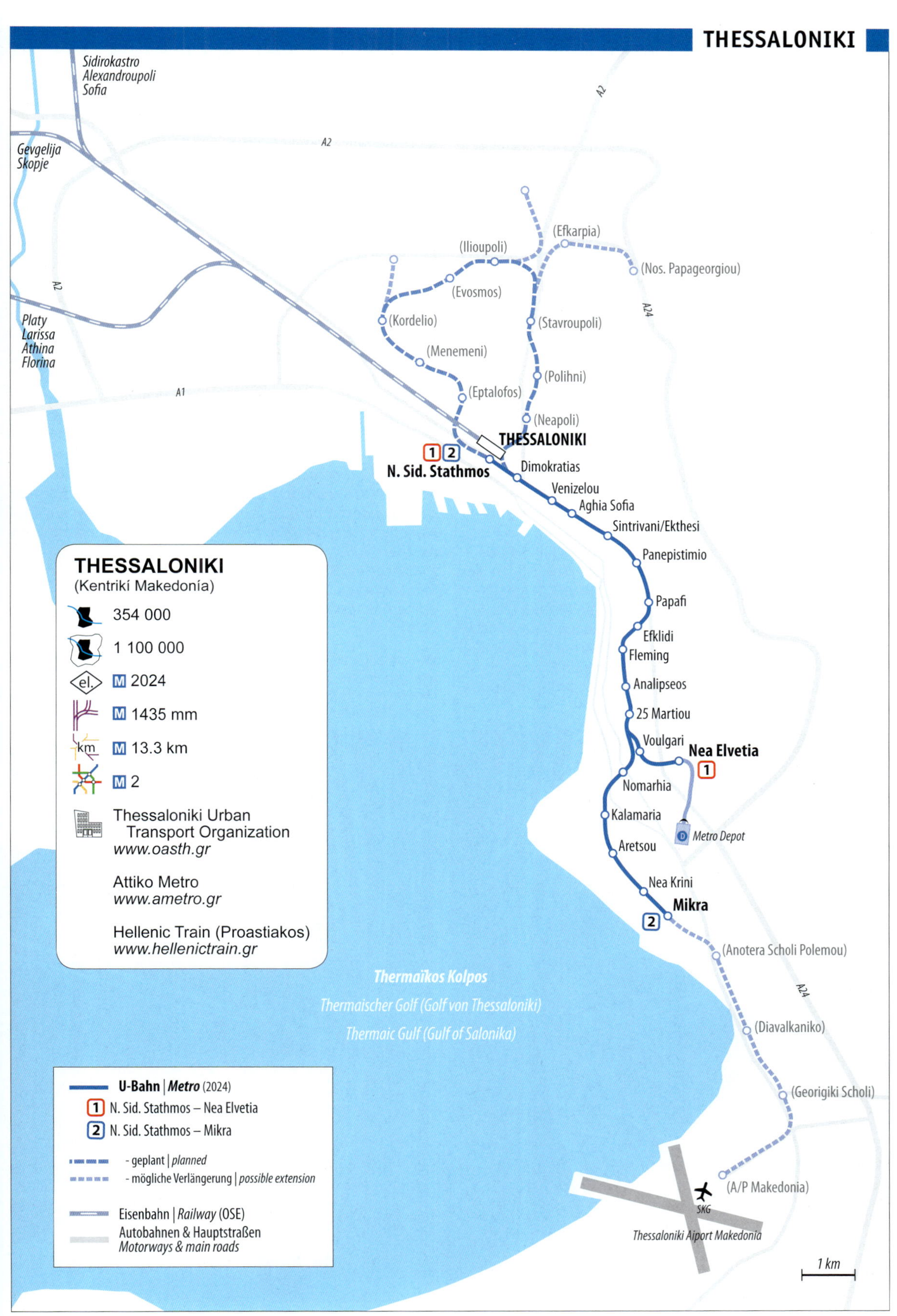
Sidirokastro
Alexandroupoli
Sofia
Gevgelija
Skopje
Platy
Larissa
Athina
Florina
A2
A1
A24
(Efkarpia)
(Ilioupoli)
(Nos. Papageorgiou)
(Evosmos)
(Kordelio)
(Stavroupoli)
(Menemeni)
(Polihni)
(Eptalofos)
(Neapoli)
THESSALONIKI
1 2
N. Sid. Stathmos
Dimokratias
Venizelou
Aghia Sofia
Sintrivani/Ekthesi
Panepistimio
Papafi
Efklidi
Fleming
Analipseos
25 Martiou
Voulgari
Nea Elvetia
1
Nomarhia
Kalamaria
Metro Depot
Aretsou
Nea Krini
Mikra
2
(Anotera Scholi Polemou)
(Diavalkaniko)
(Georigiki Scholi)
(A/P Makedonia)
SKG
Thessaloniki Aiport Makedonia
Thermaïkos Kolpos
Thermaischer Golf (Golf von Thessaloniki)
Thermaic Gulf (Gulf of Salonika)
1 km
THESSALONIKI
(Kentrikí Makedonía)
354 000
1 100 000
el.
M 2024
M 1435 mm
km
M 13.3 km
M 2
Thessaloniki Urban
Transport Organization
www.oasth.gr
Attiko Metro
www.ametro.gr
Hellenic Train (Proastiakos)
www.hellenictrain.gr
U-Bahn | Metro (2024)
1 N. Sid. Stathmos – Nea Elvetia
2 N. Sid. Stathmos – Mikra
- geplant | planned
- mögliche Verlängerung | possible extension
Eisenbahn | Railway (OSE)
Autobahnen & Hauptstraßen
Motorways & main roads

unter der Leitung von *Attiko Metro* (dem staatlichen Unternehmen, das die Athener U-Bahn und Straßenbahn gebaut hat) eine U-Bahn-Linie nach dem Vorbild der Kopenhagener Metro zu errichten. Der Bau der Linie 1 (8,5 km) begann 2006, die Eröffnung war für 2012 vorgesehen. Der Bau der Linie 2 (sog. Kalamaria Extension, 4,8 km) wurde 2013 in Angriff genommen. Die Arbeiten verzögerten sich jedoch stark durch bedeutende archäologische Funde im Stadtzentrum. Die U-Bahn sollte ursprünglich nur 8 m unter der Erde liegen, nun wurden die zwei eingleisigen Tunnel so umgeplant, dass sie in einer Tiefe von 14 bis 31 m verlaufen; die Tunnelbauarbeiten konnten schließlich im Jahr 2018 abgeschlossen werden. Dabei wurden über 300.000 antike Gegenstände entdeckt, von denen einige in den Stationen ausgestellt werden, der Rest kommt in zwei eigens errichtete Museen.

Die Metro wird mit 33 vierteiligen fahrerlosen Gelenkzügen (51 m lang, 2,65 m breit) betrieben, die von Hitachi Rail Italy (vormals AnsaldoBreda) gebaut wurden und den Fahrzeugen in Kopenhagen und der Mailänder Linien M4 und M5 ähneln. Die ersten Züge wurden 2019 ausgeliefert. Die U-Bahnhöfe verfügen über Bahnsteigtüren und Zugangssperren für kontaktlose Tickets. Die oberirdische Betriebswerkstatt befindet sich etwa 1 km hinter der Endstation Nea Elvetia.

Im Jahr 2019 wurden mit den Vorplanungen für zwei zukünftige Erweiterungen begonnen: im Süden eine 5,5 km lange Strecke mit unterirdischen, oberirdischen und aufgeständerten Abschnitten von Mikra zum Flughafen Makedonia (4 Stationen) sowie im Norden eine 10,9 km lange unterirdische Schleife von Neos Sidirodromikos Stathmos nach Dimokratias (8 Stationen) durch die Vororte Evosmos und Stavroupoli, mit drei möglichen zukünftigen Ästen (der östliche würde das Krankenhaus Papageorgiou anschließen).

which built Athens Metro and Athens Tram). Construction of Line 1 (8.5 km) started in 2006 with a scheduled opening date of 2012. Construction of Line 2 (Kalamaria Extension, 4.8 km) commenced in 2013. However, work was severely delayed by major archaeological finds in the city centre. Originally planned to run 8 m below ground, the twin single-track tunnels were redesigned to run between 14 and 31 m below ground and were eventually completed in 2018. Over 300,000 ancient artefacts were discovered during the works, some of which will be exhibited at stations and some in two purpose-built museums.

The system will be operated by a fleet of 33 four-car articulated driverless trains (51 m long, 2.65 m wide) built by Hitachi Rail Italy (formerly AnsaldoBreda) and based on the rolling stock in operation in Copenhagen and Milan's lines M4 and M5. The first trains were delivered in 2019. Stations have platform screen doors and fare gates for contactless card ticketing. The surface-level depot is situated approximately 1 km beyond Nea Elvetia terminus.

In 2019 contracts were placed for preparatory studies and works in relation to two future extensions - a 5.5 km partly underground/surface/elevated line from Mikra to Makedonia Airport (4 stations) and a 10.9 km underground northern loop from Neos Sidirodromikos Stathmos to Dimokratias (8 stations) through the suburbs of Evosmos and Stavroupoli, with three possible future branches (the eastern one serving the Papageorgiou General Hospital).

Wie die Züge sind auch die U-Bahnhöfe sehr ähnlich wie in Kopenhagen gestaltet (hier Skjolds Plads auf Kopenhagens Ringlinie M3)
Like the trains, also the stations are designed similar to the Copenhagen Metro (here Skjolds Plads on Copenhagen's circle line M3)

(Foto R. Schwandl)

București – #3006 @ Pasaj Victoria > Piața Victoriei

QUELLENHINWEISE

Einer der Gründe für die Erstellung dieses Bandes war der Mangel an Publikationen über den städtischen Nahverkehr in diesem Teil der Welt in den letzten Jahren. Viel Information bekamen wir natürlich aus dem Internet, aber auch durch das Studium von Stadtplänen und nicht zuletzt aus erster Hand beim Besuch der verschiedenen Städte. Folgende Bücher und Zeitschriften haben sich jedoch als nützliche Informationsquellen erwiesen:

REFERENCES

One of the reasons for preparing this volume was the lack of recent publications covering urban transport systems in this part of the world. Much of the information in the book has been gleaned from trawling the internet, studying maps, and, not least, by visiting and exploring the transport systems concerned. However, the following books and periodicals have proved useful sources of information:

Bijelić, Halambek & Sirovca: **Straßenbahn Zagreb - Fahrzeuggeschichte in Bildern** – 2015, bahnmedian.at, ISBN 978-3-9503921-3-5 (German/English/Croatian)

Günter, Tarkhov & Blank: **Straßenbahnatlas Rumänien** – 2004, Arbeitsgemeinschaft Blickpunkt Straßenbahn e.V., ISBN 3-926524-23-5 (German)

Michael Taplin & Michael Russell: **Trams in Eastern Europe** – 2003, Capital Transport Publishing, ISBN 185414 273 9 (English)

Hans Lehnhart & Claude Jeanmaire: **Straßenbahn-Betriebe in Osteuropa II** – 1977, Verlag Eisenbahn, ISBN 3 85649 032 9 (German/English)

Freimann, Nörenberg & Tschirner: **Straßenbahnatlas Österrich, Ungarn und Jugosawien** – 1988, Arbeitsgemeinschaft Blickpunkt Straßenbahn e.V., ISBN 3-926524-04-9 (German/English)

Jan Čihák: **Sarajevo – Straßenbahn und Trolleybus** – 2013, bahnmedian.at, ISBN 978-3-9503304-2-7 (German/English)

Trolleybus Magazine - *www.nationaltrolleybusassociation.org*

Tramways & Urban Transit – *www.lrta.org*

Straßenbahn Magazin – *www.strassenbahn-magazin.de*

Blickpunkt Straßenbahn – *www.blickpunktstrab.net*

Die folgenden Websites sind sicherlich nützlich, um auf dem Laufenden zu bleiben:

The following websites are also recommended for keeping up to date with the latest developments:

Metro Report International – *www.railwaygazette.com/metro-report*
Urban Transport Magazine – *www.urban-transport-magazine.com*
Transphoto – *www.transphoto.org* (aktuelle Fahrzeuglisten | *updated rolling stock lists*)
UrbanRail.Net – *www.urbanrail.net*
Tram Club Romania (Forum) – *www.tramclub.org*